中央高校基本科研业务费项目 （NO.2017CDJSK08XK04）
阶段性成果

重大法学文库

风险与回应：城乡环境风险协同共治法律研究

Risk and Response: Legal Research on Coordinated
Governance of Urban and Rural Environmental Risk

董正爱　著

中国社会科学出版社

图书在版编目(CIP)数据

风险与回应：城乡环境风险协同共治法律研究／董正爱著.—北京：中国社会科学出版社，2018.10

（重大法学文库）

ISBN 978-7-5203-3101-2

Ⅰ.①风… Ⅱ.①董… Ⅲ.①城乡建设-环境保护法-研究-中国

Ⅳ.①D922.684

中国版本图书馆 CIP 数据核字（2018）第 204614 号

出 版 人	赵剑英
责任编辑	梁剑琴
责任校对	张依婧
责任印制	李寡寡

出　　版	中国社会科学出版社
社　　址	北京鼓楼西大街甲 158 号
邮　　编	100720
网　　址	http://www.csspw.cn
发 行 部	010-84083685
门 市 部	010-84029450
经　　销	新华书店及其他书店

印刷装订	北京君升印刷有限公司
版　　次	2018 年 10 月第 1 版
印　　次	2018 年 10 月第 1 次印刷

开　　本	710×1000　1/16
印　　张	12.75
插　　页	2
字　　数	212 千字
定　　价	59.00 元

凡购买中国社会科学出版社图书，如有质量问题请与本社营销中心联系调换

电话：010-84083683

《重大法学文库》编委会

出 版 寄 语

《重大法学文库》是在重庆大学法学院恢复成立十周年之际隆重面世的，首批于 2012 年 6 月推出了 10 部著作，约请重庆大学出版社编辑发行。2015 年 6 月在追思纪念重庆大学法学院创建七十年时推出了第二批 12 部著作，约请法律出版社编辑发行。本次为第三批，推出了 20 本著作，约请中国社会科学出版社编辑发行。作为改革开放以来重庆大学法学教学及学科建设的亲历者，我应邀结合本丛书一、二批的作序感言，在此寄语表达对第三批丛书出版的祝贺和期许之意。

随着本套丛书的逐本翻开，蕴于文字中的法学研究思想花蕾徐徐展现在我们面前。它是近年来重庆大学法学学者治学的心血与奉献的累累成果之一。或许学界的评价会智者见智，但对我们而言，仍是辛勤劳作、潜心探求的学术结晶，依然值得珍视。

掩卷回眸，再次审视重大法学学科发展与水平提升的历程，油然而生的依然是"映日荷花别样红"的浓浓感怀。

1945 年抗日战争刚胜利之际，当时的国立重庆大学即成立了法学院。新中国成立之后的 1952 年院系调整期间，重庆大学法学院教师服从调配，成为创建西南政法学院的骨干师资力量。其后的 40 余年时间内，重庆大学法学专业和师资几乎为空白。

在 1976 年结束"文化大革命"并经过拨乱反正，国家进入了以经济建设为中心的改革开放新时期，我校于 1983 年在经济管理学科中首先开设了"经济法"课程，这成为我校法学学科的新发端。

1995 年，经学校筹备申请并获得教育部批准，重庆大学正式开设经济法学本科专业并开始招生；1998 年教育部新颁布的专业目录将多个部门法学专业统一为"法学"本科专业名称至今。

1999 年我校即申报"环境与资源保护法学"硕士点，并于 2001 年获准设立并招生；这是我校历史上第一个可以培养硕士的法学学科。

值得特别强调的是，在校领导班子正确决策和法学界同仁大力支持下，经过校内法学专业教师们近三年的筹备，重庆大学于 2002 年 6 月 16 日恢复成立了法学院，并提出了立足校情求实开拓的近中期办院目标和发展规划。这为重庆大学法学学科奠定了坚实根基和发展土壤，具有我校法学学科建设的里程碑意义。

2005 年，我校适应国家经济社会发展与生态文明建设的需求，积极申报"环境与资源保护法学"博士学位授权点，成功获得国务院学位委员会批准。为此成就了如下第一：西部十二个省区市中当批次唯一申报成功的法学博士点；西部十二个省区市中第一个环境资源法博士学科；重庆大学博士学科中首次有了法学门类。

正是有以上的学术积淀和基础，随着重庆大学"985 工程"建设的推进，2010 年我校获准设立法学一级学科博士点，除已设立的环境与资源保护法学二级学科外，随即逐步开始在法学理论、宪法与行政法学、刑法学、民商法学、经济法学、国际法学、刑事诉讼法学、知识产权法学、法律史学等二级学科领域持续培养博士研究生。

抚今追昔，近二十年来，重庆大学法学学者心无旁骛地潜心教书育人，脚踏实地地钻研探索、团结互助、艰辛创业的桩桩场景和教学科研的累累硕果，仍然历历在目。它正孕育形成重大法学人的治学精神与求学风气，鼓舞和感召着一代又一代莘莘学子坚定地向前跋涉，去创造更多的闪光业绩。

眺望未来，重庆大学法学学者正在中国全面推进依法治国的时代使命召唤下，投身其中，锐意改革，持续创新，用智慧和汗水谱写努力创建一流法学学科、一流法学院的辉煌乐章，为培养高素质法律法学人才，建设社会主义法治国家继续踏实奋斗和奉献。

随着岁月流逝，本套丛书的幽幽书香会逐渐淡去，但是它承载的重庆大学法学学者的思想结晶会持续发光、完善和拓展开去，化作中国法学前进路上又一轮坚固的铺路石。

陈德敏

2017 年 4 月

目　　录

导　论

　　城市和农村在现代人类文明体系中扮演着迥异而又不可或缺的角色。城市是现代社会文明的主要表征，"它不单是若干个体的聚集，也不只是一种物理装置或人工构造，而是各种风俗和传统组成的整体，是那些内在于风俗之中并不断传播的态度与情感构成的整体"①。在文明演进和发展过程中，商业扩展和工业生产的不断积聚使得大量人口涌入城市，而科技变迁与经济发展也促使城市基础设施和城市生产生活系统不断完善。城市成为国家或地区经济发展、政治进步和文化交流的中心，理所当然地也成为社会生产和公众生活的中心所在。然而，压力与风险也随之而来，人口膨胀与高密集性人类活动引致的基础设施运行风险、公共安全与社会风险、环境污染与灾害风险等日趋高发。

　　农村则是中华古老文明的起点和源泉，"乡村社会是中华农耕文化得以发源、定型且延绵不绝的基地"②。中国基层社会结构是具有乡土性的，传统乡土社区以村落为构成单位，从三家村起可以到几千户的大村。③ 从人和空间来看，这种结构具有不流动性，而从人和人在空间的排列关系上说则具有孤立性和隔膜性。④ 他们往往以住在一处的集团——村落为单位，社区间的往来疏少而富于地方性，乡土社会在地方性的限制下成了生于

---

① ［美］罗伯特·E. 帕克等：《城市：有关城市环境中人类行为研究的建议》，杭苏红译，商务印书馆 2016 年版，第 5 页。

② 曹锦清：《黄河边的中国》，上海文艺出版社 2001 年版，第 2 页。

③ 费孝通：《乡土中国·生育制度》，北京大学出版社 2009 年版，第 9 页。

④ 同上书，第 8 页。

斯、死于斯的社会。[①] 在这种地方性的乡土社会中，人们往往以传统礼俗和习惯来作为其行为的方式，对外来事物和思维具有抵触性。[②] 然而，这一切在中国进入工业化、迈向现代化的进程中发生了变异，"农村社会秩序处于解构与重组之中"[③]。现代文明进程促动着农村的新发展与新成就，也触发了农村的新问题与新困境。

中国长期以来形成的城乡分治的二元结构，使得其在经济社会发展中打上了深深的烙印，引致了城乡环境风险的不均衡、不合理、不正义难题以及治理回应的窘境。自工业革命始，现代文明以先进的技术为基础促进全球化、一体化以及现代经济社会的日新月异，中国现代社会也深受其影响。改革开放以来，我国经济社会获得飞速发展，已经成为世界最重要的一极。但不容忽视的是，经济虽急剧增长却在现实层面陷入了二元悖论，很多人无法从发展中获益，甚至不得不忍受日益增多的自然的、人为的或制度形成的不确定性风险。在这一场域下，城乡环境风险的问题映射越发显现。新中国成立以来确立的城乡分治体制，国家逐渐建构了城市、工业、市民与农村、农业、农民的二元结构管理体制。这一城乡分治凸显为法律法规引发的分治以及政策引发的分治。前者表现为城乡建设管理法律法规中规范城市国有土地上建设活动等问题的居多，而规范村庄和集镇的规划管理等问题的却往往并不多见；后者表现为中央和地方政策制定过程中往往从财政、税费及相关优惠政策方面更多地偏向城市而忽视农村，甚至客观上诱使城市向农村的入侵。应该说，城乡分治二元体制在历史发展中从某种程度上确实促进了我国经济社会的顺利变革与有序发展，但目前却日益成为制约国家经济社会及环境治理健康、持续发展的核心问题。

随着城镇化的推进和现代城市文明的发展，各种危害城乡居民生命财产安全的风险事件也随之而来，且规模越来越大、影响范围越来越广，造

---

① 所谓地方性，是指他们活动范围有地域上的限制，在区域间接触少，生活隔离，各自保持着孤立的社会圈子。参见费孝通《乡土中国·生育制度》，北京大学出版社2009年版，第9页。

② 董正爱：《生态秩序法的规范基础与法治构造》，法律出版社2015年版，第76页。

③ 贺雪峰：《乡村治理的社会基础：转型期乡村社会性质研究》，中国社会科学出版社2003年版，第3页。

成的破坏也越来越严重。① 质言之，伴随着中国从乡土社会向现代社会的急遽变革，基于两种相悖社会结构的相互碰撞形成了断裂的社会：首先意味着一部分人被甩到社会结构之外，社会贫富结构的两极分化加重；其次表现在城乡之间，城乡二元结构的两极差异格局由市场造成，甚至是一种更为深刻的断裂。② 社会的断裂改变了人们传统行为方式，也使传统社会价值观念形成了大分裂。虽然"庞大而又呆板的科层制组织力求通过规章制度和高压统治将一切东西控制在自己的范围之内"③，但显然这种组织的基础和控制能力已经削弱甚或土崩瓦解。由之，人们的行为缺乏固定规则的指引，制度的正当化过程被打乱，各种危机和困局也随之而来。④ 就环境问题与保护、生态危机与维护、资源耗竭与保育等多层面的环境风险而言，基于地方性的传统乡土社会无法回应和意识到应该保护环境并积极回应风险，因此在向工业文明时代转型的历史发展进程中，中国的广大农村根本无法做到重视生态环境保护、回应环境风险、保障民众健康乃至促进社会可持续发展。而这恰恰给了城乡二元结构下环境污染转移、农村环境问题失序等环境风险的扩大提供了可乘之机。后工业时代的城市环境污染等环境风险既存在继续扩张的可能，也开始逐渐向乡村过渡和转移，环境风险成为城乡不得不共同面对的新困局和难题。

党的十九大报告指出，"必须树立和践行绿水青山就是金山银山的理念，坚持节约资源和保护环境的基本国策，像对待生命一样对待生态环境，统筹山水林田湖草系统治理，实行最严格的生态环境保护制度，形成绿色发展方式和生活方式，坚定走生产发展、生活富裕、生态良好的文明发展道路，建设美丽中国，为人民创造良好生产生活环境"⑤。同时也指出，要"完善生态环境管理制度，统一行使全民所有自然资源资产所有者

① 徐向华、孙潮、刘志欣：《特大城市环境风险防范与应急管理法律研究》，法律出版社2011年版，第3页。

② 孙立平：《失衡：断裂社会的运作逻辑》，社会科学文献出版社2004年版，第5—6页。

③ ［美］弗朗西斯·福山：《大分裂：人类本性与社会秩序的重建》，刘榜离等译，中国社会科学出版社2008年版，第4页。

④ 董正爱、王璐璐：《迈向回应型环境风险法律规制的变革路径——环境治理多元规范体系的法治重构》，《社会科学研究》2015年第4期。

⑤ 习近平：《决胜全面建成小康社会　夺取新时代中国特色社会主义伟大胜利》，《人民日报》2017年10月19日第2版。

职责，统一行使所有国土空间用途管制和生态保护修复职责，统一行使监管城乡各类污染排放和行政执法职责"，"实施乡村振兴战略，按照产业兴旺、生态宜居、乡风文明、治理有效、生活富裕的总要求，建立健全城乡融合发展体制机制和政策体系，加快推进农业农村现代化"。① 这凸显了执政党在其治国理政的宏观思路上持续关注和重视环境保护，全面布局国家生态建设的新路径和基本制度体制，将生态文明和美丽中国建设置于明显优先的地位，为根植于中国环境资源现状的制度变革指明了方向，为城乡环境风险统一职责的行使提供了规范基础。新时代乡村振兴战略和打好污染防治攻坚战的顶层设计为城乡环境风险治理提供了变革的契机，为协同共治的回应理路构建奠定了坚实的基础。

　　基于此，我们理应回应国家战略和社会需求进行现实观照，并反思环境风险演进场域下城乡环境风险的总体现状与治理困局。进一步明晰，在现行法律规范和行政运作体系中，环境风险治理偏重城市且从理念、手段和模式上忽视了乡村环境风险的应对以及农村环境权益的维护，凸显了农村环境风险治理的边缘化和城乡环境风险治理的不正义。因此，可行之途是基于城乡环境风险的利益结构检视城乡环境风险治理的权责冲突与制度困境，以环境正义为导向明确城乡环境风险治理的理念和规范体系，从而建构城乡环境风险协同共治的主体结构和法律框架。质言之，在生态文明、美丽中国、乡村振兴等国家战略的宏观统筹下，回应城乡环境风险治理的现实之途是：基于科学的不确定性、市场失灵、认知偏差等基本主题剖析城乡二元结构下的环境风险治理手段、理念、模式失衡而致的治理边缘化和非均衡化问题，探寻政府、企业、公众、社会组织等多元主体构筑的协同共治制度体系规范和重塑的路径，形成利益配置均衡、主体结构有序、救济路径广泛的城乡环境风险协同共治的法律规制体系。

---

　　① 习近平：《决胜全面建成小康社会　夺取新时代中国特色社会主义伟大胜利》，《人民日报》2017 年 10 月 19 日第 3 版。

第一章

城乡环境风险的基本范畴与现实写照

现代风险范式下，中国环境风险日益增长，已然成为阻滞转型中国治理现代化变革的一大难题。在中国经济井喷式发展与城镇化进程中，与社会发展程度、居民生活质量的不断提高相对，城乡环境污染、突发环境事故等各类城乡环境风险层出不穷。然而，囿于传统环境管制模式的制约，许多地方政府并未有效回应环境时代风险治理的新问题，致使城乡环境风险愈演愈烈，掣制了地方政府的持续发展与总体稳定。因此，唯有观照风险时代的基本范畴，审视城乡环境风险的总体状况，并深刻反思现行体系下城乡环境风险治理的困局，才能为探寻城乡环境风险协同共治的法律框架奠定坚实的基础。

第一节 环境风险的演进理路与基本剖析

后工业时代的全球性生态环境危机开始大规模侵袭人类的正常生活，并日益凸显为人的身体健康遭受污染的侵害、良好环境享受的丧失、资源短缺的影响等，使我们切切实实地感受到人类越来越陷入这一后工业时代的风险社会之中。肇始于西方的风险社会理论，为我们审视现代性环境风险的演进理路提供了理论支撑，也为城乡环境风险治理的系统性建构及回应确立了基本理念与指导方法。

一 风险与风险社会

风险是对应传统认知的危险而言的，一般来说危险应对是消极的、被动的，而风险回应则是积极的、主动的。通说认为，"风险"是指在某种环境或条件下，发生某种危害或造成某类损害的可能性，是一种不确定的危险状态。"风险社会"是一个全新的社会学概念，是乌尔里希·贝克在思考现代社会风险问题的基础上所形成的关于当代社会的定义。在风险社会理论中，贝克以"风险"一词来概括现代社会的本质。贝克指出，风险社会是工业社会的产物，但同时又表现出当代社会的独特性。在贝克看来，"正如现代性消解了19世纪封建社会的结构并产生了工业一样，今天的现代化正在消解工业社会，而另一种现代性则正在形成之中……现代性正从古典工业社会的轮廓中脱颖而出，正在形成一种崭新的形式——（工业的）风险社会"①。显然，风险社会论者开始关注到人类社会已然迈入这种崭新的后现代性社会形态之中，并将其设定为一种理论上的社会状况。亦即，风险社会"是这样一个社会，它断言，工业化所造成的副作用具有可控性。也就是说，风险社会是一个设计巧妙的控制社会，它把针对现代化所造成的不安全因素而提出的控制要求扩展到未来社会"②。由此可见，风险社会与工业社会息息相关，它是建立在现代工业社会的基础之上的，并且对工业社会进行检视与反思，成为"现代社会的一个发展阶段，在这一阶段里，社会、政治、经济和个人的风险往往会越来越多地避开工业社会中的监督制度和保护制度"③。

事实上，整个人类社会是依其自身脉络与逻辑规律逐渐演进的，从远古的农业文明和封建农奴社会发展时期，到早期的以追逐政治自由和法治权利的社会发展时代，再到中期以追逐经济发展和物质富足为基础的工业文明发展时段，最后基于现代技术能力和经济发展进程到达当今世界。而当今世界代表着前所未有的进步、文明、理性的人类发展程度，然而其也与世界的日益混乱、技术理性的不断僭越、环境危机的逐渐滋生、资源耗竭的相对恐慌、安全与发展的诸多犹疑相互伴生。显而易见，我们所面临的诸多问题"都是现代化、技术化和经济化进程的极端化不断加剧所造成的后果，这些后果无可置疑地让那种通过制度使副作用变得可以预测的做

① ［德］乌尔里希·贝克：《风险社会》，何博闻译，译林出版社2008年版，第2—3页。
② ［德］乌尔里希·贝克、约翰内斯·威尔姆斯：《自由与资本主义：与著名社会学家乌尔里希·贝克对话》，路国林译，浙江人民出版社2001年版，第124页。
③ ［德］乌尔里希·贝克、［英］安东尼·吉登斯等：《自反性现代化：现代社会秩序中的政治、传统与美学》，赵文书译，商务印书馆2001年版，第9页。

法受到挑战，并使它成了问题"①。因此，我们可以将其归结于风险的变迁——从自然风险过渡到人为风险。原初的风险是人类敬畏自然时代的诸如地震、火山爆发、海啸、暴风等自然灾害，而基于人类改造自然能力不断提高甚至掌控自然，现代工业与科技推动着人类社会的发展，却也将社会带入"人造"时期，我们所承受的人造风险是"完全逃脱人类感知能力的放射性、空气、水和食物中的毒素和污染物，以及相伴随的短期和长期的对植物、动物和人的影响"②。可以说，人造风险更具现代性的特点，它基于现代技术而衍生，具有影响范围广、潜伏周期长、不确定性等基本特征，也更易造成巨大的、不可逆的危害后果，并理所当然地使人类社会不得不面对环境风险难题。

二　环境风险的界定及其分类

从传统视野来看，现代工业与科技推动着人类文明飞速前进。但当借助风险社会的新范式诊断之后，我们却发现人类社会已然步入高风险与多危机的时段，人类因环境污染、生态破坏和资源耗竭而面临着越来越大的环境风险。新的风险情形的复杂特性甚至已经扩展到了如此的程度，以至于它们已经进入了公共讨论的领域之中。③ 环境风险实质上不仅仅涉及环境本身，它可能引发自然灾害风险、经济崩溃风险以及政治灾难风险等。它与任何个人的切身利益是如此息息相关，可以说风险的存在使得科学与技术不能被置于民主进程之外，它需要更多的反思与积极参与。

（一）环境风险的基本界定

正如前述所论的对风险的一般认知与判断，风险是一种可能性，也是一种不确定性。通常来说，与确定发生与可认知的实际危险不同，我们对于风险的感知更多地通过可获得的信息来进行预测性判断发生的概率，这就通向了风险的不可知面向。因此，恰恰是不可知论下的"无知"建构了现代风险，它涵盖了"对风险知识的选择性接受或传递；知识的不确定性本质；对事物之知识误解或错误判断；无能去知（包括已知道或受到压

---

① ［德］乌尔里希·贝克、约翰内斯·威尔姆斯：《自由与资本主义：与著名社会学家乌尔里希·贝克对话》，路国林译，浙江人民出版社 2001 年版，第 125 页。

② ［德］乌尔里希·贝克：《风险社会》，何博闻译，译林出版社 2008 年版，第 20 页。

③ ［英］安东尼·吉登斯：《第三条道路：社会民主主义的复兴》，郑戈译，北京大学出版社 2000 年版，第 64 页。

力而无能力去知）；无意欲去知；真正的无知或不知的无知等"①。因此，风险既可能是既定的事实性风险，也可能是基于风险认知、判断而形成的未知性风险，并且由这两种混合性风险叠加于对风险的认定之上。

由之，既然不确定性是风险判断的核心概念，那么环境风险同样是基于无知的不确定性判断延伸至环境领域所造成的事实性损害、因环境损害影响公众的不确定风险或者纯价值判断的未知性风险。因此，基于风险显然的不确定性以及事实上的不确定性、认识上的无知及完全无知的判断情形，从不确定的角度来看，环境风险所生"损害的大小"及"损害是否发生"的不确定性，只要在环境领域中落入其中一种不确定性，应该即为所称的环境风险。② 因此，环境风险的基本界定应为由自然原因或人类活动（对自然或社会）引起的，通过环境介质传播、降低环境质量，从而能对人类健康、自然生态产生损害的事件，可以用其发生的概率及其后果来表示，涵盖了不利环境事件发生的可能性（概率）以及该事件发生的后果。③ 质言之，环境风险是文明进步、社会发展、技术变革和技术返魅的必然结果，往往形成环境污染的瞬时性排放、突发事故的发生、技术迭进的风险认知、累积风险的渐发、社会问题的凸显等交叉影响和综合因素的结合。

（二）环境风险的类型界分

既然环境风险涵盖了"损害是否发生"及"损害的大小"的不确定性两种情形，那么在环境风险系统中自然会涉及环境风险源、环境风险发生的场域、排放行为与机制、环境风险作用对象等诸多因素，并衍生为累积性环境风险和突发性环境风险两种基本类型。从社会学的角度考察和环境风险治理的决策来看，环境风险一方面发生在既有的风险事实上，另一方面也发生在个人、社会所延伸出的风险感知、伦理与价值判断上，并产生混的形貌，亦即风险的治理与决策既是实在论的问题，也是建构论的问题。④ 因此，从治理与决策的角度反观环境风险的类型界分，就需要基于上述所论环境风险系统进行环境风险有效识别。亦有学者将其界分为安

---

① 周桂田：《风险社会典范转移》，台北远流出版事业股份有限公司 2014 年版，第 138 页。

② 辛年丰：《环境风险的公私协力：国家任务变迁的观点》，台北元照出版有限公司 2014 年版，第 114—115 页。

③ 毕军等：《区域环境风险分析和管理》，中国环境科学出版社 2006 年版，第 3 页。

④ 周桂田：《新兴风险治理典范之刍议》，《政治与社会哲学评论》2007 年第 22 期。

全事故类、违法排污类、遗留隐患类、长期累积类、交通事故类、自然灾害类、布局问题类等环境风险类型，并基于不同划分标准，将环境风险类型概括为以下类型（见表1-1）[1]。

表1-1　　　　　　　　　　不同分类原则下的环境风险类型

分类原则	环境风险类型
规制失效方式	突发型环境风险、常规型环境风险
事故触发形式	泄露扩散污染事故、爆炸性污染事故
风险因子释放	有毒有害物质类、易燃易爆物质类、油类、重金属类等
环境事故的风险根源	固有型、结构布局型、环境管理型环境风险
环境风险的时空分布	局域环境风险、区域环境风险、全球环境风险
环境事故的受体	人体健康、社会经济、生态环境（水、大气、土壤环境）

　　基于以上关于环境风险的基本判断与类型界分可见，我们所论的环境风险是一个非常广泛和综合的问题域，它的类型宽广而多样，既有实实在在的环境污染或事故的发生，也有触发的可能性、概率性或不确定性的基本判断，对于中国当下的环境风险问题架构同样适用。笔者认为，我国当下的现代性环境风险主要涵盖经济高速增长引发社会结构的变迁带来的严重的环境风险、社会分配体制的不公导致生态差异性破坏的环境风险以及消费制度的变迁所必然引致的环境风险三种基本类型。[2]

　　第一，自工业革命以来，人类社会所奉行和崇尚的是技术革新、经济发展所带来的物质富足，而不论采取的是何种发展方式，会带来何种后果。随着环境危机的全球性显现，人们开始了深刻的反思，"如果在世界人口、工业化、环境污染、粮食生产和资源开发等方面，当前的增长趋势保持不变地继续下去，那么在今后100年内的某个时候，我们的行星将达到增长的极限"[3]。实际上，妄谈增长的极限或许是危言耸听，但经济的跨越式增长引发的资源过度消耗、环境污染的全面爆发，已经使整个社会

---

　　①　卢静等：《中国环境风险现状及发展趋势分析》，《环境科学与管理》2012年第1期。

　　②　董正爱、王璐璐：《迈向回应型环境风险法律规制的变革路径——环境治理多元规范体系的法治重构》，《社会科学研究》2015年第4期。

　　③　［英］拉尔夫·达仁道夫：《现代社会冲突：自由政治随感》，林荣远译，中国社会科学出版社2000年版，第161页。

处于急遽变革中，而环境风险也随之而来。

第二，中国分配体制的不公与环境利益的差异性凸显为发达地区与欠发达地区的区域不公、阶层不公以及城乡不公。"城乡分配不公使得城市发展处处走在乡村的前面，当城市发展至一定规模后，开始有次序地将污染向农村转移，再加之农村基础设施的落后，因此导致农村对污染的零抵抗力，最终造成农村垃圾的扩散，水质的恶化，空气质量的污染，农业面源污染以及生态的退化等环境风险的扩张。"①

第三，人类的生存标准要高于"单纯的生理"生存所需的必需品，因为除此之外，人类还有较复杂的社会标准。② 消费正是社会标准的具体体现，而现代社会对消费的倡导和追逐，虽然带来了经济的繁荣和社会的进步，但是也不可避免地带来了资源的大量消耗和废弃物的大量排放，引发了严重的资源危机和环境危机。③ 因此，在中国现代生活方式急剧转变，网购、外卖等越来越成为中国消费的主力时，与之相伴生的资源消耗、环境污染问题也会随之显现并逐渐成为现代社会的风险之一。当然，传统追逐经济发展的技术生产方式，也仍在继续产生新的、不确定性环境风险：资源危机的可能性、生物技术的未知性、新能源的安全性等风险性判断将在一段时期内持续困扰社会。

三　环境风险的特征解构

现代风险社会的范式结构之下，人类发展至新的历史周期而不得不随时面对各式环境风险。与传统环境问题的体验不同，环境风险作为人类具体感知、行为传递和承受后果的新兴风险形态，呈现了其独特的特性，并在各类环境风险中得以显现。

第一，环境风险的自然灾害契合性及不确定性。前文已经论及，环境风险是涵盖"损害是否发生"及"损害的大小"两种不确定性情形的。既然并不是确定性的，那么其产生就具有一定的偶发性，有些人会将环境

① 董正爱、王璐璐：《迈向回应型环境风险法律规制的变革路径——环境治理多元规范体系的法治重构》，《社会科学研究》2015 年第 4 期。

② ［英］齐格蒙特·鲍曼：《被围困的社会》，郇建立译，江苏人民出版社 2005 年版，第 189 页。

③ 秦鹏、黄学彬：《消费者主权质疑：一种环境伦理下的人文思考》，《社会科学研究》2006 年第 1 期。

风险归结为自然灾害。这是农业文明人类敬畏自然以及后现代社会"返魅"的认知逻辑延伸，早期的空气污染公害事件、群体性病理侵害事件、气候变化引致的暴风雨、工业废气排污引致的酸雨等，在通过技术手段发现和总结原因之前，都被归结为自然灾害。许多环境问题并非由单一可确定的原因引发，而是由累积的多个原因引发，众多环境危害的原因之间复杂的互动关系具有不确定性。① 因此，环境风险有其固有的与自然灾害契合的特性，当某一类环境风险是由人类行为作用产生之后，若尚未有技术能力和手段予以认知和分析则通常会被归为自然灾害，唯有通过技术和知识结构能够有效认知之后才能归为不确定的环境风险。

第二，环境风险的市场失灵运作及公共性。环境和生态功能都属于公共物品，公众可以共同享用但却无须付出相应的对价。也即，从市场的角度出发，自然、环境和生态是零成本的，它们一文不值。基于这样的价值体现，公地悲剧由此产生，个体的短期理性行为转化成了集体的长期灾难性后果，获取短期的经济利益最大化导致了长期上经济利益的耗尽和环境的崩溃。② 因此，一定程度上而言，环境风险是因市场失灵的运作方式而产生的，也使之具有了一定意义的公共性特征。环境风险的公共性特征，容易导致无法界定准确的受害方以及找到合适的责任承担者，也会对既有的环境管制模式形成冲击，需要重新审视、反思并给予积极回应。

第三，环境风险的社会认知偏差及未知性。环境风险的根源，"并非在于运用知识本身或透过知识的反思来建构现代世界，而在于以单一、独断的理性来运用知识，所造成的知识的无知、未知，并因而变得从未考量或估算、无法控制和弥补的灾难后果或危机"③。对于社会认知偏差和未知性的判断，来源于两个面向，一是知识、技术与专家的三大解释系统，二是公众如何认知三大解释系统。现行环境风险的社会认知模式可以分为专家导向型和利益导向型两种。在政府以专家评估为导向的风险认知模式中，环境风险主要由政府主导，主要考虑的因素有经济成本、环境风险和社会阻碍的最小化等。其中，经济成本主要由土地价格、补偿水平和基础

① ［美］詹姆斯·萨尔兹曼、巴顿·汤普森：《美国环境法》，徐卓然、胡慕云译，北京大学出版社 2016 年版，第 13 页。

② 同上书，第 16 页。

③ 周桂田：《风险社会典范转移》，台北远流出版事业股份有限公司 2014 年版，第 128 页。

设施完善程度决定；环境风险和社会阻碍评估则往往会选择性忽视向公众征求意见的程序，同时以专家意见为导向。实践证明，政府以专家为导向的社会认知往往会与现实脱节。而在公众以利益为导向的风险认知模式中，信息偏差会导致公众难以合理分析实际风险，以利益为基础的潜在环境风险容易被主观放大。质言之，社会认知偏差和未知性将对环境风险的认识又推向了新的不确定性，致使环境风险的认知陷入了现代性吊诡。

第二节　城乡环境风险的总体状况与审视

改革开放以来，中国经济社会的迅猛发展举世瞩目。但与经济社会发展相对应的是现代转型与传统发展的对冲，工业发展与后工业时代的掣制交错，并且在复杂多元的交叉运行中衍生了工业化、现代化、城镇化、信息化的逻辑发展进路，也形塑了工业、现代乃至风险社会的中国式多元社会运行轨迹。城乡环境风险正是在这一宏观背景和进路之下，以城乡二元结构的运行为基础所凸显的新问题，也成为现代环境风险治理的一大核心难题。

一　城乡环境风险的总体样态

党的十九大报告提出的实施乡村振兴战略，要求在传统的城乡二元结构之下实现城乡的共生共荣，之于环境风险的回应与治理亦应如是。按照现行通说将环境风险界定为"损害是否发生"及"损害的大小"的不确定性的基本认知，城乡环境风险正是基于长期以来形成的城乡二元结构运行体系之下的环境风险同质性和差异性而证立的概念。它指向了城市和农村作为整体的环境风险总体样态，也指向了城市和农村分别作为独立结构运行的环境风险基本样态，涉及环境风险源、排放行为与机制等具体作用因素，并同样凸显为突发性环境风险和累积性环境风险。从作为整体的城乡环境风险样态来看，事实上在诸多统计分析及认识上，农村人居环境在很大程度上处于被忽略和弱化的态势；而作为独立的运行结构，城市和乡村都有其固有的环境风险构成，诸如城市污水排放、城市生活垃圾清运、城市空气污染、城市环境噪声等，以及农村固有的面源污染和生活污染源等。而在城乡一体的演进发展过程中，城乡环境风险仍表现为以总体样态和基本样态为基础，但日益凸显为以城市污染向农村转移为核心的环境风险。城乡环境风险治理一方面是建构在现行规范体系下的环境风险应对模式，另一方面更为重要的是回应城市污染向农村转移而致的环境风险，转变传统城乡二元结构下城市内部之间、农村内部之间以及城市与农村之间的固有环境风险形成及回应模式，形塑城乡环境风险协同共治的规范结构和制度结构。

中国国土总面积 960 万平方公里，其中农用地 645.74 万平方公里，占总面积的 67.26%，建设用地 38.11 万平方公里，占共面积的 3.97%。① 面积对比非常清晰地展现了中国农村区域是远远大于城市区域的，而城市与农村在生产方式与生活方式、经济发展与文化传统等方面都具有明显的异质性，广大农村区域的环境风险未引致充分重视的局面显然不利于总体环境风险治理。应该看到，在全国环境风险防控与环境保护方面，国家基于创新、协调、绿色、开放、共享的发展理念，以改善环境质量为核心，也取得了显著成效：2015 年全力打好环境治理攻坚战，深入实施《大气污染防治行动计划》，加强对重点区域大气污染治理，实施秸秆综合利用等；制定《水污染防治行动计划》目标责任书，开通城市黑臭水体整治监管平台，各地排查确认近 2000 条城市黑臭水体，围绕"一控两减三基本"目标（即严格控制农业用水总量，把化肥、农药施用总量逐步减下来，实现畜禽粪便、农作物秸秆、农膜基本资源化利用），加强农业面源污染防治；稳步推进土壤污染防治，深入推进主要污染物减排；中央财政安排资金 60 亿元，支持各省（区、市）开展农村环境综合整治。② 2016 年，国家继续全力打好污染防治三大战役，针对大气污染、水污染和土壤污染出台各项政策，评估 3300 多个城镇集中式水源、抽样调查 3800 多个农村水源环境状况、实施农村饮水安全巩固提升工程、城乡饮用水水质监测基本覆盖全国所有地市县和 80% 的乡镇；开展农产品产地土壤重金属污染监测，研究建立农产品产地分级管理制度。推进生活垃圾焚烧处理设施建设，开展非正规垃圾堆放点排查整治；中央财政继续安排资金 60 亿元，推动农村环境综合整治。③

---

① 参见《中国环境统计年鉴 2016》，"自然状况篇"，第 4 页。

② 参见《2015 中国环境状况公报》，第 1—4 页。

③ 参见《2016 中国环境状况公报》，第 1—4 页。

但是，也应该看到，城乡环境风险仍处于高发态势。首先，自然灾害方面，2015 年全国发生地质灾害 8355 起，直接经济损失 250528 万元；地震灾害 14 次，直接经济损失 1791918 万元；海洋灾害 79 起，直接经济损失 72.7 亿元；森林火灾 2936 次，损失折款 6371 万元；洪涝、山体滑坡、泥石流和台风受灾面积 7341.3 千公顷，绝收 841 千公顷。其次，在突发环境事件方面，2015 年环境保护部调度处置突发环境事件共 82 起。其中，重大事件 3 起（甘肃陇星锑业有限公司选矿厂尾矿库溢流井破裂致尾砂泄漏事件、河北省邢台市新河县城区地下水污染事件、济南章丘市普集镇发生危险废物倾倒致人中毒死亡事件）、较大事件 3 起、一般事件 76 起。① 最后，在环境污染方面，2015 年全国废水排放总量为 7353227 万吨，其中工业废水 1994983 万吨，城镇生活污水 5352038 万吨，集中式污染治理设施排放 6206 万吨；全国二氧化硫排放总量 18591194 吨，其中工业排放 15567353 吨，生活排放 2968659 吨，集中式污染治理设施排放 1673 吨；全国氮氧化物排放总量 18510242 吨，烟（粉）尘排放总量 15380133 吨；全国一般工业固体废物产生量 327079 万吨，处置量 73034 万吨，倾倒丢弃量 55.75 万吨；全国危险废物产生量 3976.11 万吨。② 由此可见，在中国经济高速发展的进程中，城乡环境风险总体来说尚处于亟待规制的状态，需要创新现行管理体系和制度体系予以有效应对。

二　农村地区的环境风险审视

城乡环境风险的解构寄望回应的是城乡二元结构的城乡分治环境风险问题，归根结底在于关注农村地区的环境风险境况及其回应治理。近年来，我国农村地区的环境风险日益显现，"垃圾靠风刮、污水靠蒸发"的传统自然处置模式只能依赖于自然的自净能力，然而这一模式基本只适用于 20 世纪 80 年代中国的广大农村以及现今一些欠发达地区的农村区域。而在目前的经济发展模式下城乡污染逐步一体化及城市环境污染向农村转移的总体情势下，农村地区的环境风险问题不容乐观。当前，农村地区的环境风险主要涵盖农业污染风险、农村水污染风险、生活垃圾污染风险以及乡镇企业污染风险等。当然，农业生产生活中所常见的过度开垦、过度

---

① 参见《2016 中国环境状况公报》，第 64 页。

② 参见《中国环境统计年鉴 2016》，"东中西部地区主要环境指标篇"，第 186—193 页。

放牧、乱砍滥伐等现象致使农村地区土壤遭到破坏，耕地、牧地面积锐减，土壤营养成分受损，水土流失、沙化，水资源的缺乏等也逐渐成为一个不容小觑的农村环境风险问题。

（一）农业污染风险

农业污染风险主要是指基于农业生产所造成的污染风险。农业生产需要大量使用农药、化肥、塑料薄膜等，残留下来的农药和化肥、无法降解的塑料薄膜、依然存在的秸秆焚烧等对农村水质、土壤、水土环境和大气环境等生态系统造成了不利影响，甚至一定程度上会危害农村居民人身健康。在农村地区，农民为了增加经济收入，基本都会使用大量的化肥与农药来提高农作物产量。而大量的农药和化肥对周围水土环境会产生较大的污染，破坏其本身的水质和土壤平衡状态，可能引发水中藻类大量繁衍，水生物多样性遭受破坏，土壤层营养物质流失，软土硬化结块，最终可能导致水土流失等恶性循环。根据《第一次全国污染源普查公报》显示，全国普查对象总数592.6万个，其中工业源157.55万个，农业源289.96万个，生活源144.56万个（见表1—2）。总体来看，农业污染源的数量较多，在很大程度上甚至超出了工业污染源和生活污染源，也由此可见农村环境污染以及污染风险的潜在问题。

表1-2　　　　　　　　　　各地区污染源汇总　　　　　　　　单位：个

地区	工业污染源	农业污染源	生活污染源	集中式污染治理设施	合计
北京市	18475	14845	37386	156	70862
天津市	16920	21394	12908	38	51260
河北省	79942	213888	52591	183	346604
山西省	20215	45367	38271	148	104001
内蒙古自治区	11416	74450	41571	99	127536
辽宁省	47948	213605	59552	125	321230
吉林省	15873	79312	45648	77	140910
黑龙江省	13988	171201	48110	47	233346
上海市	48755	13776	37417	113	100061
江苏省	185371	256900	78269	438	520978
浙江省	313445	101759	81449	345	496998
安徽省	42481	96910	63325	277	202993

续表

地区	工业污染源	农业污染源	生活污染源	集中式污染治理设施	合计
福建省	67673	91388	42037	309	201407
江西省	28628	48646	36748	111	114133
山东省	95252	181224	78656	341	355473
河南省	44963	256998	56481	182	358624
湖北省	27533	195228	46082	126	268969
湖南省	38673	145985	45778	156	230592
广东省	268968	189749	143056	418	602191
广西壮族自治区	23174	90817	31307	109	145407
海南省	2219	16239	9160	28	27646
重庆市	30530	39279	50112	178	120099
四川省	49167	138624	103669	199	291659
贵州省	16090	16335	30416	33	62874
云南省	23424	40305	50307	135	114171
西藏自治区	231	573	3205	8	4017
陕西省	15963	49636	36406	61	102066
甘肃省	7603	29653	23067	58	60381
青海省	1855	2385	8441	44	12725
宁夏回族自治区	4248	20994	10609	23	35874
新疆维吾尔自治区	14481	42173	43610	225	100489
合计	1575504	2899638	1445644	4790	5925576

数据来源：《第一次全国污染源普查公报》。

化肥污染产生的主要原因在于过量使用农业生产所需要的化肥，流失的化肥会随之进入土壤后被固定，在土壤中积累并随之渗透融入地下水中，最终转化为污染物质。当前，化肥污染主要包括氮和磷的污染，因为氮肥跟磷肥在土壤和地下水资源中降解很慢，从而逐渐累积，形成了水域富营养化以及土壤物理性质恶化等污染现象。伴随着化肥用量的增加，农产品、水资源、土地资源以及大气都因此而受到污染。我国是世界上化肥生产量和化肥施用量最大的国家，据《中国环境统计年鉴 2016》统计，2015 年我国化肥施用量为 6022.6 万吨。而我国化肥的利用率仅仅为 33% 左右，相较发达国家的 50% 的水平而言，我国对于化肥的合理使用还有很长的一段路要走。

农药污染主要是指农业生产过程中使用的农药及其降解产物，对大气、土壤和水资源造成污染，破坏生态系统，甚至会在一定程度上造成人、动物或植物的急性或慢性中毒。我国是世界上农药生产量以及使用量第一大国，据《中国环境统计年鉴 2016》统计，2015 年我国农药使用量为 1782969 吨。但是农药的有效利用率仅仅为 35%，大量农药因未能有效使用而流入土壤、大气和水体当中，造成了巨大的污染。目前，我国农业人均耕地面积为整个世界人均耕地面积的一半左右，单位面积农药的残留量却非常高，达到了世界平均水平的三倍。另外，我国有很多地区生态保护脆弱，面对不断使用的农药，生态环境也必将会遭受巨大的侵害。如果这种情况继续上演，那么未来的情况将更加难以控制。

此外，用于农业生产活动的塑料薄膜滥用也是农村环境污染的另一大元凶。据统计，2015 年我国各地区农业塑料薄膜使用情况为：地膜覆盖面积 18318355 公顷，塑料薄膜使用量 2603561 吨，地膜使用量 1454828 吨。① 问题在于，这些农业塑料薄膜是不可降解的，但却没有相关的技术手段能够代替农业塑料薄膜的使用。同时，市场上供给的材料的生产标准也参差不齐，且目前农业塑料薄膜使用后的处理方式大多为随意丢弃。在这种处理模式下，由于农业塑料薄膜无法在土壤中被环境系统消化掉，因此会阻碍土壤中水分的渗透，使土壤分层，损伤农作物及其他植物的根系生长，对于农业生产和其他植物的生长都会产生相应的负面影响。

(二) 农村水污染风险

伴随着我国经济的飞速发展以及城乡二元结构的形成，在农村居民物质生活水平不断提高的同时，农村生活污水的数量也在不断增加。加之农村的人口分布相对分散，村民的环保意识相对薄弱，生产生活中所产生的污水基本上没有经过处理就排入附近的河流当中。虽然我国农村地区一直通过农村改水、卫生厕所普及、生活污水净化沼气池等方式推进农村水污染的治理，但总体而言污水处理设施及处理能力还远远未达到标准。根据《第一次全国污染源普查公报》，农业源（不包括典型地区农村生活源）中主要水污染物排放（流失）量为：化学需氧量 1324.09 万吨，总氮 270.46 万吨，总磷 28.47 万吨，铜 2452.09 吨，锌 4862.58 吨。值得注

---

① 参见《中国环境统计年鉴 2016》，"农村环境篇"，第 172 页。

意的是，目前我国绝大部分农村地区的污水处理系统都不够完善，有些地区甚至处于空白状态，排放方式也十分随意，这无疑加剧了农村水污染的风险值。

据介绍，全国农村每年产生 90 多亿吨生活污水，但我国农村生活污水的有效处理率不高，绝大部分的农村生活污水未经处理直接排放，不少村庄甚至还存在人畜混居现象，使得大部分农村的水体质量有很严重的安全隐患。① 另外，截至 2015 年年底，全国农村集体供水率为 82%，自来水普及率为 76%，集中供水人口 7.5 亿，占农村总人口 80% 左右。② 这也就意味着，在农村生活污水处置能力欠缺的情况下，全国仍有近 2 亿农村人口因直接饮用地下水而遭受饮用水安全的困扰。

此外，在科学致富、精准脱贫的政策背景下，部分农村地区开始调整农村产业结构，从单一的农作物种植向畜禽养殖业转变。而随着畜禽养殖业的规模化、普遍化，养殖业所带来的环境污染也逐渐扩大，不容小觑。基层政府鼓励农民发展养殖业，却忽视了对其进行相关废物排放和环境保护的管理与宣传，致使农民环保意识较差甚至缺失。在发展养殖业的过程中随地随意排放动物粪便等污水废物，严重污染水源，同时影响了农村生活环境和生态环境。我国每年养殖业排放的粪便粪水总量超过 17 亿吨，但养殖污染物处理率较低，粪便和污水处理工程率仅为 5.0% 和 2.8%，如此多的养殖污染物无疑会造成周围环境的破坏。

（三）生活垃圾污染风险

在 2020 年全面建成小康社会的目标引领下，我国农村地区经济水平和生活环境得到了大幅度提升。农民的经济收入增长带来的直接好处就是物质生活质量的提高和消费的增长，而消费必然伴随着生活垃圾的产生。但大部分农村地区没有设置垃圾收集处理点，连城市地区最常见的垃圾箱垃圾点等在农村都难得一见。农村居民对于生活垃圾最常见的处理方式就是随意丢弃或者焚烧，可降解的垃圾没有得到妥善处理，污染性较强的不可降解性垃圾更是随处可见，这不仅严重影响居民的居住环境，对于农村环境保护而言更是一大顽疾。据介绍，全国农村每年产生 2.8 亿吨生活垃

---

① 郤建荣：《农村污染占全国"半壁江山"仅 8% 建制村获治理》，《统计与管理》2014 年第 10 期。

② 杨继富、李斌：《我国农村供水发展现状与发展思路探讨》，《中国水利》2017 年第 7 期。

级，农村环境保护社会服务水平的现状与老百姓改善农村环境质量的要求明显不相适应。

（四）乡镇企业污染风险

改革开放以来，为追求经济的快速发展和地方财政的需求，乡镇企业在国内呈爆破性增长。但是，乡镇企业在全国范围内所普遍存在的问题是缺乏规划、布局混乱，加之为获取最大化利益以及追逐可观的发展成果，使其在生产方式上选择了成本最低、环境破坏性最强的粗放型经营方式，存在肆意排放污水、废气等污染物的情形。据有关部门统计，当前我国存在着 100 多万个乡镇企业污染源，占到了我国乡镇企业总数的 19.6%。我国乡镇企业的废气、废水以及固体的废弃物排放量竟然达到全国总排放量的 28%、29.5% 和 43.2%。[1] 同时，有数据显示，全国乡镇企业的污染物排放量已经占工业污染物排放总量的 50%。[2] 如此以环境为代价换取经济发展的乡镇企业发展模式和污染态势，危害程度不亚于杀鸡取卵，其已经或可能产生的环境污染损害后果成为广大农村不得不面对的环境风险问题。

三 城市地区的环境风险审视

截至 2015 年，我国共有城市 656 个；城区面积 19.2 万平方公里，较 2006 年增加了 2.5 万平方公里；建设用地面积 5.2 万平方公里，较 2006 年增加了 2 万平方公里。[3] 由此可见，中国的城市化进程呈急速扩张的态势。改革开放为城市经济发展打开了窗户，但随着工业化和城市化的逐渐推进，环境污染和生态破坏的环境风险也成为制约城市发展的一大重要因素。从总体环境风险状况来看，基于人口密集、过度开发以及不计环境成本而致的城市环境风险问题趋于严重，水污染风险、空气污染风险、噪声污染风险、废弃物处置风险等成为现代城市地区环境风险的主要表征。

（一）城市水污染风险

城市化的扩张伴生着城市人口的积聚，资源消耗的加剧，污染物排放

---

① 宁善威：《农村环境问题的法律治理》，《农家参谋》2017 年第 19 期。

② 何才万：《农村环境污染现状及保护对策研究报告》，2016 年 11 月 21 日，贵州省环境保护厅网站（http://www.gzhjbh.gov.cn/ztzl/jszg/786983.shtml）。

③ 参见《中国环境统计年鉴 2016》，"城市环境篇"，第 133 页。

的增多，而城市水污染和污水废水的排放问题也成为城市环境风险的一大核心问题。2016 年，以地下水含水系统为单元，以潜水为主的浅层地下水和承压水为主的中深层地下水为对象，国土资源部门对全国 31 个省（自治区、直辖市）225 个地市级行政区的 6124 个监测点（其中国家级监测点 1000 个）开展了地下水水质监测，评价结果显示：水质为优良级、良好级、较好级、较差级和极差级的监测点分别占 10.1%、25.4%、4.4%、45.4% 和 14.7%。① 显而易见，中国城市地下水水质较好以上级别的比例明显偏低，而较差级和极差级的水质已经达到了骇人的 60.1%，危及城市居民的正常生活并潜在影响其身体健康。同时，城市污水排放和处理情况同样不容乐观：2015 年我国城市污水排放量为 466.6 亿立方米，而 2006 年的城市污水排放量则为 362.5 亿立方米；2015 年城市污水处理率为 91.9%，而 2006 年的处理率则为 55.7%（具体数值见表 1-3）。

表 1-3　　　　　　　2006—2015 年全国城市污水排放量及处理率

年份	城市污水排放量（亿立方米）	城市污水处理率（%）
2006	362.5	55.7
2007	361.0	62.9
2008	364.9	70.2
2009	371.2	75.3
2010	378.7	82.3
2011	403.7	83.6
2012	416.8	87.3
2013	427.5	89.3
2014	445.3	90.2
2015	466.6	91.9

数据来源：《中国环境统计年鉴 2016》，"城市环境篇"，第 133 页。

可见，自 2006 年以来，我国城市污水排放量是呈量级增长的，2015 年较 2006 年多排放的污水量为 104.1 亿立方米，显然增加了城市环境风险的程度；当然，城市污水处理率也得到了显著提高，2015 年高达 91.9%，但即便如此，每年没有处理的城市污水仍然高达近 40 亿立方米。

————————

① 参见《2016 中国环境状况公报》，第 28 页。

城市大规模排放的污水废水将会严重破坏我国城市的生态环境,对城市可持续发展构成危害。并且,每年多达 40 亿立方米左右未经处理的城市污水显然会直接带来相当的环境风险,也会显著影响城市居民的生活质量。

(二) 城市空气污染风险

空气污染是近些年经济发展进程中的产物,也是国家环境治理领域的一大痛点。空气污染的污染物主要包括工业废气、二氧化硫、氮氧化物、烟(粉)尘等。据统计,2015 年全国工业废气排放总量为 685190 亿立方米,2011 年排放总量为 674509 亿立方米;2015 年二氧化硫排放总量为 1859.1 万吨,2011 年排放总量为 2217.9 万吨;2015 年氮氧化物排放总量为 1851.0 万吨,2011 年排放总量为 2404.3 万吨;2015 年烟(粉)尘排放总量为 1538.0 万吨,2011 年排放总量为 1278.8 万吨(具体数值见表 1-4)。

表 1-4　　　　　　　　2011—2015 年全国废气排放情况

年份	工业废气排放总量 (亿立方米)	二氧化硫排放总量 (万吨)	氮氧化物排放总量(万吨)	烟(粉)尘排放总量(万吨)
2011	674509	2217.9	2404.3	1278.8
2012	635519	2117.6	2337.8	1235.8
2013	669361	2043.9	2227.4	1278.1
2014	694190	1974.4	2078.0	1740.8
2015	685190	1859.1	1851.0	1538.0

数据来源:《中国环境统计年鉴 2016》,"大气环境篇",第 43 页。

从表 1-4 可见,自 2011 年以来,我国工业废气、二氧化硫和氮氧化物的排放已经呈稳定或逐渐好转的态势,这跟近几年推行《大气污染防治行动计划》以及《大气污染防治法》的修改等直接相关。但烟(粉)尘排放总量仍呈上升的趋势,以 PM2.5 为代表的细颗粒物等空气污染物质防治仍需花费大力气和大代价来进行。

而从城市空气质量来看,得益于近年来各大城市在空气治理方面采取的诸多措施,已经取得了一定的成效,但也存在一定的问题。2016 年,全国 338 个地级市及以上城市中,有 84 个城市环境空气质量达标,占全部城市数的 24.9%,254 个城市环境空气质量超标,占 75.1%;全国 338 城市平均优良天数比例为 78.8%,比 2015 年上升 2.1 个百分点,平均超标天数比例为 21.2%；全国 338 城市发生重度污染 2464 天次、严重污染 784 天次，以 PM2.5 为首要污染物的天数占重度及以上污染天数的 80.3%，以 PM10 为首要污染物的占 20.4%，以臭氧为首要污染物的占 0.9%。①

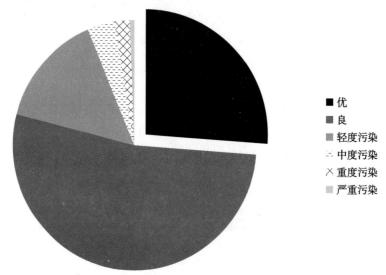

图 1-1　2016 年 338 个城市环境空气质量级别比例

（三）城市噪声污染风险

噪声污染是环境污染治理的主要对象之一，伴随着我国城市化进一步发展，一些大中型城市因工业发展、建筑施工、交通负担加重以及一般社会生活等原因而导致交通噪声、工业噪声、施工噪声和生活噪声污染问题越来越严重。基于此，我国对于城市噪声污染加强了治理措施以及监督管理：对于机动车鸣笛等问题进行了严格限制，对于交通流量大的路段进行了降噪设施的安装；对于噪音大的重工业进行规范和更严格的处罚；对于建设工程的夜间施工等予以规范；对于诸如广场舞等可能引致噪声污染的社会活动予以一定规范。这些措施在一定程度上促进了城市噪声污染控制逐渐由大环境的噪声治理转向小环境的噪声治理，由固定噪声源治理转向流动噪声源治理。目前，城市噪声污染治理取得了一定的成绩，但是城市噪声污染的总体情况仍然不容乐观。例如，在城市道路交通噪声方面，通

---

① 参见《2016 中国环境状况公报》，第 7—8 页。

过城市的措施及努力，情况有所好转，但仍需继续监管改善（见表 1-5）。

表 1-5　　　　　　　2014—2016 城市道路交通声评价表

年份 ＼ 评价等级	一级	二级	三级	四级	五级
2014	68.9%	28.1%	1.8%	0.9%	0.3%
2015	65.4%	29.6%	2.8%	2.2%	无
2016	68.8%	26.2%	3.4%	1.6%	无

数据来源：《2016 中国环境状况公报》，第 43 页；《2015 中国环境状况公报》，第 41 页。

而在声环境的具体监测上，根据《2016 中国环境状况公报》：2016 年，区域声环境有 322 个地级以上城市开展监测，220 个城市为较好（二级），占 68.3%，84 个城市为一般（三级），占 26.1%；道路交通声环境有 320 个地级以上城市开展监测，84 个城市为较好（二级），占 26.2%，11 个城市为一般（三级），占 3.4%；城市功能区声环境有 309 个地级以上城市开展监测，昼间达标率为 92.2%，夜间达标率为 74.0%。[1] 总之，城市噪声污染的达标率较往年已经有了不少的进步，但由于噪声与人身健康息息相关，因此基于区域声环境、道路交通声环境、城市功能区声环境的监测数值而言仍需进一步控制和降低，噪声污染风险仍然是城市环境风险的重要组成部分。

（四）城市废弃物处置风险

近年来，随着城市化进程和人口集中的进一步扩大，城市废弃物亦成为困扰城市发展的一大环境风险源。一般而言，城市废弃物涵盖了工业固体废弃物、危险废物和城市生活垃圾等。2015 年全国工业固体废弃物产生量为 331055 万吨，工业固体废弃物排放量为 55.8 万吨，危险废弃物产生量为 3976.11 万吨。[2] 工业固体废弃物固然可以进行资源综合利用，但排放量也给城市造成了很大的压力。生活垃圾方面，2015 年全国设市城市生活垃圾清运量为 1.92 亿吨，城市生活垃圾无害化处理量 1.80 亿吨。其中，卫生填埋处理量为 1.15 亿吨，占 63.9%；无害化处理率达

---

① 参见《2016 中国环境状况公报》，第 42—43 页。

② 参见《中国环境统计年鉴 2016》，"固体废物篇"，第 59—61 页。

93.7%，比 2014 年上升 1.9 个百分点。① 实际上，城市废弃物特别是危险废物的处置对于社会公众而言是具有一定风险的，一旦处置不当就容易滋生突发环境事故。因此，有必要采取综合措施，正视城市废弃物处置的风险，维护城市居民的合法权益。

四　城乡污染转移的环境风险检视

我国城乡分治二元结构造成的直接后果是，无论是社会发展、经济发展、文化发展还是政治发展，城市都相较农村有很大的优势，并以其积聚的资源抢占了文明发展的制高点。但与城乡经济发展、社会发展失衡相伴随的是，环境污染风险也呈现相伴生的失衡态势：农村承受了经济发展滞后的结果，却也享受着比城市更好、更优美的环境。然而，这一情状并没有持续多久，城乡污染转移打破了原有的均衡，加剧了农村的环境风险问题：环境公共服务严重滞后、环境监管基础薄弱、环境风险突出而整治任务繁重。城乡污染转移是指在经济发展过程中，组织或个人将造成环境污染的设备、工艺、技术、产品以及其他有形或无形的污染物质，由城市转移至农村的行为。② 事实上，城乡污染转移是城乡经济主体为实现自身利益相互博弈的结果，③ 污染产业转移受自身的环境污染成本决定，污染产业会从高污染成本地区转移到低污染成本地区。④ 此外，政企合谋加剧了城乡间环境污染转移，且随着污染转移量的增加，政企合谋对污染转移的影响逐渐增强。⑤ 污染产业大都可能成为被转移地区的支柱产业，地方政府为了经济发展和财政考虑往往会更有支持其发展的意愿，而是否牺牲环境成本则在所不论。

由是观之，我国城市化进程中城乡污染转移的环境风险已经成为普遍现象，并为各地方所默许和纵容，从而导致了严重的农村环境风险问题。

---

① 参见《2015 中国环境状况公报》，第 62 页。

② 张慧明、周德群：《走出城乡污染转移困境》，《中国社会科学报》2014 年 12 月 24 日第 6 版。

③ 李雪娇、何爱平：《城乡污染转移的利益悖论及对策研究》，《中国人口·资源与环境》2016 年第 8 期。

④ 唐仕娟、王斌：《城乡污染转移博弈分析》，《统计与管理》2017 年第 6 期。

⑤ 李斌、张晓冬：《政企合谋视角下中国环境污染转移的理论与实证研究》，《中央财经大学学报》2018 年第 5 期。

就具体城乡污染转移的空间表征来看，首先表现为环境污染产业从城市及其近郊向远郊乃至更偏远的农村转移。这是最普遍和最便利的污染转移形态，同一行政区域内的产业转移易得到地方行政的政策支持，也便于通过优惠政策实现产业转移。其次，城乡污染转移表现为跨地区转移，通常以招商引资的方式来完成。我国目前不仅存在城乡间的不均衡，也存在东部和中西部地区发展不均衡的基本矛盾，东部发达地区在经济发展到一定程度后会通过产业升级和调整来淘汰落后产能，而承接的主体则是欠发达的中西部地区，显而易见农村成为这一污染转移的最终目的地。最后，城乡污染转移不仅仅表现为污染产业的转移，还会表现为诸如固体废物、危险液体废物等污染物的运输、处置和倾倒等。事实上，我国现有的垃圾填埋场大都建设在城市近郊的农村地区，也由此引发了大量的邻避风险和冲突事件。大量的垃圾填埋场通常都会使用低成本的简单填埋法，所产生的废水、废气、废液使周边农村环境遭受严重污染。①

值得反思的是，城乡污染转移是一种简单粗暴的利益重置，亦是发达地区和富裕人群对落后区域和贫困人口的再次侵害，既不符合乡村振兴战略和生态文明建设的基本思路，也严重侵害了广大农村区域获得长远可持续发展的基本权利。在这一污染转移的过程中，政府、企业（工业企业与乡镇企业）、公众（城市居民与农村居民）都分别基于公权的决策、政策的影响、获取的信息、认知的能力等作出判断并扮演着不同的角色，最终基于利益的俘获而造成城乡污染转移的后果。事实上，转移到农村的污染产业或污染物将危及农业生产，加剧农村生态恶化，损害城乡人力资本，持续扩大城乡差距，是城市对农村环境容量的剥削，有悖于环境的公平。② 因此，我们应该反思既有体制机制和制度规范，寻求城乡环境风险协同共治的新模式和法律范式，通过利益协同和制度规范全面回应城乡环境风险，以促进农村的生态环境保护，为乡村振兴、美丽中国建设和生态文明建设目标的实现奠定坚实的基础。

五　城乡环境风险的社会根源反思

从前述城市与乡村的环境风险样态可以看出，城市的环境污染虽然仍

---

① 邓小云：《城乡污染转移的法治困境与出路》，《中州学刊》2014 年第 2 期。

② 李雪娇、何爱平：《城乡污染转移的利益悖论及对策研究》，《中国人口·资源与环境》2016 年第 8 期。

需继续治理，但与以往相比，具体情况已在逐步好转。然而，农村的环境污染状况却不容乐观，更需要予以重视。究其原因，城乡二元分治使得城乡间缺乏共同发展的基础，进而形成了城乡环境污染趋势的明显差异。一方面，城乡二元结构直接造成了城乡间环境利益的"差异化"发展趋势，并逐渐演变成农村环境恶化及治理回应的难题；另一方面，城市环境污染向农村地区转移，将给农村地区的环境造成极大的外部不安全性，严重损害农村居民的环境权益。质言之，城乡环境风险结构的形成源于城乡二元结构引致的环境利益分割以及环境权利保障的城乡不正义。

（一）城乡二元结构加剧环境利益分割

城乡二元结构下城市与农村获取的资源具有明显的差异性。相较而言，城市享有更多的主动权且在现代工业为主导的发展模式中以其雄厚的经济实力打造了更为完善的城市基础设施和环境处理设施；而广大农村地区则基本处于相对落后的状态之下，既无财力也无能力去回应污染转移并建设完备的基础设施和获得更好的环境公共服务。因此，城乡二元结构运行体系下的城乡环境凸显了"不对称性"社会因素的复杂交织。

第一，城乡二元结构客观上降低了农村对于环境质量的要求。马斯洛认为只有当人摆脱了生理需要的困境时，才可能产生更加高级的需要。[①]城乡二元结构的影响使得城市开始更加注重环境质量的安全需要。而对于多数农民而言，受其经济条件的限制，他们可能更多地考虑自身经济利益而无法兼顾农村人居环境的需求。正是基于城乡间的经济差异，农村尚处于追求经济增长的初始阶段，所以当城市中大量具有严重污染性的落后产能或被淘汰的技术等向农村转移时，往往并不会遇到太多阻挠。甚至在最初，因为其能推动农村经济的发展，解决农村贫困问题以及就业问题，还获得了一定的助力。此外，农村污染相对隐蔽分散、难以监测，因此需要农民具有自我管理的能力。但由于受经济发展水平的限制，再加之不够完善的社会保障，因此农民的首要选择还是追求经济收入。最终在环境利益与经济利益的对冲中，广大农村地区通常都会选择以环境利益的牺牲来换取经济利益的增长。

---

① 由美国心理学家亚伯拉罕·马斯洛在 1943 年《人类激励理论》中提出人类需求像阶梯一样从低到高按层次分为五种，分别是生理需求、安全需求、社交需求、尊重需求和自我实现需求。

第二，城乡二元结构使得"城市中心论"盛行，推动了城乡环境利益二元结构的出现。目前，我国的制度架构仍然是以城市为中心的，农村在一定程度上间接变成了城市发展的补充。基于现代化城市建设的要求，为打造更加符合国际化建设目标的都市，国家对于城市环境建设投入较大，而同样面对环境污染的农村却缺少足够的资源支持。对于环境污染的防控，各级政府对于城市的控制标准远远高于农村，甚至对农村的一些污染源持"得过且过"的纵容态度；一些乡镇政府为了当地的 GDP 发展，对于污染转移的企业往往持支持态度从而选择了"放行"。即使随着社会需求的不断提高，农民的环境意识相应提升，但受经济水平的制约往往也难以形成环境污染的有效治理能力。另外，我国涉及农村环境保护的法律法规总体较少，专业的环境保护机构以及相应的技术工作人员也远远不足，环境基础设施和公共服务过于薄弱。总之城乡二元结构导致了城乡二元环境治理结构的失衡，使得农村环境风险防范一直处于被忽视的地位。

（二）环境权利保障的城乡不正义

环境权利的意旨是每一个人都享有优美的环境，它指向的是环境利益保障的权利束。但是城乡二元结构下城市居民和农村居民在具体环境权利的享有上却存在较大的差异。

第一，环境知情权的差异。环境风险的治理与回应首先依赖信息公开与风险交流，然而城乡居民的环境知情权存在较大的差异。当前，社会精英主要集中在城市，信息交流渠道主要为城市服务；农村却缺乏对环境风险信息足够了解的精英人才，除非出现重大环境污染事件，农民才可能获得部分环境风险信息。例如，当城镇污染工业转移到农村时，除了农民因生存意识的初级化和经济利益的诱因而选择接纳污染企业外，还在于其环境污染信息的相对匮乏，无法及时分析利弊从而做出正确判断。

第二，环境参与权的差异。一般而言，城市居民在了解到相关环境信息后，若意识到自身的环境安全利益受到威胁，便会采取相应的行动反对相关项目的开展。而农村居民由于环境保护意识薄弱，环境信息闭塞，对相关项目的环境信息知之甚少，一般不会采取过激行为来阻挠项目的建设。在实践运行中，若地方政府为了发展经济需要"招商引资"，他们往往也不愿"自添麻烦"主动告知农民该项目的负面信息，所谓听证、公示等往往流于形式，农民自然缺乏参与环境决策的机会。同时，政府在某些情况下甚至会阻挠农民了解真实情况，致使农村居民缺乏申诉及表达自身利益和意见的有效渠道，环境事务参与程度不足，环境参与权无法有效实现。

质言之，环境权利应当是公民本应享有的权利，无论是城市居民还是农村居民都应当基于这些权利的设定而享有相应的环境利益。环境利益应当具有公平性和正当性，使农村居民能够突破城乡二元结构的限制获得利益表达的渠道，实现城乡环境风险配置的基本正义。由是，在城乡分治的二元结构下，我们应该突破瓶颈，打造城乡环境风险治理的环境共同体，力求实现城乡环境利益配置、环境权利保障、环境风险回应的均等化，从而多措并举，以合法性、正当性和规范性的制度体系和运行结构实现城乡环境风险的协同共治。

第三节　城乡环境风险治理的现状与反思

城乡二元分治的环境风险结构及城乡污染转移的环境风险构成对现代城乡一体发展和城镇化进程的继续推进提出了挑战，如何在国家生态文明建设和乡村振兴战略的宏观定位下回应城乡环境风险，如何基于"山水林田湖草"生命共同体的管理促进城乡环境风险问题的解决，成为新时代赋予我们的新使命。当然，这有赖于立足城乡二元分治的现实，探析城乡环境风险治理的现状，为寻求更合理、科学、正当的治理路径奠定基础。

一　城乡环境风险治理的实践运行与现实落差

城乡环境风险问题涵盖了城市环境风险、农村环境风险以及城市污染向农村转移的环境风险，其在改革开放后伴随中国经济的发展已经逐渐显现并逐渐危及人们正常的生产和生活。国家层面对于城乡环境风险的治理回应通常以更宏观的视野在整体生态环境保护的视角下推进，但在治理回应上存在对农村环境风险重视程度不够以及缺乏针对城乡污染转移环境风险的有效策略等问题。总体而言，现行的城乡环境风险治理对于城市和农村而言是分而治之的，一方面，城市因其经济优势而不断积聚人口和资源，城市越发达，其环境治理手段、环境公共服务、环境治理技术就越丰富；另一方面，城市在规模扩张的同时也将环境污染等转移至农村或其他区域，这使原本就处于落后地位的农村虽有可能实现工业经济的发展，但却不得不付出更多的环境成本，承担更多的环境污染后果，与城市的差距亦越来越大。因此，城乡环境风险的治理能力、城乡环境风险的资源配置以及城乡环境风险的差异性治理逻辑构成了实践运行中城乡环境风险治理的现实落差。

（一）城乡环境风险治理的体制机制运行

《环境保护法》第10条规定："国务院环境保护主管部门，对全国环境保护工作实施统一监督管理；县级以上地方人民政府环境保护主管部门，对本行政区域环境保护工作实施统一监督管理。县级以上人民政府有关部门和军队环境保护部门，依照有关法律的规定对资源保护和污染防治等环境保护工作实施监督管理。"这一规定明确了城乡环境风险治理由环境保护主管部门即生态环境部门作为职能部门统一负责，其他有关部门根据分工与职责分别实施监督管理职能。据此，城市环境风险治理当然由生态环境部门牵头负责，并与其他有关部门协同推进保证城市环境污染防治、环境公共服务提供、突发环境事件应急处理等环境风险事宜。

但是农村环境风险治理却存在管理体制不健全、职责不清、权力分散等诸多问题。目前，我国农村的基层管理基本上奉行"乡政村治"的制度架构，"乡政以国家强制力为后盾，具有高度的行政性和一定的集权性，是国家的基层政权所在；村治则以村规民约、村民意愿为后盾，具有高度的自治性和一定的民主性，是由村民自己处理关系到自己利益的基层社会事务活动"①。在这一运行体系下，通常乡镇政府会设定生态环境部门，但它需与农业、水利等部门共同治理面源污染，资金分散和职能交叉的管理体制问题在农村环境风险治理上异常突出。而村民自治组织则往往会忽视环境风险防控，目前国内绝大多数的农村都没有环境保护方面的监管专员，机构与人员设置的缺失导致了农村环境风险治理的困局。同时，基于现有环境风险管理体制，省（自治区、直辖市）、市、县各级政府主管部门统一监督管理，体制运行中不可避免会在治理方案上向城市倾斜，而农村的人员、资金、设备、技术等往往处于被动和弱置的地位，分配的不公导致了农村环境风险治理的难题。

此外，在城乡环境风险治理的体制机制和运行管理中，环保组织也是一支重要的力量。然而，现有的环保组织大多在重要城市发育成长，其工

① 张厚安：《中国农村基层政权》，四川人民出版社1992年版，第97页。

作的中心也往往在城市之中，并通过环境公益诉讼等方式推动城市环境风险的治理工作。与之相对，广大的农村基本没有成立环保组织，加之现有环保组织基本选择性关注某些重大环境风险问题而不可能兼顾所有农村区域、所有环境风险问题，因此农村无法通过环保组织发挥其监督作用促进本区域环境风险的治理，这也凸显了农村环境风险治理组织手段的缺失。

（二）环境风险治理的城乡差异与配置逻辑

社会是不断发展变迁的，在中国迈向全面小康社会的进程中，城市发展速度越来越快，城市作为工业、服务业等经济发展的载体，其作用愈发举足轻重；农村则主要偏重于以农业发展为基础，依托丰富的土地、林木等自然资源获得发展。从二者的发展模式、发展基础和发展重点可以发现，城市和农村基于其资源禀赋分获不同的发展，而在环境风险及其治理上也衍生着差异和利益的分割。可见，基于发展基础的差异，农村基本上还是以现有资源的消耗为基础获得相应的收益，而城市则可以通过深加工、技术革命和创新等获得更高的收益，其结果是农村经济发展相较城市具有一定的滞后性。正是基于经济发展方式和发展能力的不同，城乡环境风险治理上也呈现资源配置的差异性。城市能够支付大量的环境资金、招揽大量的环境人才、建设完善的环境基础设施等来应对环境问题，通过一系列举措减少城市环境风险问题；而广大农村区域囿于其经济发展的滞后性，在环境资金支付、环境基础设施建设等方面存在许多问题。显然，农村环境治理资金更多依赖于国家财政资金的支持，虽然近年来中央财政每年会安排60亿元资金用于支持农村环境整治，但分摊到全国所有村落显然不足以应对当下的环境风险问题。农村环境基础设施建设相较城市就更为滞后了，目前我国许多村庄甚至还没有建设诸如水污染等环境污染处置设施。因此，城乡环境风险的治理能力存在固有的差异性，而且这种差异性随着城乡经济发展的差距加大而加大，农村环境风险治理更易陷入恶性循环的困局。

更为重要的是，城乡污染转移给环境风险治理增加了难度，农村环境风险治理难上加难。如前述笔者关于城乡污染转移的论证，实际上就是基于中国城乡二元结构以及以权力、利益为基础进行的二次分配，是对农村弱势区域的恶意侵犯，使农村原本孱弱的环境风险治理能力雪上加霜。客观而言，城乡环境污染转移给农村环境风险治理带来的难题主要表现为：

第一，农村污染源扩张，治理难度提高。传统农村环境污染主要表现为农业污染和生活污染等。通常情况下，农村的生活污染限于生活污水排放、生活垃圾丢弃等，而这些往往可以通过区域范围内的环境自净而予以消解，不能完全消解的部分通过农村人居环境整治等基本可以完成治理工作。农业面源污染近年来受到越来越多的关注，治理层面需要关注化肥、农药的科学合理使用，但其具有的排放随意性、隐蔽性、分散性、监测难等问题困扰着农村环境风险治理。同时，城乡污染转移使农村环境污染兼具了工业污染的相关要素，单纯依靠环境自净能力是无法处理的。因此，涵盖工业污染的农村环境风险的治理需要采取大量措施予以解决。问题在于，工业污染的范围广泛、后果严重、排污状况很难监控，对人体健康的伤害风险更大，缺乏污染处理设施的农村无法有效回应，最终造成治理难度越来越大。

第二，农村治理技术不足，难以有效应对。一方面，农村一般仅会采用填埋等普通治理方式回应环境污染，缺乏有效的技术予以回应，而工业点源污染的治理技术对于农业面源污染而言适用性不强，无法有效回应农药、化肥等污染问题；另一方面，农村地区缺乏环境污染处理设施，当城乡污染转移完成，工业污染扩张到农村区域，必然会对其正常生活造成影响。此时，试图依靠农村掌握相应的治理技术回应工业污染显然是不恰当的，也是无法完成的。

二　城乡环境风险治理的管制模式与异化错位

环境危机在全球的蔓延与生态环境的固有特性是息息相关的。我们知道，环境福利具有公共物品的属性，而正是基于环境公共性的特性引致了公地悲剧、集体行动的困境、搭便车的行为，并凸显为市场失灵而无法实现对环境危机的有效回应。因此，政府开始介入和主动承担环境治理的责任，并以控制式的管制模式对环境污染和生态破坏行为加以限制，"没有任何一个环境问题不是由政府机构管理的，政府是环境保护的主体"[1]。基于此，"命令—控制"式的环境管制模式成为世界各国在生态环境保护中最常用、最有效的制度性工具。[2] 城乡环境风险治理需要协调城乡间的

---

① ［美］詹姆斯·萨尔兹曼、巴顿·汤普森：《美国环境法》，徐卓然、胡慕云译，北京大学出版社 2016 年版，第 47 页。

② 董正爱：《生态秩序法的规范基础与法治构造》，法律出版社 2015 年版，第 197 页。

不公平、不合理的环境利益配置，仍然需要依赖于行政权力的统筹协调，依赖于管制模式的继续强化。当然，多年的发展也已经表明，单纯依靠"命令—控制"式的环境管制模式显然无法有效回应城乡环境风险，并且还扩大了城乡间的环境差异甚至助长了城乡污染转移，而这都源于管制模式的异化错位——公权力的显著扩张冲击了公众和社会组织等本应发挥的功能，政府、企业、公众、社会组织协同共治的运行体系未能有效建构，致使其角色定位和功能配置处于混乱状态，城乡环境风险治理陷入了多重困境。

（一）公权力运行的缺位：地方政府的环境行政弊端

改革开放后的很长一段历史时期，我们对于发展的无限追逐造成了环境污染日益加剧的恶果，其中一个重要的原因是地方政府对于污染源排放污染、破坏生态行为的放任和纵容。农村的环境风险治理并未引起地方政府的高度重视，全国多数地方政府大都秉持消极的态度从而使得农村环境风险治理阻碍重重。

首先，农村环境风险治理在地方行政中处于弱势地位。在权力运行体系中，地方政府关注上级政府的监管，关注地方政府利益的获得，关注地方经济发展的成果，一定程度上却忽略或者消极应对环境风险治理。究其原因，在科层制的静态权力关系和自上而下的行政控制模式下，地方政府的考核评价受制于上级政府，当然需认真对待上级政府的监管，而对于无从属关系的其他相关部门的监管却通常处于消极对待的状态；某种程度上，地方行政长官需要依赖经济发展彰显"政绩"，而这有赖于大量财税收入的支持，经济发展毋庸置疑地成为地方政府工作的中心；而基于公共性的环境风险治理在政府工作中处于总体弱置的地位，环境风险治理成绩的取得往往仅对生态环境主管部门"有用"，地方政府的考核监督、地方官员的任用选拔却往往与环境风险治理的成效无关。在这一权力运行体系下，环境风险治理当然处于天然的弱势，生态环境危机也在这一体系下愈演愈烈。

其次，地方环境行政具有变通环境执法的冲动。基于环境保护与经济发展的二元悖论，绝对地鼓励和支持环境保护和环境风险治理，就意味着要在一定程度上降低对地方经济发展的预期，而这与地方政府追求经济发展的目标形成了明显的对冲。按照目前的法律规范和运行体系，总体上可以做到回应环境风险，但地方政府很难做到二者的兼顾和平衡。为了有效回应这一棘手的问题，地方政府不得不发挥其"创造力"寻求"合理的变通"，一方面强化中央政府关于经济发展的指导性原则，弱化环境保护的法律规范；另一方面有效利用法律规范的漏洞和空白，在某些环境治理的边界和限度上采取进一步弱化环境治理的政策方案。这成为困扰城乡环境风险治理的一大难题。

最后，地方政府更关注单一突发环境事故或环境群体性事件的解决，而陷入了环境风险治理的运动式执法的窘境。基于前面的论述，我们认为地方政府对于环境风险治理所秉持的态度为消极应对环境风险，杜绝突发环境事故或环境群体性事件，对于累积性环境风险等环境污染和生态破坏则有其所默许的容忍限度。因此，造成的直接后果是地方政府的管辖区域范围内环境风险问题可能越发突出而得不到及时有效的处置，但若出现了单一突发环境事故特别是环境群体性事件，在"稳定压倒一切"的行政思维下，政府会采取"专项治理""集中治理""突击执法"等多种措施主动进行回应以换取问题的尽快解决。客观而言，这种回应城乡环境风险的态度，特别是忽视农村环境风险治理的执法思路忽视了公众和社会的环境利益诉求，缺乏有效的环境利益表达渠道，具有诸多弊端：仅针对单一行为的回应无法解决整体性环境风险问题，其后仍然会有风险爆发之虞，运动式执法显然不利于城乡环境风险的平稳解决和持续治理回应；其多表现为被动式处置和回应方式，地方政府的行政决策单一解决，人治的回应治理色彩强于法治的色彩，显然与我国依法治国的总体要求是相悖的；此外，这种解决方式容易滋生法外之地，政府的权力滥用或者形式主义执法都极有可能为环境风险治理带来负面示范效应，不利于城乡环境风险治理的有序推进。

随着国家生态文明战略的推进，我们对环境污染防治的重视已经到了前所未有的高度，各地开始抛弃原有对环境保护置之不理或过度忽视的行政理路，但问题仍然存在。一方面，欠发达地区仍需发展经济来解决地方的社会问题，而如何有效回应环境风险问题、如何有效治理城乡污染转移带来的环境风险问题、如何统筹协调城乡的环境风险问题成为值得思考的新命题，也是新时代必须直面和妥善解决的重要问题；另一方面，即使国家层面将环境保护置于更高的地位，但在地方政府的环境行政中往往更偏向于城市环境风险的防控，而农村环境风险、农村人居环境整治等问题依然存在前述所谓的环境行政弊端，依然需要地方政府的有效治理和回应。

（二）机构的利益俘获：政企合谋的错位与管制失衡

城乡环境风险治理需要政府机构的管制和引导，但不容忽视的是政府机构本身也具有政治博弈的属性，在其运行中极易引致两个担忧，即利益集团的机构俘获和机构的自我利益。① 理想状态之下，地方政府作为城乡环境风险治理的公权力行使者，应当充分考虑环境治理措施的贯彻落实、制定防治污染向农村转移的制约决策等，基于社会和公众的环境利益需求发挥环境行政的应有功能。然而，在地方经济发展的驱动下，一定条件下的政企合谋扰乱了原有的行政运行状态，也使城乡环境风险面临着新的困境。

一方面，地方政府机构的自我利益推动了政企合谋的形成。地方政府行政管理工作千头万绪，而保障地方行政区域有序稳定发展的可行之路必然要求先促进地方经济的稳定持续发展，既为管理工作提供财政支撑，也为地方社会发展提供稳定的就业机会等。过分强调环境污染防治，在一定程度上会限制企业的发展，特别是短期内环境成本的上升将导致企业效益下滑，使经济增长面临诸多问题。为了保障机构的有效运行并形成良好的考评政绩，地方政府从自身利益出发不得不在环境污染上做出让步，给予企业一定的便利甚至纵容企业排污行为的持续，使政府的管制职责无法有效发挥，政府失灵由此而来。

另一方面，利益集团的机构俘获是政企合谋的重要促动力。无论是城市还是农村，环境利益通常都是分散的并且更多表现为公共性利益。相较而言，环境污染企业集团的利益或者相关机构作为利益集团的利益更集中也更具有经济效益的诱导性，一旦利益集团的利益符合政府机构的利益需求，政企合谋就水到渠成了。政府机构公权力与利益集团的合谋与利益联结，必然在一定程度上使政府机构将环境利益置于弱势地位。欠发达地区为了经济发展而在招商引资过程中引进高污染、高风险但效益较高的企业，牺牲地方环境利益发展经济；政府在政策优惠措施上，向污染企业倾斜和让步，甚至在一定程度上纵容企业的违法排污行为，减轻企业环境责任的承担，导致环境风险应对机制和制度的实质失效；同时，地方政府往往也会存在选择性执法的情况，对于能为地方创造较多利益的企业给予开

---

① ［美］詹姆斯·萨尔兹曼、巴顿·汤普森：《美国环境法》，徐卓然、胡慕云译，北京大学出版社 2016 年版，第 47—48 页。

绿灯、强保护的策略，导致污染风险和污染转移呈扩张态势；此外，也存在地方政府官员为了获得额外的"好处"而被污染者绑架，形成与污染者的"恶的利益共同体"，导致城乡环境风险治理决策独立性和公正性丧失。

总之，基于经济利益、环境利益的协调而导致的利益俘获形成了错位的政企合谋，其必然后果是政府公权力对环境风险的放任，导致行政管理回应环境风险的无力。基于此，城乡环境风险回应因市场和政府的双重失灵落入形式化的境地，农村环境风险更是处于无人监管的态势，必将使城乡环境风险治理更加困难。

三　城乡环境风险治理的意识困境：乡土与现代的纠葛

城乡环境风险治理需要通过政府监管职能部门依法履行相关职责从而保障治理目标的实现。当然，在从管制模式向新型治理模式转变的进程中，仅仅依赖政府行政是不够的，也需要社会力量的参与以及环境风险治理内生力量——环境意识的觉醒来辅助推动治理目标的实现。环境意识涵盖了主体对环境知识和规则的了解、对环境状况及环境质量的关心、对环境决策等活动参与的态度和程度、具体环境保护行为的实践等。目前我国公民环境意识较之前已经有相当的进步，但在环境意识的四个分析框架上仍稍显不足。有调查显示，广东省农村居民对环保知识的了解程度较低，对环境质量的关心程度较高，对环保行为的参与程度较低，对环保责任主体的认识比较混乱。[①] 而广大欠发达地区的农村居民可能更关注生存性发展问题，环境意识不可避免会更为薄弱。传统乡土社会与现代生产、现代工业的发展形成了激烈的碰撞，也显示了居民环境意识困境对城乡环境风险治理的牵绊。

（一）剧烈变革时代的公众环境意识匮乏

中国处于剧烈变革的时代，环境污染对人们正常生活造成深刻影响也仅仅是最近十余年的事情。在社会的急遽转型期，传统环境风险治理方式值得商榷："弱支持的公共参与、即时性的政策执行、跟踪性的媒体宣传、定期的干部下村以及不定期的宣讲教育已经难以调和经济发展与环境

---

① 张木明、陈雄锋：《广东省农村居民环境意识调查分析——基于广东省 7 市 28 个村 280 份调查问卷的分析》，《广东农业科学》2012 年第 12 期。

保护的矛盾。"① 而这显然跟公众的环境意识匮乏息息相关。与国家层面对经济发展的持续关注一样，公众也更关注经济的增长、物质财富的积聚和个人生活的富足等，但对环境保护还处于逐渐认知的过程，环境意识存在层次低、差异性等特征。之所以如此，是由客观阶层地位（即职业地位）、主观阶层地位（即社会经济地位的主观认同）、单位性质、户籍性质、政治面貌等组成的"社会结构因素"的影响造成的。② 农村居民在社会结构上普遍处于弱势地位，环境意识觉醒程度不高，潜意识里还往往将环境保护界定为政府的责任，或者认为环境污染可以通过地球的自净能力予以消解。具体而言，公众特别是农村居民环境意识的匮乏主要表现为：

第一，环境知识和规则的了解程度与关心环境质量、参与环境决策的态度相脱节。确实，现代社会仍有部分民众对环境保护理解和掌握不够，仍处于初步认识阶段。然而实际上，经过近十余年环境危机凸显以及国家层面、地方层面对环境保护工作的普及，许多民众包括农村居民已经掌握了大量的环境保护知识和规则，知晓环境保护与居民财产保护、个人身体健康的正相关性。但除非涉及邻避风险等与其自身环境利益直接相关的事由，城市和农村居民普遍没有将了解的知识和规则运用到实践之中，没有积极参与环境保护行动，导致了"知识规则有增量，但参与行动原地走"的现代性环境意识匮乏窘境。

第二，形式环境意识大于实质环境意识。环境意识的觉醒应该不仅仅表现在民众对周边生活环境、对自身环境利益的关注，更应该表现在对人类整体生存环境、对公共环境利益关切的忧患意识。目前，普通民众的环境意识基本上仍停留在形式环境意识层面，关注日常生活中周边的环境状况改变，自己是否遭受环境利益的侵害等。但更为实质的环境意识即宏观层面的意识尚未得到普遍关注，对于"气候变化""生物多样性""公共空间环境利益"等公共性环境问题缺乏主动认知的动力，无法有效回应总体性、宏观性环境风险。

第三，环境意识匮乏情景下的公众参与缺位。环境风险治理需要"命

---

①　张国磊等：《农村环境治理的策略变迁：从政府动员到政社互动》，《农村经济》2017 年第 8 期。

②　刘森林、尹永江：《我国公众环境意识的代际差异及其影响因素》，《北京工业大学学报》（社会科学版）2018 年第 3 期。

令—控制"式管制模式的推行实施，但实践证明单纯的管制模式无法回应现代环境风险治理的需求，更需要公众的有效参与和协商共治的共同推进。现代社会内生力量促动的思想解放和意识觉醒虽然带来了参与环境风险治理的渴望，但公众参与环境风险治理的实践进展缓慢。这源于传统乡土社会思想的根深蒂固，在不随意参与政治和行政，偏重维系个体主义、家庭主义甚或乡村主义的深刻影响下，公众并没有将参与的渴望转化为参与的实践。这种事实上的"参与冷漠"实际上决定了公众只有感知到环境污染侵害了其自身权益或者参与能够为其带来收益时才将参与转化为行动，否则就一直处于消极参与的缺位态势。

总之，广大民众特别是农村居民的环境意识对于城乡环境风险的治理和化解具有重要的作用。当前国家层面的环境保护行动与计划、美丽中国和生态文明的建设等对居民环境意识的觉醒有重要的正向引导作用，同时应发挥"社区内的环境公共服务、环境政策执行对居民环境意识的调节作用"[1]，切实增进城市和农村居民的环境意识觉醒。

（二）传统乡土社会无法因应现代社会的发展

中国基层社会的乡土性结构决定了传统视角下的运作结构缺乏流动性而富于地方性。受传统儒家礼治文化的影响，传统中国的乡土社会结构更强调礼治规则，强调世俗人情。传统情境下的环境风险治理的主要途径是村规民约、社区舆论、社区"能人"、生态文化等，其内在机理是传统"熟人社会"的人际网络与较好的人际关系衍生出一种社区"人际奖惩机制"，支撑着村规民约、社区舆论、社区"能人"、生态文化等发挥作用。[2] 但是随着工业经济和技术革新的发展，现代文明和现代文化侵入原有的"礼治秩序"，传统乡土社会在与现代性的碰撞中愈显无力，已经无法因应现代社会的发展，造成了农村环境风险治理的困境。

第一，传统乡土社会"男耕女织"状态衍生对自然敬畏的缺乏。中国社会长期处于农耕时代，形成了诸如"靠山吃山，靠水吃水"的农业文明生活样态。但这一乡土视野下的发展方式蕴含着向大自然索取的价值

---

[1] 黄炜虹等：《农户环境意识对环境友好行为的影响——社区环境的调节效应研究》，《中国农业大学学报》2016 年第 11 期。

[2] 宋言奇、申珍珍：《我国传统农村社区环境治理机制分析》，《学术探索》2017 年第 12 期。

观，传统农耕时代尚不足以造成对自然环境的侵袭，但在步入现代文明并采用现代农耕技术的今天，过度开发利用土地，大量施用化肥、农药、塑料薄膜等行为都造成了严重的农业污染和生态破坏，增加了环境风险治理的难度。质言之，传统乡土社会衍生的价值观急需在现代社会视域下进行变革，既要摒弃粗暴地攫取式发展模式，还要"关注内在文化的传承和再生，延续和张扬农村环境治理的传统机制"①，使之能够回应现代社会的需求。

第二，传统乡土社会"底层政治"衍生的参与渠道不畅。传统社会的"官—民"运行状态，决定了公众往往有参与的渴望却不敢表达或直接参与。由此，政府与民众间基于隔阂和互动的欠缺而无法实现信息的有效传递，政府无法了解民意并做出更为科学合理的决策，民众则无法通过畅通的渠道维护自身的环境利益。质言之，一方面，公众会基于传统的"官—民"结构对政府行政权力持表面服从的心理并衍生着其行为方式；另一方面，当政府行政行为没有关涉公众切身利益，或者环境风险治理行为未达至公众预期时，其又会视不同情形通过消极的参与模式、冷漠的参与模式以及积极的对抗参与模式来实现其参与目的。最终，为了维护公众切身环境利益的积极对抗方式极可能衍生为环境群体性事件，使得环境风险治理陷入了一种新的困局。由此可见，公众利益表达机制的匮乏，公众意见的被忽略以及有效参与的缺位加剧了城乡环境风险治理的难度，因此有必要"通过差序治理与协同共治、社会自觉与培育主体相结合的方式加强环境治理政社互动格局的构建，规避政府失灵的困境"②。

第三，乡土社会向现代转型过程中精英流失。城乡环境风险治理的重心在于农村环境风险的治理，而农村环境风险的治理有赖于乡土社会运行体系下乡村精英的功能发挥。所谓乡村精英，应该指的是在乡村社会中有较高威望，有较强的组织协调能力，有较强的经济能力，知识储备丰富并对国家政策法律有普遍的了解和认识的群体。通常而言，在环境风险治理中他们可以利用自己的权威和影响，引导农村居民的行为和利益的表达，

① 陈志勤：《村落环境治理的传统机制缺失——来自美丽乡村建设的思考》，《民间文化论坛》2017年第6期。

② 张国磊等：《农村环境治理的策略变迁：从政府动员到政社互动》，《农村经济》2017年第8期。

充当政府、城市、农村沟通与协商的桥梁,扮演着非常重要的角色。然而,随着我国城镇化和工业化的推进,"乡村精英因农业人口转移而流失,究其原因,主要是具有较高人力资本的乡村精英难以在农村实现劳动价值和政治抱负,城乡公共服务差距导致乡村精英从农村往城镇转移"①。这意味着,城乡环境风险治理中政府、城市、农村沟通协商桥梁的坍塌,农村居民在回应环境治理过程中利益表达渠道的阻塞,政府环境治理举措推行缺少了润滑剂,不利于环境风险治理的总体推进。总之,乡村精英的流失加剧了乡土社会下农村在与政府、城市对比和沟通中的弱势地位,也无益于城乡污染转移等环境风险的消解。在现代性演进与权力话语结构变革的进程中,农村因精英流失而致的集体失语扩大了城乡分治二元结构的差异性,使城乡环境风险协同共治的推进面临更多地域性的问题与挑战。因此,因应社会变革的现实需要,协调乡土社会与现代社会、城市发展与农村环境保护、政府权力运行与环境意识觉醒、现代意识与本土传统等多元关系,成为城乡环境风险协同共治必须优先解决的关键问题。

四　邻避风险的治理样本与实践反思

邻避风险的规避化解是城乡环境风险治理的重要领域。在中国经济井喷式发展与城镇化进程中,与社会发展程度、居民生活质量的不断提高相应,公众的环境意识和需求在现代风险范式下达到前所未有的高度。一些易产生环境污染和具有潜在危害的设施、项目等在规划建设的进程中日益引起公众的广泛关注,并因其高风险性、选址倾向弱势群体以及向农村转移而引发周边居民强烈的排异心理,甚而引致激烈的冲突。然而,囿于传统环境管制模式的制约,许多地方政府并未有效回应环境时代邻避风险的矛盾,致使风险冲突频繁发生,掣制了地方的持续发展与城乡的总体稳定。

邻避(NIMBY)源于英美,始于20世纪七八十年代,是发达国家城市化进程中基于公共服务设施建设、高污染高风险项目建设而致周边居民排异、抗拒与斗争的特有现象。邻避风险主要是围绕邻避设施的选址、开发与建设形成的。由于污染性、高风险性邻避设施往往会给附近居民的正

---

① 阚春萍、周毕芬:《农业人口转移背景下乡村精英流失的影响及对策》,《广西社会科学》2018年第3期。

常生活带来较严重的负外部效应，故极易引致其强烈反对进而引发邻避风险事件，成为当代政府公共政策制定与执行上难以突破的瓶颈和不得不面对的管理难题。① 英国、美国、瑞典等欧美国家普遍经历了这一困扰现代城市发展的难题，而日本、韩国则成为较早面对这一难题的亚洲国家。发达国家针对邻避风险的回应与治理一定程度上推动了政府治理能力、公民参与能力和国家法治程度的发展。

邻避风险缘于工业文明的跨越式发展与城市化推进，缘于福利社会公共服务基础设施需求的扩张，缘于公民环境权利意识的不断提升。中国历经改革开放 40 年的发展，工业化、现代化和城市化进程突飞猛进，然而经济的增长却建立在能源资源的大量消耗以及环境污染的基础之上，生态环境危机成为制约我国现代文明持续进步的桎梏。由之，人们不再满足于对经济和物质的渴求，日益关注和重视对良好环境的向往。而以现代网络技术为依托的公民环境权利意识的觉醒与环境权利捍卫能力的扩张，逐渐对政府决策形成"倒逼效应"，助长了邻避风险事件的生发。正是在这一社会结构转型进程中，自 2006 年北京六里屯垃圾焚烧厂建设引发周边百旺新城社区居民的抗议始，因环境风险、污染设施或项目建设而引发的邻避风险事件逐渐增长，凸显了政府治理危机。据中国社科院发布的《2014年中国法治发展报告》对近 14 年间群体性事件的统计分析，"环境污染是导致万人以上群体性事件的主要原因，在所有万人以上的群体性事件中占 50%"。

邻避风险事件有其发生的内在原因，是被带入现代性生态环境危机情境下公众基于对周边高污染性、高风险性设施或项目建设而致的生存逻辑的自然反应。这种自发式邻避风险事件大都秉持了传统群体性事件的原始抵抗思维与方式，从风险性项目设施的决策做出到选址建设初期的逐渐周知，公众在排异情绪的形成到不断滋长过程中敌对心理愈益显现，直至出现打砸、示威等暴力或非暴力性冲突事件。当然，随着权利意识与法律意识的不断健全，国内邻避风险事件也开始走向理性与文明，公众逐渐从抵抗与抗争的原始方式转向合理、合法的正当权利维护方式。具体而言，邻避风险的发生有政府行政职能错位的原因，亦有沟通协商途径不畅的

---

① 何艳玲：《"邻避冲突"及其解决：基于一次城市集体抗争的分析》，《公共管理研究》2006 年第 4 期。

倒逼。

第一，政府职能错位引致邻避风险的产生及扩张。如前所述，邻避风险主要源于高污染、高风险性的设施或项目的建设，当其选址决定后附近城市或农村居民会基于维护自身权益而寻求救济路径，但显然政府未能成为民众信赖的权利救济者。甚至，政府会因某些公众固有的政府腐败、暗箱操作、权力寻租等偏见而成为邻避风险的对立方，加剧了风险的程度。究其原因，主要在于邻避设施或项目建设过程中政府职能的错位。首先，中立调停角色的错位。一般而言，邻避风险发生后担负主要协调和处理责任的应该是设施或项目的建设方，由其与附近城市或农村居民进行谈判和沟通予以解决，而政府则应以其职责的发挥为基础扮演中立和调停者的角色，唯有前两者无法有效解决时政府才发挥其职权促进风险的化解。然而，在我国所通常面临的基本情况是，邻避设施为政府主导建设，邻避项目通常是政府招商引资的成效，为了促进其建设和落地，政府往往会选择利益冲突更小的区域特别是城市近郊和农村区域，此时政府成为绝对的主导者并在某种程度上与建设方形成了利益同盟。其后果是，政府的职权行使具有了天然的偏向，并常常凸显为公权力的傲慢及对民众环境权利的漠视。一言以蔽之，政府的利益偏向使其职能错位并饱受诟病，是引致政府公信力下降、激化邻避风险的重要原因。其次，政府的消极反应和应对无法及时化解邻避风险。事实上，在邻避风险发生之初民众往往会通过各种途径寻求利益的维护，但是民众的诉求却很难得到政府的重视。绝大多数的邻避风险事件发生时，民众都会在理性和克制的基础上通过政府官网、来信或热线救助电话等正当途径来求证或求助，然而因政府的职能交叉或基于利益的合谋等原因使得政府往往敷衍了事，扩大了政府与民众的信任裂痕。

第二，沟通协商途径不畅进一步扩大了邻避风险。邻避风险具有固有性，邻避设施或项目建设原本就具有服务民众或促进经济发展的价值目标，但是要求其在建设过程中力求将环境风险的负外部性内部化，以环境正义消除利益冲突和隔阂。而要达至这一目标，显然需要政府、建设方和公众等各方主体的良性沟通，但我国的邻避风险实践中沟通协商显然更多地处于缺位状态。我们知道，邻避设施或项目的环境负外部性是无法完全根除的，因此其选址通常已经做出了利益取舍并在这一取舍判断中选择牺牲城市近郊或农村等弱势区域的环境利益。换言之，无论如何邻避风险都不可能达致绝对正义，唯有通过利益各方的广泛参与，通过沟通协商和补偿等机制来实现矫正正义。可是，现实情况却往往是决策做出者试图以其公权力迫使相对方的认同和服从，并关闭了平等协商的途径。可想而知，造成的后果就是邻避设施或项目建设不会做到环境利益和环境风险的事前配置，公众必须承担负外部性而无法获得参与的权利，更无法获得相应的补偿。这也就意味着，邻避风险中作为利益受损方的城市或农村居民在政府公权力的压制下丧失了公平博弈和协商的可能，最终难以通过合理正当的沟通协商获得公平合理的补偿。对于普通民众而言，要求其纯粹"活雷锋式"地完全承担邻避风险的负外部性而不给予任何补偿和救济是不现实的，因此会进一步激化邻避风险的矛盾。

　　基于邻避风险发生原因的深层次剖析，不难发现，中国的邻避风险治理模式有其固有的缺陷，从而导致政府与民众的信任坍塌和冲突对立。在各类社会抗争中，邻避风险事件如同一条纽带，将乡土社会与政治国家、底层抗议与上层变革、集体行动与制度回应、权力结构与权能培育等诸多范畴联结起来。① 这一多元复杂利益结构与运作程式基础之上的邻避风险，依赖于政府主导的治理模式回应，而在中国针对邻避风险的治理过程中，地方政府"压制型管制模式"运作逻辑下的"决策与建设—抗争与维权—妥协与停建"的治理思路显然无法有效回应现代环境治理的需求。质言之，地方政府的"独断式"政府运作模式，为改革开放后地方经济的迅速发展提供了效率、规模、权力基础，但恰是这一缺乏民众参与基础的运作模式在应对环境风险领域凸显了危机，引致了邻避风险事件的发生。之所以会形成基于邻避风险的压制性、粗暴性、单一性管制模式，首先在于传统政府治理模式中所蕴含的"稳定压倒一切"的思路，驱使地方政府形成以维稳为核心的行政逻辑，理所当然地将邻避风险事件视为挑衅性、对抗性、反动性的治安或群体运动性事件。其次，"前网络时代"信息的传递不便与相对闭塞，使得地方政府形成了固有的封锁、管控、压制的信息应对模式，力图将事件扼杀在发生之初。最后，传统政府治理的消极危险应对模式自然形成了重处置和应对的末端治理模式，只有在邻避风险发生暴力或非暴力性冲突事件后才予以应对，而轻视风险发生之初的情绪、心理疏导及预防，助长了邻避风险的进一步恶化。

① 杜健勋：《邻避运动中的法权配置与风险治理研究》，《法制与社会发展》2014年第4期。

　　应当说，以政府主导的利益博弈为基础所构筑的传统压制型邻避风险治理模式，忽视了民众特有的风险排异情绪与诉求，忽视了城市、城郊与乡村民众不同利益诉求的差异性显现，无法有效协调政府维稳与民众维权之间的关系，无法适应治理现代化的需求。因此，在中国式邻避风险逐渐全国性扩张特别是向乡村扩张转移的总体背景下，在网络时代和环境风险时代的后现代主义情境下，应当以更为合理和恰当的方式拷问政府的治理模式，寻求回应和协商共治型的环境风险法律治理结构变革。

第二章

城乡环境风险治理的利益结构与制度困境

环境风险治理不仅仅是政府通过运用公共权力对组织及个人进行调控即可轻易实现。诸多环境事实乃至环境公害悲剧告诉我们，人类对自身利益的无节制追求是环境问题的直接肇因。在城乡一体化的时代背景下，环境风险的事前预防、环境保护的事中监管和环境污染的事后防治等环境规制措施，必然关乎环境保护与经济发展、群体利益与个人利益、当代人利益与后代人利益等利益衡量问题。因此，在城乡一体化进程中完善环境保护法制，实现环境风险预防、环境保护监管与环境公害治理，实质上是从利益调控的角度来处理国家企业与个人之间、污染者与被污染者之间、代与代之间的利益关系。本章基于利益相关者的理论分析，探寻环境风险治理法权主体的权责冲突，并考察城乡环境风险治理的法律规范与实施困境，以廓清城乡环境风险治理的利益结构与制度障碍。

第一节　城乡环境风险的利益结构解析

客观来说，近年来我国各级政府在环境治理意识与行动能力上均有长足进步，但仍存在着"重工业、轻农业""重城市、轻农村""重农村经济发展、轻农村环境治理"的观念与实践。① 由于城乡分治二元结构造就的城乡巨大差异，在城乡环境风险治理上面临着诸多问题：国家财政对于农村环境治理的投入远不及城市；农村地区的环境信息闭塞使得公众获取

---

① 陈兵：《法治视阈下我国农村环境治理论纲》，《甘肃社会科学》2017 年第 2 期。

环境信息较为困难；农村居民参与环境行政的渠道不通畅；企业为追求更多的利润和保障自身利益而排污引致了环境风险和污染转移的持续发生；环保组织未能有效参与城乡一体的环境风险治理体系等。因此，有必要对城乡环境风险的现有利益结构进行解析，为厘清制度困境、探寻有效回应路径提供理论基础。

一　利益相关者的理论分析框架

利益是法律永恒的关注，美国法学家庞德认为法律的任务即是承认某些利益，由司法过程按照一种权威性技术所发展和适用的各种法令来确定在什么限度内承认与实现那些利益，以及努力保障在确定限度内被承认的利益。① 那么，何为利益？庞德认为，利益是人们个别地或通过集团、联合或亲属关系，谋求满足的一种需要或愿望，因而在安排各种人们关系和人们行为时必须将其估计进去。② 霍尔巴赫则认为，所谓利益就是每一个人根据自己的性情和思想使自身的幸福观与之联系起来的东西；换句话说，利益其实就是我们每一个人认为对自己的幸福来说是必要的东西。③ 正是基于对利益的认知和其地位的确认，20世纪60年代，在管理学领域形成了利益相关者理论。美国斯坦福国际咨询研究所基于公司治理进行利益相关者阐释，解构了企业利益相关者——股东及其他具有利害关系的个人或团体。此后 Freeman 拓展了利益相关者的意涵范畴，认为利益相关者是影响组织目标或受组织目标影响的个人或团体，它通过主客二维视角全面清晰描摹出利益相关者的构成图谱。此后，利益相关者理论为学界所熟知，参与研究的学者也日益增多，为该理论的发展提供了多方位视角，从而使其不断地完善和升华。Margaret 从投资的视角解读利益相关者，指出利益相关者是为企业提供风险投资，借助契约获取利益和承担风险的个人或团体，并依据相关特征，从影响力、合法性和紧迫性三个角度来解构利益相关者理论。④ Starik 从动静两个视角，将利益相关者区隔为现实和潜

---

① ［美］庞德：《通过法律的社会控制》，沈宗灵、董世忠译，商务印书馆1984年版，第35页。

② 同上。

③ ［法］霍尔巴赫：《自然的体系》，管士滨译，商务印书馆1964年版，第271页。

④ Margaret M. B., *For Whom Should Corporations be Run: an Economic Rationale for Stakeholder Management*, Long Range Planning, 1998, pp. 195–200.

在的意蕴及应用；Clarkson 通过梳理利益相关者与企业经营的关系后，从利益的重要性、主体的主客视角剖析利益相关者。①

综上所述，利益相关者的核心意涵可以归结为：在社会结构中，任何组织与管理行为均是镶嵌在一定的社会系统中，且与其他主体相互关联的。② 换句话说，组织目标的实现是在权衡各方主体利益的基础上整合资源和优化配置的，进而追求利益的最大化。从利益相关者理论的演化进程来看，其大体上历经"影响""参与""共同治理"三个线性发展阶段。③ 实际上，利益相关者理论不仅将组织内部不同利益主体的身份地位予以结构化，还真切地反映出相关利益主体的现实利益需求与行为逻辑。利益相关者理论在公司治理等治理实践中不断完善更新，其蕴含的理念逐渐为其他学科领域所借鉴。到 20 世纪 90 年代，生态环境学家将利益相关者理论大量植入生态环境学科的问题研究中。④ 同样，该理论为我们认识环境风险规避、管控与治理过程中的地方政府、城乡居民、社会企业、公益组织等利益主体间的利益结构与行为逻辑提供了有效的分析框架。利益相关者本身所蕴含的"影响""参与""共治"内容，为城乡环境风险治理研究提供了新颖的观察思路和宏大的理论视野。本研究引入利益相关者理论分析框架，针对当前城乡环境风险治理过程中利益主体结构的实际问题展开学理解读与分析。

二　城乡环境风险的利益相关者

检视城乡环境风险治理全过程，借助利益相关者的理论框架可以梳理出主要利益相关者，也即包括地方政府及其职能部门、城乡居民、环保团体、排污企业等。根据理性经济人学说的假定，每个利益相关者均是为了追求自身利益的最大化。同理，城乡环境风险治理过程中相关利益主体均

---

① 参见贾生华、陈宏辉《利益相关者的界定方法述评》，《外国经济与管理》2002 年第 5 期。

② 沈费伟、刘祖云：《农村环境善治的逻辑重塑——基于利益相关者理论的分析》，《中国人口·资源与环境》2016 年第 5 期。

③ 魏炜、朱武祥、林桂平：《基于利益相关者交易结构的商业模式理论》，《管理世界》2012 年第 12 期。

④ 马国勇、陈红：《基于利益相关者理论的生态补偿机制研究》，《生态经济》2014 年第 4 期。

是在利益权衡的基础上，追求自身的利益最大化。此外，由于本书的研究视野限制在城乡一体化的宏观背景下，关于相邻地区的政府与公众之间的互动并不是研究的重心，因此暂且不谈。以下分别考察城乡环境风险治理过程中的主要利益相关者的利益结构与行为逻辑。

（一）地方政府：经济发展与环境保护的利益权衡者

一般而言，地方政府在城乡环境风险治理中饰演多重角色。在立法层面，法律规定的地方政府享有经济发展和环境保护领域的政策和规章制定权。在执法层面，尽管省以下环保机构监测监察执法垂直管理制度改革已经试点推广，以排除地方政府的干涉，在省级以下实现环境执法的独立化，但是，我国环境监测监察垂直管理制度缺乏科学合理的顶层设计，导致该制度的革新并未改变整体环境监管的属地管理原则，只是针对环境执法和监测监察工作。由于缺乏深度的环境规制革新，地方政府在环境保护领域仍然是主导者和权力控制者，环境监管责任的承担者则是各级环境保护行政主管机关。

地方政府不仅要履行环境保护任务，还要维持社会安定和经济发展。因此，地方政府在施政时不仅要考量经济发展与环境保护，还要维持社会稳定。而稳定压倒一切的执政理念是当前我国地方政府的底线，在此基础上，对经济发展与环保保护进行利益衡量，从而将工作重心放在相应的行政任务上。其实，政府施政过程中的利益衡量更多的是各利益团体利益博弈的结果。根据理性经济人的理论假定，地方政府在维持社会安定的基础上，由于经济发展主导晋升的考核标准，在环境保护和经济发展的权衡中，经济发展的迫切追求必然是地方政府的首选。正因为如此，某些地方政府并不完全偏向环境保护，它们可能选择"购买排放权"① 来发展经济，甚至个别地方选择以环境换发展。此类环境不作为、乱作为的现象迭生，源于政府执政过程中的利益衡量偏差。具体而言，在城乡二元分化的结构中，环境风险治理的城乡区隔导致地方政府在环境风险执法过程中，主要考量的是风险规制范围内的各相关主体间的利益配置，而非社会公共利益或资源优化配置。在这种城乡利益不均衡的社会背景下，加之生态补偿制度的缺位，处于弱势的农村地区居民往往成为城市经济发展的社会成

---

① 谢东明、林翰文：《排放权交易运行机制下我国企业排放成本的优化战略管理研究——基于企业目标和社会环保目标的实现》，《会计研究》2012 年第 6 期。

本负担者。地方政府在经济发展与环境保护的利益取舍过程中，更倾向于谋求自身利益最大化而发展社会经济，当前环境污染的严峻形势便是印证。

（二）城乡居民：环境权益的承担者

环境作为人类生存、生活、生产的基础性资源，属于公共产品，居民既是环境的受益者也是环境的责任人。毋庸置疑，城乡环境风险治理过程中的城乡居民是其重要的利益相关者。当前，尽管环境认知（减排知识，环境污染认知，气候变化和环境危害认知、环境科技观）①和环境责任感（环境问题关注度、环保责任意识、环保倾向）对于环境保护至关重要，但是我国城乡居民的环境保护意识和环境责任伦理仍未真正形成。环境教育的缺失导致公众对于环境保护的认同感较低，而且城乡教育环境的差异造成了环境意识与环境责任的城乡差异。一般而言，城市居民所接受的环境保护资讯和环境素养的熏陶均比农村居民多，从而造成城市居民的环境意识比农村居民高。城市居民也因此容易形成环境利益团体，从而更好地培养出追求环境公共利益的精神。这种认知有别于农村居民的环境污染认识，而是在认识基础上开展环境保护行动，这也是当前环境问题引发的事件多发生在城市的原因之一。

环境权入宪问题一直为学界所探讨，然而宪法的修法实践并未对此予以回应。尽管如此，公民环境权所衍生出的环境知情权、环境参与权、环境公益诉讼等实体或程序性权利均为法律所规定和认可。其中，公民是环保执法的重要监督者。首先，环境污染直接影响民众的生活生产，居民有直接动力监督环境执法；其次，环境污染的区域特性，使得公民处于不确定的环境风险之中，致使其对环境法制的建设有强烈需求。换句话说，公民环境监督的内容既包括对行政机关环境执法的监督，也包括对企业违法排污的监督。因此，居民、排污单位和政府成为城乡环境风险治理中的三方重要利益主体。此外，居民还是环保法律制度制定和实施过程中的重要参与者。城乡一体化发展的重要内容是实现城乡环境正义，其途径是促进城乡居民平等公正地参与城乡环境风险治理的全过程，保证城乡居民的环境利益与环境负担相对称。这样不仅有利于城乡环境风险治理法制的完

---

① 聂伟：《环境认知、环境责任感与城乡居民的低碳减排行为》，《科技管理研究》2016 年第 15 期。

善，而且能促进城乡环境风险规制的顺利开展。

（三）排污企业：环境风险的主要源头

在城乡环境风险治理过程中，排污企业作为环境风险的主要源头，既是环境规制的主要对象，也是环境共治中的参与主体和利益相关者。为应对环境政策和环境执法环境的变迁，排污企业会相应做出"合法"排污与"违法"排污的行为策略，以最大限度地赚取利益。据不完全统计，我国每年因环境污染而造成的损失达 1000 亿元以上，其中企业排污是环境污染的重要来源。① 前些年，环境保护法制不完备，导致环境法律责任缺位，出现"守法成本高，违法成本低"的难题，企业宁愿被罚款也不愿守法排污。② 更有甚者，个别地区的环保执法机关为企业所俘获，形成利益共谋，双方在规避法律法规的情况下，谋求自身利益。当然，也有排污企业会促成环境规制的大力推进，借此击败竞争对手，从而谋求个体利益。伴随着城乡一体化的快速发展，城市的"退二进三"策略③已无法适应当前的现实需求，城乡之间的产业转移导致工业企业迁移到农村地区，从而造成了城乡污染转移的环境风险。

（四）环保组织：环境公益的参与者

环保组织是以环境保护为宗旨而组成的社会组织。与个人相比，环保组织可以借助团体力量，形成利益共同体，从而克服单个主体行动的局限性和随意性。《环境保护法》2014 年修订以后，第 58 条关于环境公益诉讼的明确规定，为环保组织参与环境公益活动提供了明确的法律依据。因此，环保组织是城乡环境风险治理的重要利益相关者。环保组织不仅可以引导公众参与环境保护，而且还是环境风险治理的重要参与者，其提起环境民事公益诉讼的权力，便是对排污企业的一种有效监督。

总体而言，环保组织在城乡环境风险治理中的重要地位和作用不可小觑，然而，现实状况是我国环保组织发展仍受到制度和现实的双重制约。一方面，我国环保组织发展面临着长期被压制、管控、税收征管不合理、资金募集困难、专业化程度不高、社会公信力低等困难；另一方面，我国

---

① 郑石明、雷翔、易洪涛：《排污费征收政策执行力影响因素的实证分析——基于政策执行综合模型视角》，《公共行政评论》2015 年第 1 期。

② 鄢德奎、陈德敏：《〈环境保护法〉按日计罚制度适用问题研究——基于立法与执法视角》，《北京理工大学学报》（社会科学版）2016 年第 6 期。

③ 卓贤：《大城市转型发展的误区规避：经济下滑与产业断层》，《改革》2013 年第 6 期。

环保组织数量和独立性不够，人员构成和素质参差不齐，培育引导与自身建设不足等因素，影响了环保组织的顺利发展。客观来看，基于种种原因，我国环境保护组织的工作重心往往在城市，对于农村环境治理的关注和影响十分有限，并没有充分参与农村环境治理工作。而且，其对农民的吸纳能力有限，导致农村环境组织发展受阻。但是，农民生活在农村，具有"在场"的优势，决定了农民自身参与环境风险治理的必要性。因此，要发挥环保组织超越个体力量进行环境公共事务社会治理的作用，就要革新环保组织发展模式，鼓励社会组织偏向农村地区发展，积极吸纳农民参与环境治理事务。

第二节　城乡环境风险治理主体的权责冲突

在城乡环境风险治理过程中，不同的利益主体因其角色、目标的差异，其行为方式也有所不同，主要表现为它们的权责内容不尽相同。以下主要对政府、社会组织、排污企业、社会公众四方主体的权责冲突进行分析，并以邻避风险治理为例探讨城乡环境风险治理法权主体的权责冲突。

一　政府：环境行政的权责结构失衡

（一）环境行政权力的扩张

当今世界面临着经济发展与环境保护两大核心主题，二者之间存在着辩证统一的关系，既相互矛盾，又相互统一，如何权衡两者的关系成为各国必须面对的难题。随着环境污染、生态危机、能源安全等与现代技术相伴的环境风险不断发展并在全球范围内引起广泛关注，环境风险规制逐渐上升为现代政府的一项重要任务。[1] 命令控制模式在环境风险法律规制中占据主导地位，但在环境风险规制法律规范不完备的法制环境下，农村的有限行政资源很难回应诸多环境风险问题；而在城市，政府的环境风险执法权没有明确界限，权力肆意扩张，不仅对公众的私权利造成了损害，也阻碍了环境风险法律规制工作的正常运转。

---

[1]　董正爱、王璐璐：《迈向回应型环境风险法律规制的变革路径——环境治理多元规范体系的法治重构》，《社会科学研究》2015年第4期。

当前，环境风险治理执法主体权责不明、执法不严。我国涉及环境保护工作的政府部门很多，政府部门彼此间关系错综复杂、权责不明，很容易出现互相推诿而推卸责任的现象，导致环境风险规制低效。由于环境风险具有不确定性特征，难以监测并不易确定环境损害后果发生的时间，需要政府部门以风险识别的有效性予以回应。但是在实践中，受行政执法效率和水平的局限，尚存在已经发现的环境风险处理不及时或者处理不当，常常会导致严重的损害后果发生。此外，某些部门还会以 GDP 增长为首要行政任务，而环境风险规制处于次要地位为由，削减规制环境风险资源的投入。

公权力扩张的同时缺乏对环境执法权的监督，也即环境行政执法监督机制存在缺失，导致我国环境执法部门受到的监督不够。一般而言，环境执法监督主要分为内部监督和外部监督。就内部监督而言，环境行政管理部门隶属于地方政府，而地方政府往往囿于经济利益怠于行使对环境管理部门的监督职能，甚至在某种程度上要求环境行政管理部门对某些特定企业的环境污染行为予以"放行"。就外部监督而言，公众的环境权往往形同虚设而得不到重视，起不到对环境管理部门的监督作用。而且公众自身环境权利受侵害后，直接对环境行政管理部门提起环境行政诉讼的难度也很大。

现如今，各个地方经济发展水平高低不同，产业结构存在很大差异，地方政府的环保意识及具体环境样态更是千差万别，这些个性差异都会对地方的环境法带来执法偏差。① 我国地方政府在法律授权的范围内可以制定适用自己辖区的环保标准。此种因地制宜的做法有利于地方有效地权衡经济发展与环境保护，然而在具体适用上仍存在诸多问题。近些年，个别地方政府甚至通过设置"企业安静日"等挂牌保护企业的做法降低环保门槛，限制环境行政执法。此外，在环境风险规制过程中，时有地方行政领导因顾虑经济发展和财税收入等经济利益，而对环境行政工作予以干涉。加之环境执法资源的限制，排污企业偷排漏排现象严重，环境违法行为无法得以及时制止，导致环境污染形势不断恶化。

---

① 黄锡生、王江:《中国环境执法的障碍与破解》,《重庆大学学报》（社会科学版）2009年第 1 期。

（二）环境行政责任的缺失

孟德斯鸠曾说过，一切有权力的人都容易滥用权力，因而必须设定防范的途径，来遏止权力可能会对人民所造成的危害。① 环境权作为各国公民享有的适宜其生存与发展的良好环境权利，其不可或缺的独立价值，决定了其基本权利属性，也进一步决定了其法定权利及社会权利的属性，由此也内生了请求公共权力予以积极保障的私权利主张。当前，政府作为我国城乡环境风险治理的主导者，政府的行政决策对于环境执法的效能有着关键性的影响。由于我国农村地区的行政资源有限，面对复杂多样的农业面源污染等环境问题，政府难以解决全部的城乡环境风险治理难题。此时，公众参与是保证城乡环境风险治理的必备因素。城乡环境风险治理虽然是一个公共领域，然而由于政府资源的限制和组织结构的制约，无法实现有效治理。伴随着行政契约的发展、PPP 模式和公私协力的环境治理模式推广，政府与社会展开环境合作治理的情形将越来越多，城乡环境风险治理也不例外。

权力契约的运行逻辑将权力与责任看作行政行为的一体两面，只有在环境行政权力与环境行政责任对等的情况下，环境执法才能发挥效力。然而，在环境执法实践中，环境行政主管机关有明确的行政权力，但缺乏清晰的责任追究。例如，法律虽然赋予公民举报权利，但缺乏相应的配套机制与行政程序，环境监督因缺乏具体规定而无法落实。尽管现行的《行政诉讼法》（2017 年）、《民事诉讼法》（2017 年）和《环境保护法》（2014 年）对环境行政公益诉讼和环境民事公益诉讼作了相应规定，对环境行政执法起到了重要的司法监督作用，但在适格主体、诉讼规则上仍有争议，缺乏具体的操作规程，不利于行政责任的承担。

目前，我国领导干部政绩考核的核心指标仍然是地区的经济发展，环境质量的要求相对较低。甚至可以说，只要环境损害没有影响到地区的社会安定，一般就不会影响行政长官的擢升。而经济发展和地方财政收入一定程度上与企业的经济效益有关，因此，为了追求经济发展和财税增长，有些官员甚至充当排污企业的保护伞，阻碍了环境治理。此类地方保护主义之所以层出不穷，关键在于环保行政主管部门的财政不独立，而是依附于地方政府，以至于无法对政府的环境不作为、乱作为予以有效监督。地

---

① ［法］孟德斯鸠：《论法的精神》（上），张雁深译，商务印书馆 1959 年版，第 184 页。

方环境行政主管部门的人事任免权和财政权归属于地方，导致地方政府引进建设项目时，环境行政主管部门不是环境风险的把关者，而是建设项目的推进者。环境行政主管部门的环境行政许可、环评许可往往为建设项目的合法性背书，为排污企业提供污染通道，无形中为后来者提供了负面的样板。

二　企业：环境信息强制性披露的责任缺失

在生态文明建设的政策主导下，相关环境信息披露的实践已在逐步开展，但囿于当前我国环境信息强制性披露制度并不完善，无法施展其制度功能，环境信息披露受到很大的制约。

（一）环境信息强制性披露的主体范围较窄

关于环境信息强制性披露的主体范围，可以从既有法律规定与实践两个维度来考察。在法律层面上，《环境保护法》（2014 年）第 55 条规定，重点排污单位应当如实向社会公开其主要污染物的名称、排放方式、排放浓度和总量、超标排放情况，以及防治污染设施的建设和运行情况，接受社会监督。此处的重点排污单位，依据《企业事业单位环境信息公开办法》（2014 年）第 7 条规定，是指纳入重点排污单位名录的企业事业单位，由设区的市级人民政府环保主管部门确定，并于每年 3 月底前公开发布。对于重点排污单位之外的企业而言，并未强制其公开环境信息。可见，现有法律将环境信息强制性披露的主体界定为重点排污单位，不属于重点排污单位名录的排污企业可以不进行环境信息披露。重点排污单位自然对环境污染的影响较大，但其数量毕竟有限，如果将不属于重点排污单位名录的企业一律排除适用环境信息强制性披露，则对于多数存在环境问题的企业，居民仍然无法获得相关的环境信息，此时公民环境知情权仍然无法得到保障。

在实践层面上，相关机构通过对上市公司环境信息披露进行实证分析，得出 2015 年发布环境信息的企业仅占上市企业数量的 1/5。[①] 由此可见，上市公司的环境信息披露与理想状态仍存在很大差距，这是由于上市公司环境信息强制披露的法律规定尚未出台，不属于重点排污单位名录的

---

① 潘秋杏：《上市公司环境信息披露均分不到 40 分　火电、水泥披露最多》，2017 年 5 月 28 日，http：//www.infzm.com/content/124978。

上市公司没有动力去公开不利于自己的信息。

（二）环境信息强制性披露的内容有待明确

现实中，企业披露环境信息的内容多集中在环境政策、方针和理念层面，对于企业的环保要求、碳排放量、碳减排量、碳减排目标等细节指标披露较少。这反映出企业对环境信息披露的随意性以及避重就轻的披露策略。目前，专门规范环境信息强制性披露内容的最高法律位阶规范也只是部门规章——《企业事业单位环境信息公开办法》（2014 年），该办法对环境信息强制性披露的内容进行了界定，包括重点排污单位的基础信息、排污信息、防治污染设施的建设和运行情况、建设项目环境影响评价及其他环境保护行政许可情况、突发环境事件应急预案等。然而其并未对特殊行业（如石化、电力）、特殊企业（如上市公司）强制性环境信息披露的内容进行细化，导致该办法适用的范围有限。

问题的关键是，许多企业更注重企业利益的实现，对环保责任在内的社会责任关注较少。这种状况并不限于普通小企业，甚至连上市公司也没有对环境信息披露给予足够的重视。即便进行环境信息披露的上市企业，其披露的环境信息内容往往也是大而空泛，部分企业环境信息披露则属于"报喜不报忧"。具体而言，由于当前缺乏环境信息的披露标准，多数企业在披露环境信息时只披露少部分有利的环境信息，导致环境信息披露形式大于内容，更无法满足利益相关者获取环境信息的诉求。

（三）环境信息强制性披露的责任机制欠缺

当前，我国已建立起以《公司法》《证券法》为核心的企业信息披露制度体系。但在环境污染日趋严重的态势下，环境信息并未在信息披露制度中得到充分反映。现有关于环境信息公开的规定在环保法律中有所体现，如《环境保护法》（2014 年）第 53—56 条、《企业事业单位环境信息公开办法》（2014 年）第 9 条等。其中《环境保护法》第 62 条规定对重点排污单位不按法律规定公开环境信息的行为处以罚款，并予以公告，但处罚额度并未明确。《企业事业单位环境信息公开办法》第 16 条对违反法律规定的公开方式、公开时限、公开不实的行为处以三万元以下罚款。由此可见，企业环境信息披露的责任约束多限于不依法公开的一种事后惩罚，且惩罚的力度有限。环境行政处罚的无力使得责任机制具有先天的劣势，企业宁愿承受"弱处罚"的后果，也不愿主动公开不利环境信息影响其经营业绩。这种状况使得企业的环境风险难以转化为财务风险，现有的制度约束无法有效规制企业公开环境信息。作为相关投资者只求企业能够盈利，至于环境保护责任履行是否到位在所不问，导致社会监督缺位。

可喜的是，实践中由于绿色金融市场与企业经营直接相关，资本市场对环境信息披露起到了推动作用。近年来，环境保护部（现生态环境部）与中国人民银行、证监会联合推动绿色信贷，银行已建立起绿色信贷制度体系，对于环境污染高的企业限制其贷款和公开发行股票。如深圳健康元药业集团在向证监会申请定增时，定增预案没有提及相关的环保违法处罚内容，导致无法政策融资。这种金融手段一定程度上约束了企业披露环境信息，但并不能规制所有企业，唯有建立相应的法律制度约束，才能从根本上督促企业履行信息披露责任。

（四）环境信息强制性披露的激励措施不足

长期以来，由于环境保护的正向激励不足，我国企业遵守环境保护相关法律的积极性不高。单纯依靠惩罚机制强制企业披露环境信息难以调动企业的积极性，更无法实现制度设计的预期功能。正如前文所述，环境信息强制性披露是公私协力治理的一项重要制度，旨在协助行政机关提供更好的公共服务。如若全社会没有达成环境信息披露的共识，在缺乏正向博弈的情况下，守法企业可能缺乏与其他企业竞争的资本。现有关于环境信息披露的激励制度多见于政策文本中，如《关于共同开展上市公司环境信息披露工作的合作协议》（2017 年）明确规定，从监管、审核等方面，引导资本市场主体提升环保责任意识，披露环境信息。但现行法律对于环境信息披露的经济措施规定几近于无，缺乏制度化的环境信息强制披露规范，企业环境守法仍存在困境，现实中更多的企业是消极承担这种环境责任。为突破此种局限，推动环境信息强制性披露制度的落地生根，亟须构建全面有效的守法激励机制，推动企业主动披露环境信息。

三　环保组织：登记备案条件严苛

环保组织是以环保利益为宗旨，由热心于环境保护事业的人士自愿组织而成，自我治理，遵守法律，独立于政府之外的第三部门。环保组织参与环境治理实则是民众环保意识提升的具体表现。环保组织的活动主要包括引导公众培养环保意识、强化社会的自我调节、监督环境行政执法，以维护环境公共利益。发达国家对于环保组织的法律保障是十分健全的。美国赋予社会组织的"私人检察官"身份维护公共利益；俄罗斯要求行政机关支持和协助社会组织的发展。反观我国，《社团登记条例》《基金会管理办法》《民办非企业单位登记条例》等相关法律法规并未赋予社会组织一定的法律地位，法律规范的内容多是如何管制社会组织而非保障其权利，而且社会组织需要依附于政府部门，缺乏独立性。根据《社会团体管理条例》的规定，社会团体的成立条件包括需要挂靠在相关行政机关的名下，并向民政部门申请、登记和备案。由于社会团体的成立条件苛刻、程序繁杂，社会活动需要受到相关限制，环保组织并不愿去行政部门登记备案，导致现有法定环保组织的数量与环境保护的形势不相称。由此可见，环保组织的健康发展依赖于一系列的社会团体制度革新。

四 公众：环境权利难以保障

近年来，城乡环境风险中的农村环境污染风险问题越来越突出。一方面，由于农村环境信息公开机制不健全，农民在获取环境资讯方面缺乏畅通渠道，导致农民参与环保事业的意愿、热情和行动都受到不同程度的制约。另一方面，新闻媒体关注的焦点是城市环境问题，农村环境问题常常通过自媒体的平台予以放大，而这类平台无法持续地对环境问题进行揭露，更无法对农村环境风险治理进行常态化监督。

政府公权力扩张的同时，公众私权利却缺乏保障。长期以来，经济发展成果、GDP 增长速度与政府工作考核紧密联系，部分政府为了促使经济增长，不顾生态环境的保护，造成了大量的环境污染事故，对公众的环境权利造成了巨大的损害。对于可能损害公众环境私权利的决策事项，政府虽然按照规定举行了听证会等公众参与程序，但实际上，政府无法全面、及时地公布环境风险信息，举行的听证会很多都流于形式，政府主导着决策过程和决策结果，公众的意见无法真实反映在行政决策程序中，侵害了公众的环境知情权与环境决策参与权。此外，政府可能囿于自身的局限，对于部分企业生产过程中违反环境保护法律的现象予以保护而不依法处理，造成大量的环境污染事故，也对公众的环境权造成了损害。

另外，我国环境风险法律规制资源分配不合理，私人部门得不到应有的规制资源。环境行政并不能完全规制环境风险，为实现环境风险最小化目标，社会主体应当发挥自身的积极性、能动性、创造性，自主降低环境风险，形成环境风险的自主规制。① 我国环境保护工作往往重视事后的直接强制规制，而由于环境风险的不确定性，需要事先进行预防而不是事后规制，所以传统的自上而下的环境风险规制方式的规制效果不佳，需要公私协力共同参与环境风险规制的全过程。《环境保护法》（2014）的多个条款都强调了要鼓励私人部门参与环境保护工作，但是由于行政机关掌握了绝大部分规制资源，且缺少私人部门直接参与环境风险规制工作的具体法律制度，导致私人部门在环境风险规制工作中的部分权利难以得到有效保障，也就得不到应有的规制资源。

五　邻避风险权责冲突的实践样态

在中国社会的剧烈变革与转型时期，传统政府管制模式的规制不匹配凸显了邻避风险治理的危机与困局。值得深思的是，作为社会成员的普通公众不惜与地方政府对立，通过请愿、示威等方式频繁发起邻避风险事件的根源何在？基于"权力—权利"运行结构的传统治理模式回应邻避风险乏力的原因何在？基于环境利益配置格局的"政府—公众"行为逻辑如何有效应对邻避风险的转化发展与协商解决？笔者认为，这既与邻避风险的认知程度、科技性、信息不对称性等形成原因有关，又与政府治理模式的权力运行结构、政府主导的利益博弈与差序格局有直接关联。

（一）现代风险导向下公众认知困局的应对乏力

现代环境风险的社会认知经历了从朦胧、逐渐认知到扩张的进程，在科学理性与社会理性的断裂之间走向另一极端：未知之中安全感的缺失与信任的坍塌。正如贝克所言，"新近出现的风险，完全逃脱了人的直接感知能力，人们关注的焦点正越来越集中在那些受害者既看不见也无法感知的危险之上；在任何情况下，这些危险都需要科学的感受器——理论、实验和测量工具——为的是使它最后变成可见和可解释的危险"②。因此，对于这些风险的认知，应该依赖于现代科技进步的知识获取和基于利益相关者的知识假定。当现代科技无法全部释明那些"新的、难以察觉的、不可控制的、灾难性的、迟延的、会危及未来世代的或有可能伴有痛苦或恐

---

① 裴敬伟：《试论环境风险的自主规制——以实现风险最小化为目标》，《中国地质大学学报》（社会科学版）2015 年第 3 期。

② ［德］乌尔里希·贝克：《风险社会》，何博闻译，译林出版社 2008 年版，第 26—28 页。

怖的风险时，公众的评判会迥异于该领域专家形成的任何合意，其对特定风险的厌恶或恐惧，要甚于对其他具有同样盖然性伤害的恐惧"①。邻避风险事件实际上也源于公众对风险情境下邻避设施的恐慌性认知甚至是妖魔化认知。正是对具备风险性特征的邻避设施的知识获取与知识假定的双重不信任，导致公众排异心理的逐渐扩张。一方面，作为普通公众，难有对邻避设施认知的科学知识储备，那么其获取信息的通道以及对所获信息的消解认知就成为判断的基础。传统管制型环境治理模式下，邻避设施的论证与建设因程序设置自身不足或者公众缺乏主动参与的积极性导致公众实质性参与的缺失。如此，在信息不对称与项目决策参与途径不畅的境况下，公众无法获得相对全面的邻避设施信息，也就失去了自主认知风险的机会。待项目一上马或开建，各种夸大性、恐慌性言论借助于现代媒介和网络传播，致使公众在基于经验法则、伦理、利益和其自身决断的认知判断基础上，加剧了恐慌性风险认知心理。另一方面，邻避设施通常具有一定的污染性和高风险性，对于利益相关者的公众而言，在相当程度上会伴随房产的贬值等财产性损失甚至危及生命健康。将邻避设施置于附近公众生存语境的逻辑之中，作为纯粹理性经济人必然会高估其风险性和危害性，在知识假定上放大邻避设施的危险，过度考虑其发生的概率和灾难性后果，从而高于专家导向型的风险认知结论。质言之，政府环境决策的管制型运行模式对公众参与的排斥和力度不足，以及政府理想化纯粹理性风险认知模式下依赖专家解释和政府释明的风险冲突应对方式无法回应公众认知的心理困局。

（二）权力扩张与权利主张的运行结构有失偏颇

邻避设施的现代风险性决定了与传统的政府消极危险应对模式不同，其治理和回应需要政府公共权力的扩张。也就意味着，当"传送带理论"无法为行政机关规制风险活动提供合法性资源，那么行政过程的"自我合法化理论"抑或"利益代表理论"就会相应而生。② 邻避设施建设的全过程依赖于强大的公权力解决各种错综复杂的利益关系及其冲突，当然这种权力的扩张应当基于符合公益的价值合理性与满足程序手段的工具合理性

---

① ［美］史蒂芬·布雷耶：《打破恶性循环：政府如何有效规制风险》，宋华琳译，法律出版社 2009 年版，第 42—43 页。

② 沈岿：《风险规制与行政法新发展》，法律出版社 2013 年版，第 82 页。

而具有其正当性，以其制度化和规范化保证风险规制的有效与负责。问题在于，"权力存在的合理性和必要性，并不能保证一切权力活动都是善举，权力有时存有不公正对待乃至非法侵害权利的危险"①。显然，邻避风险事件在相当程度上都源于以权力为中心的"官本位"运行模式下政府决策权力的垄断以及民众参与权利的不匹配。从各地的 PX 事件、垃圾焚烧事件等一系列邻避风险事件的发生及处置过程可以发现，其行政决策过程都隐含着固有的权力运行逻辑：政府邻避设施建设及其决策的"自我闭合性"。对于是否建设邻避设施，在哪里建设，如何建设等关键议题都是由政府基于行政与技术判断来完成的。② 这一过程，缺乏信息的有效公开和公众的有效参与，凸显了政府权力的自我过度扩张，也形成了对民众权利的实质侵害。邻避风险治理中政府的封闭决策、封锁消息等手段漠视公众的知情权、参与权，严重侵害了公众的生命健康权和财产权，公权力的触手在没有公众授权的情况下非法深入到私权利领域，实则是对权力公共属性的违背。质言之，公共权力的扩张对于公众私权利的冲击所凸显的权力扩张过度是"权力—权利"运行结构失衡的一大表征。另外，从社会发展现实状况来看，我国公众的环境权利主张意识和环境权利捍卫能力都在随着环境风险认知的扩展、网络技术的进步和环境公民身份的认可而不断增进，甚至开始倒逼政府决策的变更，一定程度上助长了邻避风险的负面效应。诸如此类的权利主张过度现象在邻避风险事件中屡见不鲜，公众在维护自身"正当权利"时常常出现通过网络断章取义宣传环境影响评价结论、所提权利主张诉求不尽合理等过度维权的迹象。这种滥权式的过度反应，试图通过网络工具等多种方式倒逼政府决策并获取不恰当利益，显然也不利于邻避风险的有效解决。

（三）环境利益博弈之"立场—行动"差序格局的多元冲突

邻避风险事件源于环境利益配置的"不公"而引致处于旋涡中心的优势群体与弱势群体之间的剧烈冲突。对具有公共属性的邻避设施建设而言，其必然会在提升地区经济发展或健全地区公共基础服务能力的同时牺牲某些个体的利益，对于这一环境利益的满足与衡平成为冲突解决的关键

---

① 程燎原、王人博：《权利及其救济》，山东人民出版社 2004 年版，第 189 页。

② 张乐、童星：《"邻避"冲突管理中的决策困境及其解决思路》，《中国行政管理》2014年第 4 期。

所在。人的本能构造、意识构造和社会构造的矛盾性、复杂性、丰富性和多样性的存在，使得人总是具有一种逐利本性，正是这种追求私利的本能使人产生了趋社会性，利益也因之成为一种以自我保存和自我提高为动力的基本力量。①而在邻避设施的环境风险判断上，也"总是存在各种现代性主体和受影响群体的竞争和冲突的要求、利益和观点，它们共同被推动，以原因和结果、策动者和受害者的方式去界定风险"②。这种以不同环境利益诉求为基础所形成的风险认知围绕某些个体利益或群体利益形成了参差不齐的利益关系。费孝通先生以国人"私的毛病"为基础，阐述了人与人之间关系的格局："好像把一块石头丢在水面上所发生的一圈圈推出去的波纹，被圈子的波纹所推及的就发生联系。"③而我们前述基于邻避设施建设而形成的以个体利益或群体利益为中心的参差利益关系实质上恰恰是这样一种差序格局：以邻避设施建设的影响为中心，在其不断外扩的过程中，所波及的政府、企业、群体甚至公众个体等围绕其环境利益形成了新的利益圈子，也形成了基于"立场—行动"的不同利益诉求冲突。政府基于服务城乡公共利益或更好地推进行政工作、邻避设施建设主体基于可能的经济收益确立了"主建派"立场，它们掌握决策权和更大的话语权来落实行动。邻避设施负外部性的递减效应使相关群体之间的风险收益失衡，作为受邻避设施影响的公众基于其环境利益诉求的不同而形成差序格局下的立场分流：邻避设施影响核心区，利益受损严重若没有相应援助和补偿机制，此部分群体会持坚定的反对立场；邻避设施次影响区域，仍然会有影响公众健康、财产贬值风险之虞，此部分公众会持反对立场；对前一种情形，若进行相应的补偿，又可能产生立场分化，偏重于财产补偿的改为支持或中立立场，偏重于健康考虑为中心的仍持反对立场；邻避设施影响微弱区域或无影响区域，若与前述区域群体有利益关系，会持与之相同立场，反之则因受益而持中立或更多地支持建设立场。由于不同主体之间的环境利益主张最终会呈现零和博弈，那么在资源有限和利益固定的前提下，基于不同的利益诉求会形成复杂多元的立场冲突并导致不同的行动和后果，无疑增加了邻避风险的治理难度。

① 董正爱：《生态秩序法的规范基础与法治构造》，法律出版社 2015 年版，第 138 页。
② ［德］乌尔里希·贝克：《风险社会》，何博闻译，译林出版社 2008 年版，第 26—28 页。
③ 费孝通：《乡土中国》，北京大学出版社 1998 年版，第 26 页。

第三节　城乡环境风险治理的法律
规范与实施困境

中国社会的转型发展和经济社会的高速发展需要消耗大量的自然资源，这加剧了环境污染、生态破坏的治理压力。尽管我国于 20 世纪 70 年代便已开始关注环境保护、重视环境保护立法，但以经济发展为导向的发展思路，却使得环境保护处于总体弱势的位置。环境风险治理的回应无力，与环境风险治理法律规范的不完备，使得环境风险状况不但未得到有效规制，反而在超出环境自净能力的基础上越来越严重。在城市和农村二元分治的运行结构下，城市环境风险在工业化、城镇化推进及环境状况日益恶化的背景下开始得到高度重视和有效回应，而农村环境风险的治理却被长期忽视，引发了大量环境问题和社会问题。总体而言，我国农村环境风险的治理规范面临着以下问题：农村环境政策多于法律、行政指导多于风险规制、制度规范缺失、行政资源短缺等，引致了民众对城乡环境风险治理的不满与失望。因此，超越城乡二元结构，促进城乡环境风险治理实效的达成，是实现城乡一体和规范运行亟待思考和解决的问题。基于此，笔者将分别从城乡环境风险治理的法律规范及其实施的问题展开探究，从规范结构上回应城乡环境风险治理的需求。

一　城乡环境风险治理的法律规范检视

（一）城乡环境风险治理的规范的问题剖析

我国环境法律法规的体系建设已达 40 余年，随着经济的飞速发展和社会的整体进步，我国环境法律法规的立法理论与指导思想也在不断地进行调整，并在环境风险治理的法制建设方面取得了突出的成果。党的十七大、十八大、十九大都提出了关于生态文明、绿色发展等方面的新理论、新指导。从 2014 年新修订的《环境保护法》来看，在立法目的上已经将可持续发展作为环境法律的重要价值追求，具体规定上也涉及了城市和农村环境风险治理的基本内容，对于城乡环境风险的协同共治具有重要的作用。但也应看到，目前我国的环境风险治理法律规范仍有诸多不完善的地方，有待于进一步完善和更新。

第一，环境法律制度不完备。经济发展与社会进步的同时，伴随而来的不仅仅是人民生活水平的提高，还有环境风险问题的增加。但是对于新出现的环境污染风险问题，我国的环境法律法规体系还存在很多漏洞与空白，对于诸多环境风险尚无法做到有法可依。对诸如放射性污染、跨流域污染等环境污染问题没有明确的处罚措施；对环境风险、危险性评价、生物安全、化学品管理等领域的风险治理缺乏直接而明确的规定。此外，由于新技术的发展以及新行业的出现，我国还缺乏对相应环境风险的评价标准与行业规范。以上这些因素导致我国环境风险治理的相应规范实施经常处于被动。①

第二，部分法律规范欠缺操作性。当前我国环境风险治理规范多是基本原则与规范性条文，缺少具体的技术规范。从环境风险治理规范的整体框架来看，虽然已经涉及很多领域，但是就具体实施而言，仍缺乏一定的可操作性。很多法律条文只是单纯针对具体问题而制定的，相互之间没有形成法律体系。法律制度缺乏相应的具体细则，即便有细则也不够具体，在具体的实践中无法指导执法，以至于环境治理行政措施缺少明确的根据。

第三，环境行政程序缺位。我国环境风险治理规范不仅缺乏操作性，也缺少相应的制度准则，需要依赖行政程序来推动环境执法的正当性。当前，我国环境风险治理规范的程序还不够完善，很多环境行政程序杂乱无章。对于同样的环境问题，在不同区域却可能执行不同的行政执法程序，也造成了执法效果的不同。由此，对环境保护执法部门的公信力构成了消解，甚至在某些极端情况下会导致环境群体性事件的发生。例如，我国目前环境领域的听证程序缺乏统一的操作规程，导致各地的听证会就听证而听证，流于形式，无法起到实质作用。如此，在回应城乡环境风险治理时，因缺少了相应的程序正义，实体正义也便难以实现。

（二）城乡环境风险治理规范的差异分析

通过解构我国环境保护法律规范体系，我们发现在城乡二元结构的支

---

① 自加入世贸组织以来，我国经常接受诸如电子垃圾等污染物的跨境转移。伴随着智能化时代的到来，全世界电子垃圾的数量日益增多，其中很大数量的电子垃圾进入我国市场。另外还有很多新兴污染行业也以贸易形式转嫁到我国，使得我国危险污染物大大增多，但目前看来，我国相关规范还不够健全，回应也不够有力。

配下，我国环境风险治理的城乡立法存在较大差异。相比城市而言，农村环境风险治理的法律规范缺陷更为明显。

1. 城乡环境风险治理的立法差异

在城乡二元结构中，受到"城市中心主义"的影响，我国环境立法主要针对城市地区以及工业领域，针对农村污染的相关法律法规远远少于现实需求。现有的环境法规对于区域最广、人口较多以及生态脆弱的农村以及农业生产的关注远远不够，农村环境保护立法存在很多盲区。从具体规定来看，农村环保法规主要分布于《农业法》《水污染防治法》《固体废物污染环境防治法》等相关法律法规当中，却并没有一部专门的法律法规对农村环境治理予以规范。另外，大部分的农村环境保护条款都是原则性、理论性的内容，过于抽象且不够具体全面。当农村环境污染问题出现时，由于法律规范存在很多空白，缺乏针对性细则，导致执法缺乏正当性。我国农村环境污染防治立法的"少""散"等问题，一定程度上诱导了许多污染行为的产生。此外，对于城市向农村转移的污染企业以及相应的污水、污染物等污染源，我国也缺少相应的标准及防治规程。

从形式上看，我国目前针对农村环境风险治理的法律规范主要是部门规章和地方性法规。由于部门规章出自多个部门，而部门之间职能存有交叉，相关规定难以避免存在冲突，这导致相应的部门立法形成条块分割。而且，各种法律规范之间缺少衔接与配合，特别是面对跨行政区域的环境风险治理问题，常因法律规范的冲突而无法使之有效解决。

2. 城乡环境风险治理的政策差异

当前，我国一般对环境风险采用多元化的手段进行预防，其中优惠政策是一个较为重要的手段。就目前来看，我国环境风险治理政策的制定缺乏通盘考虑，没有形成针对城市环境风险治理和农村环境风险治理的协同合作政策机制。一般而言，政策制定通常会倾向于城市工业污染、生活污染等，在城市污染治理领域给予了很多的优惠性政策。例如，对于工业污染治理设施的建设可以在一定情况下以财政资金进行补贴等。这些优惠性政策促使城市污染处理更加科学，治污技术得到升级，城市污染大为减少。但是对于农村的环境污染治理而言，却浅尝辄止，缺少与农村环境风险治理相适应的规划和优惠性政策。农村的经济发展水平较低，环境污染的治理资金相对匮乏，再加上地方政府的扶持政策不够完善，优惠性政策补贴较少，使得农村污染治理的运行机制无法有效建立。农村环境污染设施建设一拖再拖，农村的污染企业也因为缺少政策补贴很难开展环境污染治理，使得农村环境污染陷入了"死循环"，一直无法有效应对。

3. 农村环境风险治理的规范缺失

当前，相对于城市而言，我国农村生态环境继续恶化的原因还归咎于农村环境风险治理的规范体系不完善。虽然当前既有的法律规范体系具有普遍适用性，环境风险治理的法律法规都可以适用于农村，但是受到城乡二元结构的影响，城市和乡村在很多方面上都有着极大的差异，很多法律规范在城市适用的法效性远大于农村，一定程度上造成了法律资源的浪费。实际上，我国目前针对农村农业的专门环境风险治理规范并不多见。此外，环境行政治理手段单一，仅依赖相关法律规范进行经济处罚，对于一些严重的环境污染行为缺乏进一步的惩罚措施，无法形成有效的环境治理。其后果是，农村环境污染行为屡禁不止，农业生态环境遭到严重破坏，农业与经济的可持续发展受到严重影响。除此之外，由于环境污染治理的规范体系不够完善，使得农村环境教育工作无法施展，缺乏有效途径提高农民的环保意识和环保素质。

具体而言，我国农村环境保护的法律规范缺失主要表现在两个方面。一方面，农村环境保护立法缺漏。《宪法》第26条规定，"国家保护和改善生活环境和生态环境，防治污染和其他公害"。《环境保护法》明确规定各级人民政府的环境保护职责，该规定适用于农村，但因不是专门针对农村地区的环境风险治理，因此缺乏可操作性。同时，《环境保护法》第33规定："各级人民政府应当加强对农业环境的保护，促进农业环境保护新技术的使用，加强对农业污染源的监测预警，统筹有关部门采取措施，防治土壤污染和土地沙化、盐渍化、贫瘠化、石漠化、地面沉降以及防治植被破坏、水土流失、水体富营养化、水源枯竭、种源灭绝等生态失调现象，推广植物病虫害的综合防治。县级、乡级人民政府应当提高农村环境保护公共服务水平，推动农村环境综合整治。"应当说，相较于政府职责的规定，本条相对更翔实且直接针对农村环境问题，但仍过于宏大及缺乏操作性。此外，《环境保护法》第49、50、51条也是专门针对农村环境污染和环境风险治理的法律规范，涉及农业生产经营者科学种植和养殖，科学合理施用农药、化肥等农业投入品，科学处置农用薄膜、农作物秸秆等农业废弃物，防止农业面源污染；禁止将不符合农用标准和环境保护标准的固体废物、废水施入农田；县级人民政府负责组织农村生活废弃物的处置工作；各级人民政府应当在财政预算中安排资金，支持农村环境保护工作以及统筹城乡建设污水处理设施及配套管网，固体废物的收集、运输和处置等环境卫生设施，危险废物集中处置设施、场所以及其他环境保护公共设施等。应该说《环境保护法》针对农村环境风险治理做出了总体性规定，但规范不足却也是不争的事实。既有的法律更多的是为了解决城市环境污染问题而设定的，农村环境风险治理缺乏专门的法律法规，更使农村环境风险治理处于无明确法律规范指引、法律适用操作性不强的困境。此外，农村环境风险治理的法律法规还包括诸如《水污染防治法》《大气污染防治法》等单项法律规范，以及调整农村农业生态环境的专门性规定，如《农业法》《农药管理条例》《基本农田保护条例》等。但这些规定总体而言存在法律规范不丰富、针对性不强等问题，仍然无法有效治理农村环境风险。

另一方面，农村环境执法体系并未真正建立。首先，农村环境保护工作无法做到全面的有法可依。截至目前，仍缺乏农村土壤污染防治在内的专门环境保护法律规范。其次，农村环境执法部门的权力与责任不对称。我国现行的环境管理体制是以"国家监察、地方监管、单位负责"为依据的统分结合的多部门、多层次的执法管理体制。环境行政管理部门依据地方层级设立了相应的环境监察机构。尽管这样的环境行政管理体制很大程度上将环境治理纳入了制度化轨道，但在实务中仍存在各种掣肘的现象。原因在于，我国农村环境保护存在"九龙治水"的管理结构，不同部门之间的权属划分缺乏清晰的界定，相互推诿致使环境保护行政执法不力。最后，地方政府对于农村环境保护的人力和财力投入不足，制约了农村环境风险治理工作的开展。其中，由于受到 GDP 至上的政绩观的影响，对于城市的环保投入远大于农村。更有甚者，个别地方政府的年度财政预算并不包括农村的环境治理经费，导致农村环境风险治理因资金短缺而处于空白状态。

承前所述，我国环境立法主要针对城市区域，针对农村特有的环境污染问题并未过多涉及。对于农村土壤污染防治、农村畜禽养殖废弃物、农村生活垃圾处理等均缺乏明确详细的规范。此外，地方环境立法门类庞杂，缺乏顶层设计，导致一些系统的宏观问题难以体现在地方立法中，以至于地方处理环境风险问题时常常出现"头痛医头，脚痛医脚"的怪象。在环境意识和环境素养的提升方面，地方环境立法几乎没有关注，而此类内容正是当前环境风险治理亟须补充的事项。因此，为有效解决农村环境污染问题，就需要针对农村特殊的环境污染现状，制定和完善专门的环境立法，以统筹城乡环境风险治理。同时，改变现有的条款分割现状，除了对地方环境风险立法进行顶层设计以外，还需要结合城乡一体化过程中出现的特有环境问题进行专项立法，以完善当前的城乡环境风险治理法律规范体系。

总之，我国的环境风险治理立法很大程度上是以城市为中心的，忽视了农村环境风险治理的法制建设。值得关注的是，农村环境风险治理力度落后于城市的原因，除了法制层面的因素外，还与农村居民环境维权意识的缺失以及环境污染侵权行为的长期性、累积性、滞后性，特别是侵权行为与损害结果的因果关系认定等问题相关。农村环境治理面临着保护难、落实难、索赔难等困境。

二　城乡环境风险治理的制度缺位检视

环境风险是一种对人类社会或者自然环境造成威胁的危险状态，是造成风险"损害的大小"及"损害是否发生"的不确定性。倘若不能因地制宜地因应城乡环境风险的不同情况，则极有可能因治理不当而演变成为重大的环境污染事故，造成巨大的经济财产损失，甚至对群众的生存造成威胁。因此，城乡环境风险治理的法律制度体系对于规避风险、防范环境污染事故的发生具有重要的作用。然而我国目前的环境风险治理制度仍存在诸多弊端，无法切实满足回应城乡环境风险的现实需要。

（一）环境风险预警制度不健全

环境风险预警制度是进行环境风险规制的基础性制度，但是我国环境风险预警制度并没有形成体系。《环境影响评价法》《关于落实科学发展观加强环境保护的决定》以及《国务院关于印发国家环境保护"十二五"规划的通知》等文件虽然出现了环境风险预防相关的内容，但是相关条文不多，内容薄弱且彼此间联系弱，操作性不强。换句话说，虽然存在对环境风险预警制度的原则性规定，但是没有专门的法律、法规对环境风险预警制度的责任主体、操作内容、法律范围等事项进行详细具体的规定，环境风险预警工作显得支离破碎。环境风险预警技术不成熟，难以准确预测潜在的风险源。环境预警监测技术覆盖面积不广，部分地区的环境风险预警硬件建设不到位，导致不能形成全面的环境风险预警体系。此外，我国缺少环境风险预警领域的专家和技术人员，而且部分人员的科学技术水平难以达到环境风险预警工作的实际要求。质言之，环境风险预警制度的不健全严重制约着环境风险规制工作的开展，不利于城乡环境风险的治理。

（二）环境风险信息公开制度不健全

环境风险威胁着社会的和谐与稳定，影响着公众的环境利益，公众有必要了解环境风险的相关信息。正是由于环境污染事件频发，环境权的呼声日益高涨。环境权的重要内容之一就是环境知情权。公众有权根据法定的程序获取环境风险状况以及其对人们生活的具体影响等方面的确实可靠的全部信息。政府作为信息公开主体，有责任建立环境风险信息公开制度或平台以回应公众的环境信息需求。然而，我国环境风险信息公开制度并不健全。

首先，我国环境风险信息公开的主体范围窄。《环境信息公开办法》（2007 年）中规定了"污染物排放超过国家或者地方排放标准，或者污染物排放总量超过地方人民政府核定的排放总量控制指标的污染严重的企业，应当公布环境信息"。此处所规定的环境信息公开主体范围过于狭窄，有很多企业并没有被纳入环境信息强制公开的主体范围之内。其次，环境风险信息公开的内容不全面。公众关注的环境风险信息如环境风险财务收支数据、环境风险健康信息等未能及时全面地向社会披露。最后，环境风险信息公开途径单一且存在局部的不平衡现象。公众参与环境风险信息公开工作受阻，导致公众难以准确获知相关的环境风险信息，严重侵犯了公众的环境知情权，降低了公众对环境风险规制工作的社会监督效果。

（三）环境风险信息交流制度亟待建设

现代社会环境风险并不确定，有关信息更是难以预测，而企业在经济生产中往往掌握着第一手的环境风险信息，政府所掌握的信息相对较少且掌握的时机未必及时。对于环境风险治理而言，及时、全面把握风险信息是有效治理环境风险的基础。因此，迫切需要政府与企业进行协作，构建政府与企业间稳定的环境风险交流机制，以更有效率地回应环境风险。政府享有行政执法权，在与企业联合建立环境风险信息交流机制的同时，应当出台相关行政规章促进企业主动及时地公布环境风险信息，对于拖延或隐瞒公布环境风险的企业，有关行政部门应当及时行使执法权，对该类企业进行处罚。此外，公众作为环境风险治理的直接利益相关者，往往能够在第一时间发现环境风险因素，因此还应当建立公众与政府之间的环境风险信息交流机制，畅通公众及时向有关行政部门举报相关环境风险信息的渠道。建立公众、企业与政府间的环境风险信息交流制度能够达到环境风险信息共享的最大化，能够更及时、更全面地发现环境风险隐患，避免环境污染事故的发生。

（四）环境风险全过程管理制度亟待确立

城乡环境风险治理需要依赖于环境、交通、农业、公安、消防、市政、安监、卫生、海事、国土等各部门，根据有关法律法规关于各自职责的规定对城乡环境风险进行全方位预防及全过程监督管理。唯有将城乡环境风险的治理防范融入全过程管理之中，确立前端预防、监管到位、严格执法的全方位、全过程治理理念，基于严防、严查、严管的基本工作思路确立严格的风险准入制度，防止新的重大污染源的进入，依法控制和整顿具有严重污染性和高风险性的企业，依法依规淘汰落后产能、技术、工艺和设备，降低环境风险发生的概率，才能有效应对城乡环境风险。我国目前尚未明确确立环境风险全过程管理制度，因此亟待各部门将城乡环境风险的预防和治理融入环评审批、建设项目管理、总量控制管理、排污许可证管理、环境执法、环境监测、重污染企业搬迁等全过程的环境管理环节，形成环境风险的全过程管理。

（五）环境风险公众参与制度有待健全

为了实现我国可持续发展的目标，对于环境污染的整治除了通过行政手段以外，还需要公众的积极参与。只有公众从自身做起，积极参与到环境污染的实务中，切实维护自身利益，才能实现我国城乡环境污染的整体治理。然而，现有的法律法规对于公众参与并没有太多具体的规定，使得公众对于环境事务缺乏参与兴趣和参与渠道，给民众参与环境风险治理造成了制度性障碍。随着时代的发展，越来越多的环境污染风险问题因其技术保密性以及本身的复杂性，极大地提高了公众的环境参与门槛。既有法律多是部门立法的结果，没有从公众立场认识环境问题，对于环境信息公开与环境公众参与的制度规范少有着墨。总体而言，我国城乡环境风险治理中的公众参与制度有待完善。

（六）环境风险协商民主制度有待建立

我国目前的环境风险法律规制模式仍是命令—控制的方式，缺乏民主参与，相关部门囿于自身的局限，容易出现权力滥用的情况。建设环境风险协商民主制度，可以使得公众通过法定程序以对话、沟通的形式参与环境风险法律规制事务的决策过程，从而增强对决策过程的监督效果以及促进决策结果的可执行力。由于环境风险协商民主制度尚未建立，导致诸如邻避风险等事项的处置缺乏协商和沟通，无法有效回应风险的解决。因此，应该秉承公开透明的原则，对涉及社会公共利益的事项及时有效地公布，包括环境风险决策的法律依据、决策过程可公开的文件以及具体执行过程的程序记录等信息，结合公众参与的程序性规定等进一步建构和完善环境风险协商民主制度。

三　城乡环境风险治理中的执法拘束

城乡环境风险治理需要通过立法的完善、制度的健全和执法的有效运行来防范和控制城市和农村的既有环境风险，环境执法通过直接实施和贯彻立法规范环境风险治理，关系着立法和制度建设的实效。然而，在生态文明建设和环境风险总体防控的宏观背景下，我国环境执法仍面临着诸多问题，无法将现有法律规范以及制度规范落到实处，更无法有效地回应城乡环境风险治理的需求。

（一）环境伦理观念制约公众参与环境治理

自农耕社会以来绵延五千多年的中华文明古国，其间所生成的文化传统源远流长。长期的农业生产形成了朴素的生态环境伦理观念，诸如不能"竭泽而渔"等实质上是今天所谓可持续发展等理念的具体体现。但是，文化传承中也存在一些环境意识的误区，传统文化影响了公众参与环境治理：农业社会造就的生活习惯，导致随意丢弃废弃物的现象司空见惯；农民生于乡土社会和"熟人社会"，差序格局理念促成民众在生活中更加注重个人或家庭利益，缺乏维护环境公共利益的精神；农民自身所带的生活习性与价值观念，与当前城乡一体化过程中的现代化生活方式格格不入；农民的环境意识淡薄，环境权利观念缺乏，造成环境风险治理难以有效施展。此外，公众环保意识缺失也制约了其参与环境治理。环境意识作为一种主观能动性的感受，镶嵌在社会结构和时代背景中，对于推动环境立法、执法、司法起着重要的作用。换句话说，环境意识既能促进人们积极参与环境公共事务，也能引导公众自身遵守环境相关法律，形塑良好的环境公共品德。当前，在城乡环境风险治理中政府和公众环境意识匮乏，一定程度上影响了我国环境法制的建设与环境风险的回应力。

（二）差异化的城乡环境执法消减治理成效

城乡环境风险治理的主要路径是环境行政主管部门以警告、罚款、责令企业停产整顿、查封扣押、按日计罚、责令企业限期治理等方式展开环境行政执法。不仅城市环境风险治理依赖环境行政主体的有力作为，农村环境风险治理亦如是。当前，许多农村仍停留在"发展是硬道理"的阶段，片面发展经济，追求经济指标的提升，无视环境保护的重要性。而且，改革开放后的数十年间我们在干部任用、考核、晋升上大都倾向于侧重经济发展政绩的考评，这一定程度上激发了地方官员促进经济发展的积极性，而忽略其环境保护职责。与此同时，环境保护法律规范也存在国家与地方的二元分割。例如，目前我国的污染物排放标准和环境质量标准体系可以分为国家标准和地方标准。《环境保护法》明确规定省级地方人民政府可以针对国家标准未规定的部分制定地方标准，也可以针对国家标准已经规定的部分制定严于国家标准的地方标准。这种情况下就意味着，城乡工业企业在排污过程中即使符合国家标准，也可能因不符合地方标准而遭受行政处罚。值得注意的是，环境标准的制定仅仅针对国家与地方的权限做了划分，但却忽视了同一个地区存在城市与乡村的差异。在城乡经济发展不平衡的当下，过于严格的地方环境标准对于农村来说可能压力过大，为了发展经济而不得不适当地纵容环境污染的发生。而城市则不同，因为其经济发展已经达到一定程度，城市居民更关注自身环境权益的享有，更关注城市环境和生活品质，因此更易于以环境执法应对环境污染。这种差异化的体验，引致了城乡环境质量标准需求的两极分化。换句话说，欠发达的农村要求更低的环境标准，而发达的城市则要求更高的环境标准。因此，东部发达地区通常有更严格的地方标准，中西部欠发达地区则一般适用国家标准，如此东部城市的污染产业迁移到中西部农村，城乡污染转移的环境风险也就有因可循了。

（三）环境行政执法缺乏配套措施支持

第一，财税制度不利于环境保护工作开展。当前我国的财税制度实行的是分税制，中央与地方的财权与事权分离，导致地方政府的财权与事权不对等。尤其在农村环境公共事务方面，上级政府本应承担的环境治理责任转移给下级政府，而下级政府缺乏相应的财政投入，无法向农村环境公共事务投入财力和资源。由于环保经费投入有限，农村环境公共事务治理也就缺乏相应的财力支持，导致农村环境风险治理难以达到实效。

第二，农村环保缺乏科学技术引导。尽管我国农业已取得了举世瞩目的成就，但农业生产的可持续性仍有待提升，农业技术发展的滞后导致生产过程中产生的环境污染日益加剧。由于我国幅员辽阔，东中西部的农业生产存在很大差异。但大部分农业地区依然过于依赖化肥、农药等提升农作物产量。农业发展需要依赖新兴的绿色技术，吸引农民从事有机化的农业生产，方能保证农村地区的环境风险治理和可持续发展。

第三，产权关系不明加剧资源耗散。从世界各国的经验来看，城镇化和工业化过程中多伴随着环境污染的问题。经济学的"环境成本外部化"理论认为环境污染问题之所以难以解决，是因为本该由企业承担的成本通过环境污染的方式转嫁给了污染企业以外的社会公众。这种情况造成企业盈利，而公众却为此付出代价。为了减少或避免经济发展过程中产生的负外部性，相关主体的受益应与其付出的代价相对应。我国的自然资源所有权属于国家或集体所有，实际使用自然资源的个人或团体往往倾向于自身利益，采取掠夺式开发，导致生态环境恶化。对此，需要在明晰自然资源产权的基础上，对资源利用行为进行环境风险规制。因为自然资源产权不清不仅容易带来资源的租值耗散，① 还极易引发群体性纠纷，也不利于生态文明建设和社会的可持续发展。

第四，宏观调控忽视小企业的发展。宏观调控作为市场失灵的辅助手段，为经济社会提供了良性发展通道。在市场环境中，基于"守法成本高、违法成本低"的实践体验，企业在生产过程中会更倾向于选择违法偷排、无证排污，其原因主要在于其自身财力有限，无法对环保治污处理设备进行更新，造成污染又无力治理。而政府往往对此类企业不作引导，一罚了之或一关了之。由于政府很少在环境保护方面进行宏观调控，导致企业特别是乡镇企业在环境污染上"前赴后继"、周而复始，城乡环境风险问题频发却未能得到环境行政执法的有力支持和强力解决。

---

① 鄢德奎、陈德敏：《中国自然资源的租值耗散难题及其规制研究》，《河北学刊》2017 年第 2 期。

第三章

城乡环境正义导向的协同共治模式框架

城乡环境风险治理实际上回应的是城乡间环境配置是否正义的问题。它指向了两个问题：第一，风险性环境设施的建设、风险性危险废物的处置以及环境污染的实质性危害等环境风险在城市和农村的分配是否合理？相对弱势的农村区域和农村居民是否承担了更多的环境负担？第二，在配置环境风险和治理回应环境风险时，作为传统管制主体的政府对城市和乡村的环境治理决策以及政策配置是否合理？其治理回应的决策和配置方案是否对于农村区域造成了实质不正义？决策和配置方案做出时是否充分考虑了企业、城市和农村居民、社会组织、专家等各方主体的意见，也即是否符合程序正义？基于现有的社会发展结构和城乡分治的二元结构，笔者发现城乡环境风险的现状与治理困局恰恰源自环境正义的配置不均衡，城乡环境风险的治理和回应需要在城乡环境正义阐释的基础之上，寻求法律上的协同共治模式框架。

第一节 城乡环境正义的意旨解构

一 环境正义的缘起与发展

工业文明的发展与进步带来了科技的高度发展、经济的极度繁荣、社会的发展进步，然而问题也与之相伴生，冲击着现代社会。质言之，物质财富的积聚和增长，并没有当然地带来绝对的公平有序，社会的不正义仍然存在并逐渐成为引发社会矛盾的根源。近现代以来，日益严重的生态环境危机破坏了人与自然的关系，使社会、人与自然之间处于失序状态，由此爆发了大规模的环保运动。正是现代环保运动向深层发展，直接孕育了环境正义运动的产生。1982 年，美国沃伦县居民抗议在阿夫顿社区附近建造废物填埋场的"沃伦抗议"（Warren County Protest）拉开了环境正义运动的序幕。1987 年，美国联合基督教会种族正义委员会发表了"有毒废弃物与种族"的研究报告，将环境种族主义、社会底层的环境正义推到了前沿。1991 年，美国"第一次全国有色人种环境领导高峰会"（First National People of Color Environmental Leadership Summit）在华盛顿召开，并达成了环境正义的 17 项原则。① 20 世纪 90 年代，环境正义运动在全球

---

① 美国第一次全国有色人种环境领导高峰会议达成的环境正义的 17 项原则包括：（1）环境正义肯定地球母亲的神圣性、生态和谐以及所有物种之间的相互依赖性，肯定它们有免于遭受生态毁灭的权利；（2）环境正义要求将公共政策建立在所有民族相互尊重和彼此公平的基础之上，避免任何形式的歧视和偏见；（3）环境正义要求我们基于对人类与其他生物赖以生存的地球的可持续性考虑，以伦理的、平衡的、负责的态度来使用土地及可再生资源；（4）环境正义呼吁普遍保障人们免受核试验中测试、提取、制造和处理有毒或危险废弃物和有毒物而产生的威胁、免受核试验对于人们享有清洁的空气、土地、水及食物之基本权利的威胁；（5）环境正义确认所有民族享有基本的政治、经济、文化与环境的自决权；（6）环境正义要求停止生产所有的毒素、有害废弃物及辐射物质，并且要求这些物品的过去和当前的生产者必须承担起清理毒物以及防止其扩散的全部责任；（7）环境正义要求在包括需求评估、计划、执行实施和评价在内的所有决策过程中享有平等参与权；（8）环境正义强调所有的工人都享有在安全、健康的环境中工作，而不必被迫在不安全的生活环境与失业之间做出选择的权利，同时强调那些在家工作的人也有免于环境危害的权利；（9）环境正义保护处于"环境不公正"境遇的受害者有得到所受损害的全部赔偿、赔款以及接受优质的医疗服务的权利；（10）环境正义认定政府的"环境不公正"行为违反国际法、违反联合国人类宣言、违反联合国种族屠杀会议的精神；（11）环境正义必须承认土著居民通过条约、协议、合同、盟约等与美国政府建立的一种特殊的法律关系和自然关系，并以此来保障他们的自主权及自决权；（12）环境正义主张我们需要制定生态政策来净化和重建我们的城市和乡村，使其与大自然保持平衡，我们要尊重所有社区的文化完整性，并为其提供公平使用所有资源的途径；（13）环境正义要求严格执行（实验和研究中的）知情同意原则，并停止对有色人种进行生殖、药物及疫苗的实验；（14）环境正义反对跨国企业的破坏性行为；（15）环境正义反对对于土地、人民、文化及其他生命形式实施军事占领、压迫及剥削；（16）基于我们的经验，基于对我们多样性文化视景的珍重，环境正义呼吁对当代和未来人类实施旨在强调社会问题和环境问题的教育；（17）环境正义要求我们每个人以消耗尽量少的地球资源和制造尽量少的废物为原则来做出各自的消费选择，要求我们为了我们这一代人及后代子孙，自觉地挑战并改变我们的生活方式，以确保自然界的和谐。

范围内得到了广泛的响应，并发展成为争取全球环境正义的运动。由此可见，环境正义问题的提出经历了生态环境危机—现代环保运动—环境伦理成熟—环境正义运动—环境正义理论的逻辑发展进程，环境意识的觉醒与公平的拷问使环境正义登上了历史的舞台。

二　城乡环境正义的意涵界定

所谓环境正义（environmental justice），在广义上是指人与自然之间实施正义的可能性问题，即种际正义；在狭义上包含两层含义：一是指所有主体都应拥有平等享用环境资源、清洁环境而不遭受资源限制和不利环境伤害的权利，二是指享用环境权利与承担环境保护义务的统一性，即环境利益上的社会公正。① 布莱恩特认为环境正义包括体面的安全的有酬工作，高质量的教育，舒适的住房和充足的卫生保健，民主决议和个人知情权、参与权等，以及在居住区内文化多样性和生物多样性受到尊重，没有种族歧视，到处充满正义。② 环境正义的核心思想即在环境资源、机会的使用和环境风险的分配上，所有主体一律平等，享有同等的权利，负有同等的义务。③ 在这里，环境被作为一种在社会成员间分配的物品，环境正义的核心内涵也即为环境利益与义务负担公平分配的正义。在与可持续发展、环境权、生态主义、风险社会等理论的碰撞过程中，环境正义的内涵已经得到了拓展，它所关注的也更多地在于人与自然之间实施正义的可能性、环境利益与义务承担是否具有可分配性以及如何分配正义等问题。从罗尔斯的"原初状态"来看环境正义，首先当前社会已经具备了正义的环境，即环境资源的破坏导致人们生活条件的匮乏，随着环境意识的觉醒人们越来越多地要求环境权利与环境利益，满足了人们在匮乏条件下对利益划分提出冲突要求的前提；其次，生态环境保护观念基本上还是"作为道德人的冲突要求之次序的最后结论来接受"④；再次，在当前的社会经

---

① 曾建平：《环境正义：发展中国家环境伦理问题探究》，山东人民出版社 2007 年版，第 9 页。

② David N. Pellow, "Environmental Inequality Formation: Toward a Theory of Environmental Injustice", *American Behavioral Scientist*, Vol. 43, No. 4, 2000.

③ 洪大用、龚文娟：《环境公正研究的理论与方法述评》，《中国人民大学学报》2008 年第 6 期。

④ ［美］约翰·罗尔斯：《正义论》，何怀宏、何包钢、廖申白译，中国社会科学出版社 2009 年版，第 104 页。

济条件下人们总是会将环境保护的选择与经济发展对立起来，因此应该有一个无知之幕；最后，必须假定人们是有理性的，才能在原初状态下选择生态环境保护的目标体系原则。

从正义的实质属性来看，环境正义既是社会的正义也是法律的正义。第一，环境正义是社会的正义。事实上，环境正义运动与环境正义问题的提出源于某一些特定地区所遭受的不公正待遇：工业毒害的影响巨大，环境污染得不到有效治理，被污染严重却得不到相应的重视，等等。而究其原因，显然是与社会成员经济地位与财富的分配直接相关的。布拉德认为，环境问题的真正原因是社会关系和社会结构的非正义性，如果不与社会正义结合起来就不会得到有效的解决。也就是说，环境正义问题的提出恰好在于它发现了环境区域范围内不平等的主体、不平等的利益及不平等的环境，将抽象的人与自然之间的利益分配问题通过环境正义的形式予以具体化和现实化。环境正义指出了环境保护问题的复杂性与症结所在，它旨在通过对环境问题的关注而探寻更深层次的社会性原因，从而将其自身纳入整个社会、民族与经济正义的范畴之内。可以说，环境正义附属于社会正义，是实质意义上的社会的正义。

第二，环境正义也是一种法律的正义。法律哲学本身就是探讨正义的学说，但由于正义涉及领域复杂多样，并非所有的正义都能够进入法学的视阈，正义要实现法的转化，必经之路是通过国家的选择与法律控制的选择，达致法律正义。之所以说环境正义是法律正义，首先是因为环境利益在生态环境危机的背景下已经成为一种最基本的社会关系，国家间、地域间、群域间和个人之间的矛盾导致环境利益关系冲突日益成为阻碍人与自然和谐发展的核心因素。而法的目的就在于对新的经济发展态势、新的技术所带来的社会关系的变化进行重新调整与构造。其次，环境正义不同于传统的道德要求。我们知道，环境问题的凸显与其他社会问题并不完全一致，环境保护总是会与经济发展相悖，与人类改造自然相悖。在人类改造自然的能力小于自然的自我再生力时，人们甚至并未意识到应该保护环境；而一旦人对自然的利用超过了自然的自我再生能力，致使人的生存环境越来越恶劣时，环境保护就应该成为一种新的道德，但却在社会强势群体与弱势群体之间存在不同的环境底线和自我救济能力。此时，基于恻隐之心的道德本身不足以追逐环境正义，只有法律才能将环境正义落到实处。最后，环境领域所达致的正义共识只有通过转化为适宜的法律才能抗衡不正义的恶果。为了使环境正义超越乌托邦式的理想状态，需要形成一系列的制度化和程序化的规范体系，寻求环境利益与环境风险的分配正义、平衡正义与法律正义。总之，作为生态秩序正义期待的环境正义需要法律的控制，通过法律的调整、规范与保障，使之成为国家和社会生活中的基本正义问题。①

城乡环境正义实则是环境正义的具体化。亦即，城乡环境正义是将前述环境正义的相关论说迁移至城乡环境风险问题反思及审视的总体结果。基于城乡分治的二元结构，城市与农村之间在区域发展、资源配置、机会创造、社会保障、环境治理等方面都产生了巨大的鸿沟。这种城乡区隔的社会结构恰恰是二元结构下的不正义，而农村环境污染的加剧，城市环境污染向农村的转移，邻避风险性设施与项目向农村的扩张等则凸显了城乡环境分配不均衡的环境不正义。一般而言，城乡环境不正义的生成原因多种多样，但大致可以分为内因和外因两类。具体而言，内因是导致环境不正义制度生成的环境理念和发展理念，如城乡居民环保意识的差异等；外因主要包括不公正的环境制度和政策，如城乡污染转移、城市中心主义的环保治理。长期以来的城乡分治以及资源向城市的倾斜，使得农村区域成为环境保护的弱势区域，在生态文明和乡村振兴的总体战略下已经成为一个亟待解决的核心问题。换言之，城乡环境不正义的差异化发展与环境保护策略，既不利于经济社会的永续发展，亦对代际公平的实现产生了极大的阻碍。

三　城乡环境不正义的具体表征

党的十九大报告提出："加快生态文明体制改革，建设美丽中国。人与自然是生命共同体，人类必须尊重自然、顺应自然、保护自然。人类只有遵循自然规律才能有效防止在开发利用自然上走弯路，人类对大自然的伤害最终会伤及人类自身，这是无法抗拒的规律。"十九大报告重申了生态文明建设的重要性，同时强调人与自然是生命共同体，既突出了环境保护的重要性，也体现了可持续发展的必要条件。与此同时，十九大报告也提出了要加强农业面源污染防治，开展农村人居环境整治行动。在城乡二元结构下对城市环境保护的重视和对农村环境风险防治的忽视引致了城乡

---

① 董正爱：《生态秩序法的规范基础与法治构造》，法律出版社 2015 年版，第 185—188 页。

分配的不正义，也导致了农村环境风险高企，环境污染日益严重。中国农村区域面积广大，农村地区理应是美丽中国建设的重要部分，而城乡环境不正义的差别对待不符合新时代背景下构建生命共同体的要求。具体而言，城乡环境不正义的表征如下。

第一，环境污染由城市向农村转移的空间不正义。前述已经论及，城乡环境风险的一大核心问题是城市生产成本的增加、居民环境意识的提升和产业结构的升级倒逼排放污染主体想方设法将污染向欠发达地区转移、向农村区域转移，环境污染由城市向农村转移已经成为趋势。在这种转移过程中，一方面是以城市生活垃圾以及工业企业排放的污染物等固体废弃物直接转移到农村填埋、水污染以截污代治污等方式实现，另一方面是以高风险、高消耗、高污染等为代表的中低端加工制造污染产业的直接转移，以工业园区建设、项目建设等方式直接在农村区域开设工厂。亦即，无论是污染物的跨区域转移还是污染源的直接迁移，其后果都是造成和加剧了农村环境污染的状况，开始危及农村居民财产权益和人身健康权益，是一种实质上的环境不正义。

第二，环境利益与环境负担不成比例的分配不正义。就地球的整体性而言，自然资源与环境容量是有限的。正是基于这种稀缺性，作为社会成员的普通民众应当平等地享有环境资源的使用权。与经济发展水平相适应，城市居民的消费已经超越了基本生活需求而追求总体舒适性。与城市居民相对，农村居民特别是欠发达地区的农村居民仍然需要为了生存需求而消费。恰恰是城乡间的发展差异，造成了城市居民比农村居民更多的自然资源消耗和环境容量占有。换言之，农村居民比城市居民总体上要消耗更少的自然资源和环境容量，产生更少的生态损害和环境污染。而基于自然资源与环境容量的整体有限性，那就意味着农村居民实际上将本应由自己享有的环境权利让渡给了城市居民。现实实践中，农村为了促进城市的快速发展，将资源源源不断地转移给城市、导致自身生态破坏和环境污染的事例屡见不鲜。为了实现农产品的大量和快速生产，农业生产过程中过分依赖农药、化肥的使用，导致农业面源污染严重，实际上一定程度上也是为了支持工业发展。假若将农村农业发展过程中的环境污染比作环境支出，而将此过程中的经济发展称为经济受益，那么农村的环境支出远大于经济受益。可以说，农村为了城市的经济发展付出了相当的环境代价，城市成为实质性的环境利益受益者，而农村则成为实质性的环境支出负担者，农村居民的生态环境利益缺乏公正对待。显然，城乡二元分治结构下，环境方面的投入并未向农村倾斜。因此，城乡环境不正义既体现为农民生态环境权利的缺失，也见于生态环境利益的城乡不公正分配。

第三，环境治理资源配置失衡的不正义。在中国经济社会发展的既定结构中，环境行政资源的客观投入基本上都是以城市为重心的。无论是环保机构的规划设置、环境监测网络的建设①，还是治污设施的规划，均是遵循先城市后乡村的决策思路。截至目前，全国多数农村地区仍未设置专门的环境保护行政管理机构，乡镇一级在环境监测和环保咨询方面也几乎处于空白状态。也就是说，实际上我国现有的环境治理机构基本上都集中于城市之中，环境监测和治污设施也不同程度地向城市倾斜，当然这并不意味着对农村环境问题的绝对置之不理。只是说，从机构设置、制度设计上，城市区域具有天然的优势。其后果是，通过环境治理资源的配置，我国生态文明推进和环境污染治理的成效基本上都集中于城市。质言之，城乡分治的二元结构造成了环境治理在城市和农村的配置不均衡，形成了新的配置上的不正义。值得注意的是，随着城乡一体化的推进和环保督察的开展，各级政府已经开始逐渐重视农村环境治理，并开始加大环境行政资源的投入。以重庆为例，2015年年底，重庆市的"市、区县、乡镇（街道）"三级环境监测监察网络业已建成，环境质量和环境污染信息化建设取得了很大成效。全市1017个乡镇（街道）均设立了相应的环保机构，专职环保人员已达到4000多人。为了建设和强化乡镇（街道）的环保执法队伍，市级财政年均投入3亿元。此外，市级环境保护局为每个乡镇提供5万—7万元的办公经费。重庆市在城乡环境风险治理过程中的投入是值得肯定的，但全国范围内许多省份囿于政府财力，农村环境治理资源的配置与投入仍任重道远。

第四，农村居民环境权益缺位的不正义。所谓农民环境权益，指的是农村居民应当享有的环境生存权、发展权及权利所附带的相关利益。相比城市居民，农村居民的环境权益有其独特的地方。环境权益的客体是生态环境，农村人居环境、生态环境与农民的生存发展是休戚相关的，一方面农业发展依赖良好的生态环境，另一方面随着物质财富的增长农村居民对优美环境有更多的需求。然而，农民作为环境权益的主体，却因城乡分治

---

① 鄢德奎：《环境监测服务社会化的政策文本研究》，《经济与管理研究》2017年第6期。

的二元结构处于弱势地位。前文所述的农村环境风险治理过程中环境制度的缺失、环境治理资源配置的失衡等都是导致农民环境权益受损的重要因素。亦即，城乡二元结构导向的城市中心主义，使得环境保护决策与环境资源立法取向都自然地偏向城市，从而导致城乡环境利益调节失当，更造成了农民环境权益无法得到合理的保障。

第二节　城乡环境风险法律回应的宏观理路

基于城乡环境不正义的剖析与判断，笔者认为城乡环境风险的治理应该回应生态文明建设和可持续发展的国家战略，以城乡统筹的分配正义理念予以破解。同时，对长久以来的"城市偏向"进行修正，在乡村振兴的总体指导下重视农村环境风险的治理，改变农村区域的环境治理弱势地位，推进城乡一体的环境污染防治和生态环境保护，矫正原有的城乡环境不正义。就法律回应的宏观理路构建而言，应该破除原有环境法律规制的错误导向与立法缺陷，排查不符合城乡环境正义的制度规范，确立环境正义导向的城乡环境风险治理理念，科学合理地建构符合环境正义的立法模式，以立法的有序规范推进环境法治的城乡一体，从而有效回应城乡环境风险的治理需求。

一　环境正义：城乡环境风险治理的理念指引

城乡分治二元结构造就的城乡信息交流壁垒，导致城市比农村有更多的立法话语权。在法律制定方面，城市的利益权重大于农村，使得农民的环境利益受损。这种法律制定上的城市中心主义，既造就了"重城市、轻农村"的立法价值导向，也使得原本处于弱势地位的农民处在环境不正义的结构中。为缓解这种现象，应当依循环境正义理念对现有的环境保护法律法规进行立、改、废。具体而言，一方面，在城乡一体化进程中，应妥善协调城乡之间的环境风险治理；另一方面，应积极促进农村居民在经济发展与环境保护之间的统筹规划。为保障美丽中国建设与乡村振兴战略的国家环境义务的实现，最重要的仍在于合理配置城乡立法资源，遵从城乡环境正义，在环境风险治理的立法目的、立法原则与权利义务设置方面，做出合乎城乡环境风险基本特性的规定，以更全面地促进城乡环境风险治理。

任何法律都是在一定指导思想和原则的指引下确立的，它往往能够反映出某一时期社会的特定需求。2014 年《环境保护法》第 1 条规定的立法目的，旨在"保护和改善环境，防治污染和其他公害，保障公众健康，推进生态文明建设，促进经济社会可持续发展"，与当前推进生态文明体制改革、建设美丽中国的国家战略相契合，也为时代发展的新背景下城乡环境风险的协同共治提供了基本法的法律依据。目前，城乡一体化的发展为城乡环境风险治理提供了契机，也为城乡环境法制的建设提供了实践基础。为了实现城乡环境正义，统筹城乡发展，我们应该摒弃以往忽视农村环境和生态保护、只强调并侧重城市环境保护和治理的做法，转而通过借助城乡环境正义的理念来指导城乡环境风险治理的法制更新。中国特色社会主义法律体系的建设需要突出法律的绿色化、生态化，以便指导经济社会的可持续发展，也为城乡环境风险治理法律规范提供有效依据。相比城市来说，农村有许多亟待完善的法律制度，有赖于通过地方政府的支持，借助其他相关制度配套，以可持续发展的理念予以规范和完善，从而积极推动农村环境保护立法工作。总之，为了衡平城乡发展的环境差异，更应当主张城乡环境正义，以法律的规范和完善促进城乡一体化进程，从而更好地推动乡村和城市衡平经济发展与环境保护。

二　基于环境正义的城乡环境风险治理立法模式选择

环境立法模式是指国家立法机关在环境立法的决策和制定过程中，依据本国国情所采取的方法和结构。就目前环境立法模式的选择而言，我国基本上遵循的是行政主导型的环境立法模式。究其原因，我国长期以来在环境管制领域形成的"权力—权利"非对称格局，使行政权在长期主导中具有天然的优势，因此环境立法一般由环境行政主管部门主导并由其确定环境立法的方向，最终形成立法的文本。这种模式有一定的优势，能够通过环境行政主管部门的执法发现现实问题和法律的实际需求，以回应型的方式制定契合国家实践需求的环境法律。然而，行政权的行使易陷入两个陷阱，即利益集团的机构俘获和机构的自我利益。极端情况下，一旦落入这两种陷阱，基于利益俘获的行政权行使就会出现对相对方利益的排异，亦即相应的环境立法可能成为环境行政主管部门权力寻租、追求自我利益或规避责任的工具。总体来说，受制于现有立法模式，农村环境立法滞后于时代发展的需要，缺乏强有力的、有针对性的农村环境风险治理法律规范。笔者认为，城乡环境风险治理的立法模式选择上应该以行政主导型立法模式为基础，综合差异性环境立法模式和城乡一体环境立法模式两种立法模式，以有效回应城乡环境风险治理立法的需求。

第一，差异性环境立法模式的选择。城乡环境风险治理相关立法的突出特征是地区差异性。由于农村与城市的环境生态价值、环境容量、环境资源禀赋、污染状况均不相同，经济社会发展程度亦存在显著差异，城乡居民的环境意识差距较大，因此城乡环境风险治理的环境立法应当根据城乡差异而非以行政区划为标准进行区别对待和差异性立法。换句话说，环境立法应当根据农村的地方特性，因地制宜地制定、修改、完善法律法规，以便有针对性地解决农村环境风险问题。具体来说，在不违背当前环境法律体系架构的基础上，应循序渐进地对农村环境保护法律法规进行细致深入的研究与修缮。要改变以往"中央和地方环境保护立法上下一般粗，地方环境保护立法缺乏地方特色，照抄照搬中央环境保护立法"的做法。亦即，应改变原有的复制型地方立法模式和集合型地方立法模式，不能单纯地上行下效，仅仅简单地照抄上位法或整合上位法及其实施条例、规范性文件等。当然，农村环境保护立法也不能照搬城市环境管理的模式，而应从立法上突出和强调农村环境的现状及其特殊性。质言之，差异性环境立法模式之下，农村环境立法应该考虑与城市的差异，考虑农村地区的特点，综合城市与农村在自然环境、地理条件、基础设施等方面的诸多差异性，以遵守一般立法原则为基础结合地方的实际情况展开立法。一方面，以《环境保护法》的有关规定为基础进行有益的补充完善和具体化，突出环境保护立法的实际作用和社会效益；另一方面，对于国家层面已经有的其他相关法律法规，若制度规定过于宽泛，缺乏对农村地区的指导，也可以制定相应的农村法律实施细则。此类实施细则应当以国家法为依据，以落实制度目的和制度功能为依归，具体结合农村环境风险的实际，通过创设农村环境保护法规、规章的形式来实施。

第二，城乡一体化环境立法模式的过渡。城乡环境风险治理应该突出农村环境治理的特殊性和困局所在，立法上首先应当坚持差异性。但是这种差异性应当是城乡一体化基础上的差异性，城乡环境风险治理立法应当在城乡一体化的背景下既回应城乡差异又综合统筹，实现对城市和农村环境风险的一体回应。事实上，农村环境风险的治理若仅依靠城乡正义观念的转变和实施是不够的，它必须依赖于现有城市环境风险治理体系，将城市环境风险治理的规则、制度、措施、技术手段和经验等转移至农村、应用于农村、作用于农村，从而实现对农村环境风险的有效回应。

首先，在城乡一体化环境立法模式指引下，应重视混合立法规范对农村环境风险治理功能的发挥。某种程度上说，我国现行环境法律体系采用的是混合立法模式，即《环境保护法》是环境保护的基本法，《大气污染防治法》《水污染防治法》《海洋污染防治法》等专项法是环境保护的单行法。通常而言，单行法适应对象明确并且细化了《环境保护法》的制度规范，美中不足的是贯穿其中的农村环境风险法律制度规范略显不足。因此也可以说，农村环境风险治理立法实质上采用的是以《环境保护法》为核心的城乡混合立法模式。打破城乡二元区隔的环境立法结构，首先应当改变"城市为主、农村为辅"的立法思路，结合我国农村环境风险问题的特殊性和复杂度，对相关制度进行革新与优化，重塑我国农村环境风险法律制度体系。为此，应当在现有法律体系的基础上，以《环境保护法》为基本法，确立与农村环境风险相适应的法律原则、制度规范。质言之，应当建立以针对农村环境风险法律规范为支撑的农村环境风险法律治理体系，以农村环境风险问题的独特性为基础，形成脱胎于其他相关法律中针对农村环境风险治理的自成体系的法律规范。既可以兼顾立法体系的完备性和统一性，也可以照顾到农村复杂的环境风险问题。一般而言，法律总则部分常常涉及概括性和极为复杂的环境风险问题，加之环境风险的多样性，导致环境保护所面临的问题也极为繁复多变，因此这一部分是一体化环境立法模式下环境法制建设的重中之重。同时，立法过程中应当结合农村环境风险的现实样态，充分把握农村环境的特殊性，确保环境立法有针对性地反映农村环境风险的现实问题，并能够通过法的有效实施促成美丽乡村和生态宜居现代农村的建设。

其次，在城乡一体环境立法模式的指引下，制定符合农村经济可持续发展、有效治理和回应农村环境风险的具体规范。因为农村环境保护法律法规大都涉及农民切身利益，为切实保障其利益，实现环境正义，在制定农村环境风险法律规范的过程中，应当积极引入公众参与，畅通公众参与立法项目、立法草案、修正案等的渠道，公开年度立法计划，广泛听取社会各界的意见和看法。对于重大立法项目，应当通过公开听证的方式开展公众参与立法，也可以借助电子化政务的方式进行网上立法听证。对于专业性、科学性较强的立法项目，应当委托专家论证。对于直接影响农民切身利益的立法项目，应当听取农民的意见。总体而言，农村环境风险治理立法应当做到：（1）有规划地制定农村环境保护相关立法计划，完善农村环境立法项目的论证方案，以保证立法工作的持续性、合理性、科学性。（2）建立完善立法项目的经济评估制度，确保立法决策与经济社会发展相契合。当前关于农村环境保护法律法规和规章等有待完善，要加紧建立相关的配套措施，增强其现实操作性，缓解和改善农村生态退化和环境破坏的局面。（3）发展与拓宽农民参与立法的渠道，要充分发挥村民委员会的积极作用，加强与底层群众的联系，同时设立农民旁听制度保障其参与法规草案的制定过程。拓宽农民参与立法的途径，有助于提高环境立法的质量。（4）建立健全立法后评估制度，不断检视农村环境保护法律法规实施现状、实体和程序制度设计等存在的问题，以精准合理地完善和改进。

三　环境正义的规范化：城乡环境风险治理的具体回应

正义原则作为一种价值，是制度的价值目标，需要借助制度化途径予以具体化。因此，为实现城乡环境正义，需要填补农村环境风险法律法规的空白，以便有效地开展环境风险治理。环境正义作为环境法律制度的价值目标，是构建环境法律体系的理论基础。环境权利义务是否不匹配，环境资源的负担是否分配不公正，自然资源的利用、环境污染的修复等方面是否存在城乡差别和不对等均与环境正义密切相关。环境正义一般可以界分为分配正义、程序正义、矫正正义等，关系着环境利益与环境负担的公正分配问题。换句话说，城乡居民共享环境权利和分担环境义务，是环境正义的要求和目标，也是国家环境义务和政府治理责任的体现。囿于历史原因，城乡环境实质不正义既是因为城乡二元结构造成的，也是城乡环境政策差异的结果。当前，亟须加强对农民的环境利益保障，矫正城乡环境风险法律制度的客观差异，公正无差别地保障城乡居民的人居环境，实现城乡环境正义。

（一）城乡环境正义的法律实现

环境利益配置失衡是导致城乡环境不正义的根本原因。根据环境公共财产理论，环境作为一种共享性资源，本应为全民所共有，共同享有权利，分担义务责任。同时，环境公共信托的理论也提出了公民的环境所有权，环境利益的享受者与受托者之间的关系，受托者享有的环境权利和承担的环境义务等问题。从上述两个理论出发，环境利益的配置应当包括环境权利主体实现环境利益的方式以及如何救济受损的环境利益。通常而言，确定环境利益归属以及对其进行配置的关键在于如何制定一个能为公众所接受的公正分配标准。在城乡环境风险治理进程中的现实情形却是，虽然农民占整体社会成员人数的一半以上，但其环境利益保障制度仍相对缺乏。因此，为合理配置环境利益实现城乡环境正义，可行之途仍是通过法律的普遍约束性和权威性，以具有强制力的行为规范配置环境利益。质言之，应当通过环境法律规定，明确相关主体的权利义务，确认和分配环境利益，确认和反映环境利益诉求、调整环境利益与经济等其他利益的冲突以及重塑环境利益结构。因此，环境利益配置的制度化、法律化是政府环境责任的具体体现，也是城乡环境利益公正分配的重要保障。在城乡环境风险治理的法律制度建构和完善进程中，应当重视城乡一体环境立法的发展。具体而言，在环境风险治理立法中，应当从以下几个方面体现环境正义：在开展农村环境风险治理立法工作时，应明确其立法目的为"保护农村环境，保障农民健康，平等利用环境资源，平等负担环境污染破坏的不利后果"；进一步明确农村环境治理领域的保护优先、预防为主、防治结合、综合治理、公众参与、损害担责的基本原则，确保在农村环境治理领域也能实现前端预防和综合整治，保障农村环境污染损害能有效修复并有效规避污染向农村的持续转移；确立城乡居民的环境权利种类和内容，摒弃"城市中心主义"的权利义务设置模式，保障城乡居民的环境知情权和参与权，同时确立环境权利保障的救济路径，通过行政诉讼、环境公益诉讼等程序展开环境救济。

（二）城乡统筹的农村居民环境权益保护

城乡环境正义的实现，既需要对环境不正义现象予以纠正，也应当对社会主体的环境权利义务进行合理配置。当前，我国农村居民在自然资源的使用、环境生态利益的分配和享受方面都与城市相差很远。由此可见，矫正城乡环境不正义问题关键在于环境权利和义务（环境利益和责任）的公正分配和分担。在城乡一体化的大背景下，农村居民与城市居民本就该享有相同的环境地位和同等的环境法律权利。然而我国实践状况却表明，农村居民在环境权利享有方面面临着权利不公平、机会不公平、规则不公平等难题。因此，在立法过程中，应当对农村居民的环境权益予以重视，有意识地衔接国家法和民间法中的环境权利保障要素。此外，应当通过引导、宣传的方式，培养农村环保组织，提升其环境素养。具体而言，为保障农村居民的环境权益，应当做到以下几点。

第一，明确农民平等的权利享有。秦晖教授指出，所谓的"三农"问题实际上是农民问题，农民问题的根源其实并不是在农村的本身，而是来源于农村之外，其本质就是权利不平等。或者说，在公民权利总体水平不高的大背景下，农民作为我国人口构成的大多数，其公民权利缺失尤为严重。城乡居民权利的不平等是造就城乡环境不正义的重要症结。要矫正当前的城乡环境权利差异，实现城乡居民的环境权利平等，就需要完善相关法律法规，通过修改《物权法》《农村土地承包法》《农业法》等法律内容①，明确细化农民享有的环境权利，如环境知情权、参与权、救济权等。

第二，扩张农村环境治理的公众参与和完善环境信息公开。《环境保护法》（2014 年）第五章规定了信息公开与公众参与制度，明确公民享有环境知情权、参与和监督权。从这一角度而言，农民是农村环境保护的中坚力量。若要强化农民在环境治理方面的能力，就需要明确公众参与在农村的具体实施，详细规定农民参与的时间、地点、人数、方式、程序、结果等内容；在参与内容上也尽可能赋予农民相应权利，使其可以参与到农村水污染、土壤污染、面源污染等风险治理事项之中。《环境保护法》（2014 年）第 53 条规定："各级人民政府环境保护主管部门和其他负有环境保护监督管理职责的部门，应当依法公开环境信息、完善公众参与程序，为公民、法人和其他组织参与和监督环境保护提供便利。"可见，环境信息公开的主体也涵盖了政府，而且也明确规定了信息公开的范围和公开的方式，以及进一步完善公众参与的要求。但是，对于农村地区而言，要使农民真正参与到环境风险治理之中，就一定要符合农村的实际情况。亦即，在农村开展环境信息公开的相关工作，应该考虑农村地区的实际，考虑农民能够接受信息的渠道及来源，制定能使农民方便掌握环境信息的方法，使得农民能够及时获取相关环境信息参与环境风险治理。同时，除了主动公开的环境信息渠道，依申请公开环境信息的制度配套措施也应尽

---

① 吕忠梅：《美丽乡村建设视域下的环境法思考》，《华中农业大学学报》（社会科学版）2014 年第 2 期。

快建立，从而使环境信息公开制度符合农民的现实需求。

第三，提升农民的环境保护意识，强化城乡环境风险治理的效果。通过宣传环境保护政策，塑造环境保护的全民意识，有利于凝聚全民环保的热情。农村地区环境风险问题的多样化决定了，农村环境风险的治理与回应一方面要依赖农村居民以公众参与决策的方式监督环境污染问题的治理，另一方面也依赖农村居民以自身的方式解决和回应诸如农村人居环境、农业面源污染等环境风险问题。因此，要不断培养其环境保护意识，指导其改变传统的生活生产习惯。具体而言，主要包括：借助多元化的渠道向农村居民普及生态环境保护知识，引导农村居民积极、主动、自觉地加入环境保护的队伍中，实现农业生活生产的可持续性；在农业生产中，通过财政资金帮扶等方式引导农民使用绿色的、可循环的农资设备；政府通过技术下乡、资金下乡等方式，引导农民进行集约化、现代化农业生产等。

第四，培育农村环境保护社会组织，提升农村居民环境维权能力。农村环境保护社会组织的成立与发展，一方面可以通过集体意识的增长促进农村居民参与本区域环境风险治理的积极性，另一方面也可以通过提起环境公益诉讼等方式来提高其参与本区域环境风险治理的能力。因此，应该采取措施引导、帮扶农村社区的自治组织主动承担环境保护公益事业，借助组织活动等方式帮助农村居民了解环境保护工作内容、环境污染的危害以及环境救济等事项。总体来说，培育农村环境保护社会组织，能够有效提升农村居民参与社区环境保护的积极性，使得农村居民从单纯被动地维护自身环境利益，转变为主动地保护社区环境，培养其维护环境公共利益的基本理念，也提升其环境维权的能力。因此，在城乡环境风险治理中，应当保障农村居民充分参与城乡环境法律的制定，参与城乡环境风险治理的决策制定，参与社区环境保护的具体工作，维护农村居民自身的环境权益。

第三节　城乡环境风险协同共治的模式确立

现代风险社会，政府作为社会的管理者，有保障社会稳定和谐的法定责任，也承担着风险治理的任务。环境风险治理意味着政府要决策于未知之中，但是现行行政法保留着传统行政法的特征，停留在静态、机械化的状态，因此无法回应由已知向未知管理的变迁。城乡环境风险治理同样需要政府管理的推进，但显然仅仅依靠政府的管理无法达到从法律层面对环境风险进行制度性控制以减少或消除环境风险的目标，因此需要探索新的环境风险治理模式。为有效回应错综复杂的城乡环境风险，协同共治模式及理念成为一种新的、行之有效的治理回应模式。

一　城乡环境风险协同共治的理论基础

城乡环境风险的协同共治，实际上意指在城乡环境风险治理中由原来的单纯依赖政府管理行为向多元治理变革与转型，其目的在于凝聚多主体的力量共同发挥作用，力图实现政府主导、企业主体、公众参与和社会协同的基本治理路径，从而有效推进城乡环境风险的治理和有序回应。亦即，城乡环境风险的协同共治涵盖了治理的多元主体结构，城市与农村治理结构与系统的协同性，城乡环境风险治理规则的顶层设计和制定等。因此，协同共治实质上就是治理理论的衍更，在迈向公共治理的面向中为了维护公共利益而使得政府部门与企业、公众等众多行动主体彼此合作、互相分享公共权力、共同行使管理公共事务的权限，以达至预期的目标。因此，城乡环境风险的协同共治涉及了实质上的分权、民主、法治、合作等基本理论，也正是这些基本理论构成了协同共治的理论基础。鉴于对相关理论的阐释已经足够多，我们将对构成城乡环境风险协同共治理论基础的几种理论做简单阐释，以明晰其发展的基本结构。

第一，行政分权理论。在现代信息社会，政府面对纷繁复杂的信息，很难有效地分析和及时决策，行政主体必须借助社会力量的协助来执行社会管理的任务。为了使私人部门合法有效地参与行政事务，行政机关必须放弃部分权力而将其转移到私人部门。这样，私人部门就有合法的资格参与公共事务管理，从而推动协同共治的发展。城乡环境风险治理作为政府的行政任务之一，也需要行政机关借助社会力量进行治理和回应。

第二，民主理论。事实证明，若要确保立法者主持立法工作是为了公众利益而不是为了私利，唯有民主才能保证法治发展的方向，才能符合人民的基本利益。现代法治国家基本都接受和奉行民主原则，民众可以通过直接或间接的方式参与国家的治理。根据民主理论，所有国家权力的行使，无论是行政行为、立法行为或司法行为，最终皆可追及全体国民意志。因此，城乡环境风险协同共治作为政府与企业、公众等共同协作执行公共行政任务的形式当然具有民主的正当性。

第三，法治理论。法治理论要求限制政府权力，保障公民的基本权利，促进平等；法治理论要求协同共治符合法治的基本要求，如可预见性、中立性、救济性等。在城乡环境风险协同共治中，相关法律、法规必须明确政府作为公部门与企业、公众等私部门之间各自的权责范围，列举职权清单，使各自的责任透明化，保障公众、媒体、监察机构的监督，达到减少权力滥用、提高办事效率、保障公共社会利益的目的。

第四，行政合作理论。随着时代的发展，传统的行政法理念发生了变革，国家与公民之间的运行模式不再是简单的"命令—控制"模式，而转向由政府不断简政放权，在法律规定的范围内，就某些公共行政行为与私人部门展开合作。近些年，国家推进服务型政府建设，进一步凸显了合作理念，私部门主体不断参与社会公共事务，充分显示了现代社会分权与协作的时代主题。就现实而言，由于城乡环境风险的不确定性，政府难以独自有效实现治理目的，迫切需要私部门主体参与城乡环境风险治理，合作理念为协同共治的城乡环境风险治理制度的形成提供了坚实的理论基础。

二　协同共治治理模式：城乡一体与公私协力的规范建构

城乡环境风险协同共治实质上指向了两个面向：一个是城乡环境风险协同共治实际指向了城市和农村回应传统城乡二元结构，通过两者的协同互助和城乡一体合作来统筹城乡环境风险治理；另一个是城乡环境风险协同共治指向了多元主体的合作，亦即以政府元治理为中心的治理结构与企业主体、公众、社会组织之间在回应城乡环境风险时共同协作，发挥各自的职责和作用，从而有效解决既存的城乡环境风险问题。质言之，城乡环境风险协同共治既涵盖了城乡一体的共治，也涵盖了多主体公私协力的共治。对前者而言，笔者在前述的分析中基本上关注了城乡二元结构、城乡污染转移和农村在环境风险治理中的弱势地位等问题，从而应当以城乡一体的协同共治规范来达致对城乡环境风险的统筹解决。而对后者而言，基于城乡环境风险问题解决与回应对政府主体的依赖，多主体的协同共治实质上指向的正是公私协力的规范建构问题。

公私协力"源自英美国家，旨在描述公部门与私部门间立于对等之伙伴关系共同致力于特定行政目标之达成，或执行行政任务之一种合作关系，也被视为一种新治理模式"①。近年来，公私协力在国内治理体系现代化的宏观框架下得以拓展，不仅仅涵盖公私部门间的合作关系，对于"强调共识参与、双向双轨的理念，通过公众参与行政程序、以协商的方式订立行政命令和环保协议等所建构的公众与政府的关系，都可认为符合公私协力伙伴化的概念"②。为应对城乡环境风险治理中公权力过度扩张的困局，关键就在于衡平"权力—权利"的运行结构，协调个体诉求与公共理性间的关系，以法治理念提升政府行政的治理方式与治理能力，建构公私协力的法治化治理模式。与传统的管制型治理模式不同，公私协力的新型治理模式要求遵循法治逻辑和规范路径，通过多元治理主体的引入、参与程序和方式的规范化、沟通与协调的理性互动予以实现。首先，建构以"命令—协商"的互动为基础的公私协力多元治理体系。城乡环境风险的公共属性和环境利益的零和博弈决定了总会有利益相关者持反对立场并维护自身的利益，因此治理的核心仍应以政府行政为主，通过自上而下的权力运行和行政命令推动城乡环境风险的预防或解决。同时，为衡平行政权力的过度，应重视代表私部门和私权利的社会自治力量介入，它"不应受制于权力逻辑，其自主性的协商逻辑得以施展，运用合作、协商的方式参与到治理体系之中"③。其次，完善以程序理性、信息公开为基础的风险沟通和协商制度。公私协力的互动与协商不能依靠于权力及权利的自觉，必须依赖于法律的约束与制度的保障实施，以个体性与公共性的交融结合，实现民主参与与国家治理的互动。城乡环境风险治理过程中，任何行政命令的做出都必须进行有效的风险评估、信息沟通和公众参与，建立及时合理的沟通回应制度，合理配置环境风险和利益。这种沟通协商扮演着监督者的角色，有助于公众认知困局的消解，更有助于区分城市居民和农村居民对于各自环境利益的诉求，从而通过沟通协商来协调利益相关者的矛盾和冲突。当然，也可引入第三方机构或社会组织作为中立者评

---

① 詹镇荣：《公私协力与行政合作法》，台北新学林出版股份有限公司 2014 年版，第 8—9 页。

② 辛年丰：《环境风险的公私协力——国家任务变迁的观点》，台北元照出版有限公司 2014 年版，第 27—28 页。

③ 杨宝、王兵：《差序治理：从征地拆迁的实践中透视新型社会管理模式》，《中国行政管理》2013 年第 6 期。

估和判断城乡环境风险治理方案的可行性与风险性，这有助于以私权促动城乡环境风险的前期预防和事后解决。

三　城乡环境风险协同共治规则的顶层设计

政府既是环境公共利益的实际代表者，又是环境保护的管理者。在城乡环境风险治理执法过程中，政府部门间的职责分配不清极易造成相关环境行政主管部门的利益冲突。因此，城乡间公共权力的合理配置极为关键，若是处理不当，极容易因政府部门之间互相掣肘而导致"公地悲剧"。城乡环境风险协同共治规则的顶层设计不仅要重视城乡环境风险治理资源的合理配置，也应当重点加强农村环境风险治理制度体系的完善。

（一）城乡环境风险治理资源的合理配置

城乡环境风险的协同共治要求在完善农村环境保护法制过程中，竭力摒弃城乡二元结构的环境立法模式，建立和完善城乡一体化的环境风险协同共治制度体系。同时，也应当以城乡环境正义理念为指导，科学配置城乡环境风险治理资源，最大限度地消除城乡环境风险治理工具的差距。具体而言：

第一，环境规划的城乡统筹。经济发展与环境保护是相辅相成的，缺少经济发展的环境保护，无异于复归原始社会；缺乏环境保护的经济发展，无异于自取灭亡。因此，环境保护与经济发展应该统筹起来，在经济发展的同时保护环境，在保护环境的同时发展绿色经济。县级以上人民政府在制定社会发展和经济建设规划时，应当充分考虑本地区的农村环境现状和可能存在的环境风险问题，并将之纳入整体规划之中。当然，环境规划应当因地制宜，而不能直接移植其他区域的环境规划方案，以契合当地的实际情况。城乡统筹的环境规划内容应当不仅限于资源利用和环境公害防治等环境风险治理，还应当同时注重与国家整体环境规划相吻合。

第二，环境标准的严格规范。国家层面应该在现有标准基础上修订和完善国家环境质量标准和污染物排放标准，淘汰落后的、高风险、高污染企业，防止其继续从城市向农村转移。同时，欠发达地区的农村区域不应当为了经济发展而牺牲环境，在国家充分重视生态环境保护的今天，省级地方政府应当积极推进地方环境质量标准的制订，通过统一而有差异的环境质量标准体系的建立，减少城市污染向农村转移的可能性。就具体措施而言：政府应该对高耗能、高污染企业进行集中整治，以环境标准为基础，淘汰生产技术落后、排污处理不达标的严重污染环境的企业，杜绝此类企业在农村置业办厂；禁止生产、销售、转移或使用会对农村环境造成严重影响和高风险的污染设备和工艺。

第三，城乡环境风险治理的差异性统筹。与城市相比，农村环境风险的特征决定了城市环境风险治理的相关制度并不一定全部适用于农村地区。例如，关于饮用水源地的保护和风险治理，城市集中饮用水源地保护相对容易规范，但同样的规范却很难适用于农村分散式饮用水源地。因此，城乡环境风险治理具有实际差异性，需要统筹治理规则和合理配置资源。

第四，农村人居环境的综合整治。国家高度重视农村人居环境的综合整治，而这一整治依赖于农村居民生产方式的转变和生活方式的改善。首先，政府及其相关行政主管部门应当为农业生产者提供必要的农业技能指导和培训，推广绿色化的养殖和种植方式。在农业生产过程中，引导农民合理使用农药化肥，采用可持续性的废弃物处理方式，避免或减少农药或其他重金属向外扩散。明确禁止农民将严重污染环境的废弃物排入农田及水利设施中。在农业设施规划方面，养殖场、屠宰场等选址规划需要遵守相关法律的禁止性规定，同时设置必备的废弃物处理设施。其次，农村生活废弃物的无序排放也会严重影响农村的人居环境。在生态扶贫的大背景下，各级政府应当安排专项资金，改善农村废弃物处理现状。具体而言：一是加强农村废弃物回收处理设施建设；二是建立健全农村污水处理管网；三是针对固体废弃物的回收、分拣和再加工等，应当以再生资源循环利用的方案为其提供法制保障。

（二）农村环境风险治理制度体系的完善

《环境保护法》第 33 条规定："县级、乡级人民政府应当提高农村环境保护公共服务水平，推动农村环境综合治理。"因此，在城乡环境风险治理进程中，需要各地政府根据辖区内的实际，有针对性地开展农村环境风险治理的各项工作，从而推动农村环境风险治理任务的实现。而重中之重，则是加快建设和完善农村环境风险治理制度体系。

第一，构建分类分级管理制度。分类管理制度是环境法律制度体系中的重要内容。借助分类管理制度，将根据农村环境风险的具体情况予以类型化，因地制宜地展开差异化管理。这既可以对农村特殊的环境区域予以精细化保护，也可以对一般的农村地区进行政策监管，保障环境治理资源的合理配置。我国目前推行的"优良水域优先保护区""面源污染治理示范区"等都是分类管理制度落实的具体体现，取得了积极的成效。为此，需要继续总结借鉴分类分级管理制度的运行经验，并在条件适宜的情况下予以推广和综合使用。

第二，推进行政管理权协调制度建设。承前所述，农村环境的特性复杂多样，一定程度上加剧了管理部门"九龙治水"的局面。多个环境行政主管部门对于同一项环境事务均有管理权，相互掣肘。农村环境风险治理的焦点之一便是如何统筹这些犬牙交错的管理权。因此，农村环境风险治理的制度建设，还需要引入行政管理权协调制度。具体而言，一是建立和完善部门间的协调机制，如环境信息共享、环境合作等；二是建立完善上级统筹机制，针对部门间的冲突可以根据法定的程序进行协调处理，以解决环境行政机构间的权责冲突。

第三，完善农村社区环境风险治理制度。由于政府的环境行政资源有限，农村环境风险治理无法仅仅依赖于政府的力量，还需要社会多方参与。因此，可以通过为政府、农民与社区三方主体提供平台，协调和调整三方之间的公私协作，重塑农村社区环境风险治理制度，建构"政府主导、社区自治、农民参与"的合作治理模式。值得注意的是，村民委员会或社区委员会作为环境风险治理的主体成员，应当在法律规定的范围内拥有相应的治理权限，如环境纠纷调解权等。

第四，完善农村环境风险治理的财政制度。环境风险治理的效果与财政资源的投入有关。总体上来看，我国农村地区的环境治理资源投入整体偏少，一定程度上影响了治理成效。[①] 因此，政府应当在农村环境风险治理领域给予财政倾斜，省级政府应根据辖区内农村总体布局、环境污染现状、环境风险治理难度的实际，制定相应的财税支持政策，共同加大对农村环境风险治理的财政投入。同时，通过政府决策明晰财政投入的数额、分配、利用程序等，同时细化政府在农村环境风险治理中的职责和任务，保障农村环境风险治理的可持续性。

第五，完善农村环境风险治理责任制度。如前述所论，农村环境风险治理应该建构以政府为主导、以企业为主体、村民参与、社区自治的环境风险协同共治模式，以回应环境风险的有效治理。而这一整套完整的环境

---

① 肖萍：《论我国农村环境污染的治理及立法完善》，《江西社会科学》2011 年第 6 期。

风险治理体系的有序运转，有赖于健全的环境责任制度。首先，完善农村环境风险治理的主体责任。一般而言，乡镇一级的地方政府对当地农村区域的环境状况有深入的了解，因此应当赋予其农村环境风险治理的主要职责。具体来说，可依据农村环境状况将乡镇划为多个片区，每个片区设置相应的环保派出机构，实现分片管理。通过完善基层环保执法网络，形成以乡镇政府为主导、环保派出机构为主要环境行政执法监管主体、以乡村或社区委员会的社区治理为轴心的多元环境风险治理体系。这种治理网络既可以发挥乡镇一级政府的作用，也可以明确相应部门的环境治理责任。其次，建立农村环境风险治理问责机制。环境风险治理过程中，若没有相应的规范制约，缺乏对政府环境行政的有效监督，则极有可能出现环境风险治理的怠于履行职责和不履行职责等乱象。因此，建立健全农村环境风险治理问责机制既是现实需要，也是完善政府责任制度的重要内容。具体而言：在立法层面，明确各级政府的环境职责，为其执法提供依据，为问责厘清界限；在问责方面，明确环境风险治理的责任主体、问责方式、问责程序等事项；在政绩考核方面，将环境保护指标纳入环境责任主体的考核范围，同时将农村环境风险治理成效与相关部门的绩效考核挂钩。同时，对于上述内容应当及时向社会公开，引入公众监督机制，以环境风险治理的责任制度倒逼责任主体的积极性，推动城乡环境风险治理取得良好成效。

第四节　城乡环境风险协同共治的主体结构

城乡环境风险协同共治中的主体因其角色、目标不同，导致其行为方式也有所差异。一定程度上，他们的影响对象和影响力也有所不同。企业是纳税主体，地方政府在进行环境决策时需要权衡利弊，实现环境保护与经济发展双赢。城乡居民和环保组织作为社会主体，有责任和权利参与环境决策，并对其进行监督。实际上，城乡环境风险协同共治需要依赖政府、企业、社会组织、公民等多方利益主体的公私协力，也即构建以政府为主导、以企业为主体、社会组织和公众共同参与的环境风险协同共治主体结构与治理体系。

一 政府主导：管制者向共治者的转型

法的实施是将纸面的法律转变为实践中的法律，其实质在于"将法律规范中规定的权利和义务关系转化为现实生活中的权利和义务关系，进而把法律规范转化为人们的行为的过程"①。换言之，法的实施是贯穿"应然之法"和"实然之法"的必经途径。要实现城乡环境风险协同共治，就必须建立和完善环境保护法律制度规范的配套机制，明确政府及有关部门职能权限并落实在执法细则中，才能使环境保护有法可依，执法主体明确，法律实施的转换过程具体可循，最终实现城乡环境风险的有效治理。

（一）环境执法担当：治理能力的共治基础

改革开放以来，中国一跃成为全球的第二大经济体，由于产业结构单一，导致粗放型的经济发展对生态环境造成了严重的破坏。为了改变这种牺牲环境发展经济的现状，亟须完善生态文明法制体系，积极推进政府依法行政，落实绿色发展理念，推进生态文明建设。政府部门应当重视城乡环境风险治理，加大城乡环境行政执法力度。根据环境风险的实际样态，特别是农村环境风险的特殊状况，严格执行环境风险治理的相关法律规范，塑造有责任担当的环境政府。

首先，协调各方环境保护执法主体。党的十九届三中全会审议通过的《深化党和国家机构改革方案》和第十三届全国人民代表大会第一次会议审议批准的国务院机构改革方案均将生态环境和资源保护行政管理工作作为部门调整的重要内容，即组建自然资源部与生态环境部，不再保留国土资源部、环境保护部、国家海洋局和国家测绘地理信息局。此次环保大部制改革不仅是扩大环保部门的职能范围，也将既有的"九龙治水"的环保机构职能进行整合。根据方案规定，新组建的生态环境部整合了多项散落在其他部门的环境保护职责，如国家发展改革委的应对气候变化和节能减排，国土资源部的监督防止地下水污染，水利部的编制水功能规划、排污口设施管理、流域水环境保护，国家海洋局的海洋环境保护等。此次改革整合了不同部门之间的相似职能，使环境保护执法主体更为明确，减少

① 王华兵、陈德敏：《共性与个性：中国资源安全执法的展开》，《重庆社会科学》2006年第9期。

了环境执法过程中各部门之间互相推诿和争议的可能性。但生态环境保护领域的机构改革仍处于发展阶段，地方环保部门的改革方案和整合路径并未明确。因此，构建环保行政资源共享平台，有助于整合条块分割的现状，为环境行政执法提供高水平的执法资源。当然，现行的机构调整和改革已经为城乡环境风险治理提供了良好的基础，整合后的生态环境主管部门将以统筹的职能为基础解决原先城乡分治、城市偏向等固有的矛盾，更好地促进城乡环境风险治理的目标实现。

其次，建立环境行政执法人员素质培训机制。环境执法质量的提升有赖于环境行政执法人员素质水平的提高。有效路径是，通过规范环境行政执法专业人员的考录与任用程序，源头管控环境行政执法人员的素质水平；定期组织环境行政执法人员外出培训；完善环境行政执法人员的编制和工资待遇规范；建立自上而下的、独立的监督机制，以有效监督环境行政执法；建立环境行政执法数据库；定期评查环境行政处罚决定书案卷；完善环境行政执法责任考核制度，将执法责任考核纳入行政部门目标考核体系。

环境行政执法人员除了掌握环境专业知识以外，对于相关环境法律知识也应定期更新。关于法律知识培训，可以由政府法制部门或环境行政主管机关的法规部门组织专项的环保法律培训，确保环境行政执法人员了解最新的环境保护与资源利用法律法规及执法程序和裁量规范。如此一来，可以确保环境行政执法人员能够准确把握环境行政执法过程中的相关法律规定和责任依据，合理使用行政裁量权，做到执法有理有据。此外，在执法过程中，环境行政执法人员应当力求排除相关干扰，做到秉公执法、文明执法。

（二）程序理性规范：迈向共治的程序基础

环境行政执法程序是保障环境行政执法合法性的重要基石，也是保障多元参与和共治的重要基础。首要的一点是，应该通过完善环境行政执法程序来保障行政相对人的环境知情权、参与权。在全面依法治国的大背景下，公开环境行政执法程序、引入公众参与制度，确保行政相对人的意见和诉求得到反映，这既是提升政府环境治理能力的重要途径，也是促进政府与公众共同保护生态环境的有效措施。一般而言，环境行政执法程序包括听证制度、申辩质证制度和执法职能分离制度等。听证制度是公众参与环境行政执法的重要途径，可以在行政行为做出以前听取行政相对人的意见，从而确保行政行为的合理性和正当性。同时，在环境行政听证过程中，通过与行政相对人的沟通交流，能够促进行政相对人对环境行政保护工作的理解和支持。申辩质证制度是保障行政行为正确性的基础，能够促使行政机关严格执法，减少和规避行政失误。执法职能分离制度能够保证环境行政机关独立于环境纠纷之外，使其充当仲裁人的角色调解纠纷，化解冲突。唯有构建了上述相关的程序性制度，并通过详细的规范落实到具体法律法规之中，为行政执法人员提供执法依据，才能从根本上以程序引导共治的实现。

（三）环境行政监督：实现共治的保障要素

环境行政监督制度一般可以界分为国家监督和社会监督，即以国家权力机关、行政机关和司法机关等为主的国家监督体系和以社会团体、新闻舆论和公众参与等为主的社会监督体系。[①] 应该说，当前我国环境行政监督制度并不完善。自上而下的国家监督常常流于形式，无法发挥作用；自下而上的社会监督还未真正建立起来。由于监督的缺位，原有的政府政绩考核基准均以经济发展为核心，为了发展经济而牺牲环境的事例数不胜数，对环境资源的破坏已经形成的环境风险也日益加重。实际上，权力机关可以转变被动监督方式，深入调查环境行政执法情况，积极查处重大环境行政违法案件和环境行政不作为、乱作为的现象。同时，权力机关应当不限于抽象监督，对于具体的环境行政重大案件也应进行实际监督。就社会监督而言，公众参与决策在各地环境行政执法过程中受到了不同程度的阻碍，甚至可以说社会监督并未发挥其应有的作用。城乡环境风险治理中，重中之重的农村环境风险实际上既缺乏环境执法的有序推进，更缺乏环境行政监督的促进，社会监督就更少之又少了。因此，需要进一步强化社会监督的能力，构建畅通的程序、提高公众环境意识以及培育农村环保社会组织等都有助于推进社会监督能力的提升。

除了外部的社会监督和国家监督以外，环境行政的内部监督也是确保环境依法行政的重要制度。环境行政的内部监督是一种专门监督方式，有利于环境行政执法责任的落实。地方环境行政主管部门应当严格执行环保监督管理法律制度，监督监察环保执法情况，确保环境行政法律制度的正

---

① 黄锡生、何雪梅：《中国环境资源法律实施的障碍及对策》，《重庆大学学报》（社会科学版）2007 年第 5 期。

常运行。环境行政主管部门可以先行试点推行执法责任制，确立环境行政执法裁量标准和执行程序，借助责任书的方式推进各项法律法规的有效贯彻。而在作为行政执法矫正措施的行政复议制度方面，要发挥上级行政机关对下级的执法监督功能，深化行政复议对具体行政行为的合法性与合理性审查，以提高行政执法的公信力。同时，可以探索引入行政复议的听证制度，创新行政复议的方式方法，保证行政复议机关依法履职，准确地做出行政复议决定等。

此外，应当充分借助行政监察、环保督察等行政专项监督，对环境行政执法过程中的违纪违法案件进行清查。政府也可以通过新闻媒体等社会主体监督环境行政执法情况，不断提升环境行政执法的公信力，促进环境保护法律法规的有效实施，从而推进城乡环境风险的协同共治。

（四）　环保执法评价：反思共治的治理工具

环境执法评价是评价法律实施的效果，分析法律实施过程中出现的问题并予以改进的治理工具。从宏观方面来看，环保执法评价标准主要包括四项内容：一是环保法律实施是否符合公共利益？二是执法人员的执法水平和公众守法程度是否提高？三是环境保护法律制度功能和目的能否实现？四是是否有助于生态文明建设？就微观层面而言，环保执法评价的标准主要包括：一是环境行政执法人员对环保法律法规的掌握能否确保严格依法行政；环境行政执法能否做到各司其职；环境行政执法人员是否定期接受培训，不断提升自身专业水平。二是根据司法裁判情况分析环境问题的现状，梳理由环境资源问题引发的民事纠纷案件的立案数、结案数等审理情况。三是社会公众对环保工作的认识程度，社会公众对环保法律的了解程度，社会公众对环保法律的守法情况等。四是基于现有的环保标准构建环保法律实施指标体系，评价环保法律实施的社会功能及其目的。

城乡环境风险治理的执法评价应当综合考虑是否符合城乡正义和公共利益以及环境保护的目的功能是否能够有效发挥等。为改变城乡环境污染转移的现状，杜绝城市污染物向农村的无序排放和转移，减少农村环境风险产生的源头，在城乡环境风险治理相关环保法律实施评价体系建设的过程中，应当考虑更多的生态化、绿色化要素。就政府生态环境主管部门的绩效考核而言，应当将环境资源消耗纳入国民经济成本之中，引入绿色GDP评估标准，强化资源的可持续利用和环境的有效保护。一般而言，绿色 GDP 的评估范畴主要包括：一是对生态环境破坏造成的直接经济损失；二是治理环境污染和修复生态资源所负担的费用；三是资源无序开采所造成的生态破坏；四是环境公害所造成的负外部性成本。此外，城乡环境风险治理的执法评价还应该考核评估城乡环境不均衡的状况是否有所扩大，农村环境风险治理的投入和执法力度是否得以重视等。这一执法评价体系的引入，将会督促和激励政府生态环境主管部门将可持续发展放在经济社会发展的突出位置，转变以往"高投入—高排放"的粗放型经济增长方式，迈向"高效率—低排放"的集约型经济增长方式；改变城乡分治二元结构下的环境风险治理失衡境况，衡平城乡之间的环境利益，实现城乡环境风险治理的公平正义，促进城市和农村环境风险得到有序、协同、有效的治理。

二　企业主体：被动守法向主动践行的转型

城乡环境风险治理的难点在于，城市中小企业环境污染的排放及整治、农村既有乡镇企业等生产过程中的污染排放、城市污染企业向农村转移并造成的持续性环境风险等。也就是说，城乡环境风险的治理既离不开政府管制能力的提升，也需要政府在从管制向共治转型过程中实现企业主体的自觉守法及公众参与监督对企业的倒逼，从而实现城乡环境风险的协同共治。因此，城乡环境风险治理需要主要的环境风险源——企业主动践行协同共治的基本理念实现对城乡环境风险治理的回应。

第一，城乡环境风险治理离不开企业主体的参与，最为重要的是自觉遵守法律。作为城乡环境风险治理重要主体的企业应当主动和严格地遵守环境保护相关法律法规，这涵盖了两层意思：一是污染企业严格遵守法律规范和环境标准，通过实际履行环境规划、环境影响评价、"三同时"以及环境监测等相关环境治理制度，以守法的方式尽可能减少污染的排放；二是企业从被动转向主动，从企业治理理念上重视环境污染防治工作，主动自觉地遵守环境保护法律法规并在自觉遵循环境标准的基础上贯彻绿色发展理念，积极采取清洁生产方式、最佳可得技术、更好的污染处理设施等以尽可能地减少污染物的排放，从自身要素推动和保障城乡环境风险的整体有效治理。一个可行路径是企业积极探索推广绿色会计制度，绿色会计制度是根据相关法律法规的规定，以货币为衡量单位，将自然资源使用和环境污染成本纳入企业的效益核算之中。环境行政监管部门应当建立健全绿色会计信息披露制度，规范细化企业绿色会计披露的范围和内容。这在一定程度上可以促使企业在生产过程中注重永续发展，合理利用自然资源和减少废弃物或污染物排放。同时，生态环境行政主管部门可以制定相关的扶持政策，奖励和资助实施绿色会计的企业和会计人员，鼓励企业主动践行绿色会计制度，从而推动企业生产和环境污染排放的绿色化。

第二，城乡环境风险治理离不开企业主体环境责任和社会责任的承担。一方面，应当以现行法律法规为基础，要求企业严格遵守法律法规并承担因排放污染物所致的民事责任、行政责任和刑事责任；另一方面，应当扩张企业承担责任的范围，从法律责任向社会责任转型，企业的环境责任应当不仅仅涵盖其所应当承担的法律责任，还应涉及社会责任的承担。当前，我国仍处在工业化阶段，工业对经济发展的支撑作用影响着生态文明建设的步伐。毋庸置疑，工业企业在生产过程中自然会消耗大量资源，产生环境污染物质，因此环境风险治理的关键在于企业自觉守法以及环境社会责任的承担。在企业环境社会责任承担的过程中，政府应当引导、鼓励和扶持企业积极开展资源综合利用以减少污染的排放；在企业发展规划方面，要求企业结合自身实际，将绿色发展理念贯彻到企业发展的过程中，主动承担其环境社会责任；以生产者责任延伸制度为基础，促进企业责任承担贯穿至产品生产的全过程，倒逼企业最大限度地减少资源利用和污染物排放；在资源循环利用方面，要求企业引入绿色生产技术和工艺，从"生产—加工—销售—回收—再加工"等环节实现资源的循环利用。

第三，城乡环境风险治理的协调规范离不开企业的技术援助和沟通。我国仍处于工业化发展的阶段，国家经济社会的发展离不开企业生产创造的物质财富，对企业具有天然的依赖性。因此，城乡环境风险治理应该统筹经济发展和环境保护的关系。我们对于农村环境风险治理的判断和认知，并不意味着农村区域为减少污染转移就完全排异新建项目和企业。但是否建设企业项目以及是否造成事实上的环境污染转移，是否会对农村居民造成重大不利影响需要有宏观和综合的判断。环境风险具有其特殊性，企业在建设和发展过程中可能会因其环境污染性、风险性和不确定性而引致周边居民的认知困局和排异心理。目前，根据"不确定性—预期损失"大致划分的污染类、风险聚集类、心理不悦类、污名化类四种形式的污染设施和项目①，极易引发城乡居民对环境风险的排异性认知。究其原因，皆因科技与知识系统发展所引致的风险的现代性吊诡。环境领域技术成长的知识壁垒与现实中偶发的风险灾难案例相结合，使得城市和农村居民不断在现实认知与理论体系间摇摆，最终在维护自身生存发展的权利诉求前选择相信环境风险项目会造成重大负面影响，并将这种不安性逐渐转化为环境性事件等。因此，对这一问题的破解除了依赖政府在治理过程中不断提高决策的透明度，以程序性、制度性规范协调公众认知外，还需要通过企业的技术援助规范来增进公众的正面认知。首先，应改变传统"技术官僚的自我正当化及一元化的权力结构"②，由企业通过规范程序成立专家组，由专家组结合本领域的专业知识在法律规范的范畴内做出科学合理的、符合常识经验的评估和预测结论，专家组理应向公众释明并对其结论负责从而增进公众的认知和信任。其次，企业应以现行法律已确立的环境标准、环境技术导则等法律规范作为依据，科学合理的评估风险并向民众公开和释明。最后，企业应从技术上改进环境风险设施的设计和运作方式，尽可能减少对社区环境和居民生活的影响③。

第四，城乡环境风险治理的协调规范离不开企业的协商补偿以完成差序治理。城乡环境风险治理中，由于不得不考虑经济发展和工业企业项目建设的需要，那么增加企业的建设成本会在一定程度上遏制高风险和高污染企业的建设，笔者将这种建设成本定位为协商补偿成本。新建项目和企业，特别是在城市郊区或农村地区建设的企业或项目，在其可行性研究和建设过程中会形成差序性利益：企业处于中心圈层，因企业建设造成环境污染的影响从核心区域、次影响区域、微弱影响区域或无影响区域依次往外扩散，发生层层推及的联系。基于这一差序结构，企业应当围绕权利、利益和关系进行分区域、分圈层的差序治理。对于在某些欠发达农村区域有带动经济发展之功效的企业建设项目，可由企业视周边居民对经济发展对自身受益补偿的期待诉求程度，以利益相关者共同决策为基础予以确定。具体而言，可以视影响程度对处于不同圈层的民众给予货币补偿、减

---

① 陶鹏、童星：《邻避型群体性事件及其治理》，《南京社会科学》2010 年第 8 期。

② 周桂田：《风险社会典范转移》，台北远流出版事业股份有限公司 2014 年版，第 109 页。

③ 娄胜华、姜姗姗：《"邻避运动"在澳门的兴起及其治理》，《中国行政管理》2012 年第4 期。

免税费等差额经济补偿；同时，可以通过为周边居民建设公园、图书馆等正公共服务或设施的方式予以补偿，抵消企业污染排放的负外部性。

三　公众与环保组织：形式参与向实质参与的转型

自上而下的"政府主导"型环境行政管制极易导致环境治理不力等难题，阻碍生态文明建设和绿色发展的进程，困扰环境风险的协同治理。生态环境作为人类生产生活的重要载体和外在基础，属于公共利益，由政府统一行使环境行政管理工作。除了政府以外，社会组织和公众也日益成为环境保护和环境风险治理的重要参与者。城乡环境风险治理的主体不仅限于政府、企业，当然还应当包括公众和社会组织等社会力量，进而迈向环境风险公私协同共治的模式与主体结构。质言之，公众作为环境利益的享有者和环境义务的承担者，有责任参与环境公共事务。从一定程度上来说，公众参与环境风险治理不仅可以实现对环境法律法规的纠偏，还可以就违法排污行为予以及时反映和制止。纵观当前我国发展和环境风险治理的进程，国家对公众参与高度重视并且出台了相关的规范等，但就参与程度而言，我国目前公众与社会组织在参与环境风险治理方面基本还处于形式参与阶段。城乡环境风险协同共治模式的实现，有待于公众与社会组织的参与从形式参与转向实质参与，以公众和社会组织主体倒逼政府和企业更加重视城乡环境协同，兼顾农村环境风险治理，有效实现城乡一体的环境风险治理。

对于公众和环保组织而言，实质参与城乡环境风险治理首先要求其自觉遵守法律法规，建构良好的节约消费等相关环境行为习惯，创造良好的生活环境和农村人居环境，通过环境保护与资源节约的法制宣传和教育活动，引导民众实质性地参与。具体而言，可以将环境保护法律法规印制成册，通过社区活动等常规方式发放给社会公众，以便让公众知晓环保法律知识、环境保护的权利与义务等。生态环境行政主管部门应当通过绿色企业、绿色学校、绿色社区等各种方式途径开展环境教育活动，普及环境法律知识，以强化公民的环境责任意识，培养公民的环境素养。将环保法制教育内容引入国民教育中，使得学生们认识到环境保护、资源节约、可持续发展的重要性。通过对在校学生进行环境教育，有利于提升民众的环境素养和环境责任。同时，借助新闻媒体、网络媒体等多媒体方式宣传环境法制，以求最大限度地普及环保知识。其次，健全公众实质参与城乡环境风险治理的监督机制。生态环境行政主管部门应当鼓励公众参与环保法律的监督工作，一方面畅通公众参与城乡环境风险治理的基本路径，明确参与的程序规范，将公众参与作为环境风险治理的重要一环；另一方面，对于公众检举、揭发环境违法犯罪或环境行政不作为、乱作为的现象予以奖励。积极引入社会监督，形成公众的实质性参与，不仅能够保证环境行政执法的合理合法，也可以及时纠正环境行政违法行为。最后，发挥社会组织在城乡环境风险治理中的作用：社会组织可以通过各种方式开展环保教育，提升民众的环境素养；社会组织作为一支重要的社会力量，可以对政府的环境治理进行监督和约制；社会组织能够以开展公益活动的方式，促进环保法律的实施；社会组织通过提起环境公益诉讼等，可以在一定程度调和环境利益攸关方的利益冲突，维护整体环境公共利益。可以预见的是，通过规范建构引导社会公众等社会主体自觉主动地参与到城乡环境风险治理过程中，有助于实现公众实质参与的规范化，有助于遏制网络媒体和公众"无知"建构风险的"遐想"冲动，克服政府公信力的"塔西佗陷阱"，从而有效推进环保法治建设和改善城乡环境风险治理的成效。

第四章

城乡环境风险协同共治的制度规范与重塑

在社会高度发展的当代，正义得到了广泛而正确的重视，为农村社会经济发展、环境保护事业构建了良好公平的法治环境。宏观上讲，农村环境风险治理应当日益重视实现与城镇的实质平等。具体而言：首先是法律地位上的平等，即先在实质法律地位上实现农村与城市的平等；其次是资源配置上的平等，着重实现在法律资源的配置上的城乡平等。[①] 法学的实质就是追寻正义，在环境法学上也应当坚持对于正义的不懈追求，努力实现环境正义语境下的城乡平等。[②] 构建以政府为主导、以企业为主体、社会组织和公众共同参与的环境风险协同共治的制度体系，充分吸收国家、市场、社会、公民等多方力量共同参与，实现多元主体对城乡环境风险治理各司其职、各负其责、合理分工、协同共治。就城乡环境风险协同共治的制度规范而言，其应当涵盖环境法上的一般制度，即环境规划、环境影响评价、"三同时"、环境许可、环境税、总量控制等，但诸如此类的制度已经相对完善且论证较为充分，本书将不再详细阐释。我们认为，既然要搭建城乡环境风险协同共治的基本路径，那么就需要基于协同共治的主体框架，构建契合新时代城乡环境风险协同共治的制度规范。具体而言，应当包括：政府主导的城乡环境保护基本公共服务均等化制度规范，企业作为社会资本参与的环境 PPP 模式法规范构造，以及公众参与城乡环境风险治理的环境行政正当法律程序规范等。

[①] 李昌麒：《中国农村法治发展研究》，人民出版社 2006 年版，第 29 页。

[②] 蔡守秋：《环境正义与环境安全》，《河海大学学报》2005 年第 6 期。

第一节　政府主导：城乡环境保护 基本公共服务均等化

为实现城乡环境风险协同共治的制度设想，政府、企业和公众等多元主体的治理格局首先要求政府必须要充分履职，发挥自上而下的主导作用。对于政府主导的环境行政执法等回应城乡环境风险治理的路径我们已在前文阐释，下面我们将更加关注环境服务背景下政府提供环境保护公共服务的城乡一体和配置均衡化以保障城乡环境正义。近年来，以公民健康权保护为基本出发点，在服务型政府的理念观照下，环境保护类公共服务的政府购买在政府购买公共服务的比重中不断增加。政府购买环境公共服务已成为城乡环境协同共治的重要制度工具，摆脱环境公共服务以往偏向城市而轻视农村的弊病则需要建立并健全一套完备的监管制度体系，促进政府将目光和重点转向农村环境风险化解、环境污染治理和生态环境保护，进而实现城乡统筹一体化和城乡环境保护基本公共服务均等化。

一　环境保护基本公共服务均等化一般阐释

（一）公共服务

公共服务，又可称为"公用事业"，是环境公共服务的上位概念，指传统上一般由政府承担的，向公民提供的各种公共服务，例如教育服务、卫生服务、交通服务、环境保护服务等类型。概括来讲公共服务旨在为社会公众参与社会经济、政治、文化活动提供一系列保障。公共服务，是21世纪公共行政和政府改革的核心理念，包括加强城乡公共设施建设。公共服务概念的提出是随着社会的不断发展而产生的，随着人们对公共权利要求的提升而产生，强调政府的服务性和公民的权利权益，具有无差别的群体性特征。

我国政策文件一般都将其冠以"基本"一词，可以说基本公共服务是我国学者根据国家政策所创造和形成的一种理论概念，因而基本公共服务在我国政策文件中应当是具指，而不是泛指。综观环境保护基本公共服务的中央和地方文件，基本公共服务可以概括为公共服务最为基本、最为核心的部分。"基本"一词也蕴含了政府、全社会、平等、无差别等关键词。对于基本公共服务达成的普遍共识包括：首先，基本公共服务的水平应当与我国经济社会发展水平相一致，即必须从我国现阶段的实际情况出发；其次，基本公共服务的面向应当是普遍的、无区别的，即应当具有社会保障性、公平正义性和普适共惠性。

（二）环境保护基本公共服务

根据《政府购买服务管理办法（暂行）》规定，环境治理公共服务类属基本公共服务，当为公共服务的下位概念，可以理解为环境治理或环境保护领域的公共服务，为两者之交集。《国家基本公共服务体系"十二五"规划》对"基本公共服务"的内涵已经做出具体和详细的阐释，即"建立在一定社会共识基础上，由政府主导提供的，与经济社会发展水平和阶段相适应，旨在保障全体公民生存和发展需求的公共服务"。《环境服务业"十二五"发展规划（征求意见稿）》中提到，目前中国环境服务业主要包括环境工程设计、施工与运营、环境评价、规划、决策、管理等咨询，环境技术研究与开发，环境监测与检测，环境贸易、金融服务，环境信息，教育与培训及其他与环境相关的服务活动。环境服务涵盖范围大、涉及面广，其中具有公共服务特性，主要由政府提供保障公民的环境权益，即环境公共服务主要意指并包含水质管理、垃圾处理、危险废物处置等环境民生服务，环境监测、信息发布等环境信息服务和污染预防及应急处理的环境安全服务等。

学界对于环境保护基本公共服务并没有通说，但是我们可以从三个维度加以理解。第一，提供主体是公共机构，主要是政府。也就是说环境公共服务是由政府或其他公共性质机构输出式地主动、单向提供。第二，提供目的是公益性质，主要是保障公众生存和发展等环境权益，指向公共福利、公共福祉的满足和提升。第三，提供内容应当是环境物品或环境服务。以农村环境公共服务为例，其包括饮用水供给、厕所无害化处理、清洁可再生能源供给、生活垃圾处置和污水处理[①]等环境公共服务。第四，本质上是环境公共资源的（再）分配，是分配正义的体现。还需要指出的是，不论是理论界还是实践层面，对于"环境保护基本公共服务"一词的使用并不完全严格，多以环境基本公共服务、环境公共服务或环境保

---

① 罗万纯：《中国农村生活环境公共服务供给效果及其影响因素——基于农户视角》，《中国农村经济》2014年第11期。

护公共服务等词代替。多数情况下，上述词可以同义互换，并无区分。本书以"环境保护基本公共服务"一词为标题，尔后的行文中将简化为"环保基本公共服务"。基于以上对于环保基本公共服务的多维度理解，笔者认为环保基本公共服务可以暂且定义为：在经济社会发展的一定阶段，以保护公众环境权益、提升公众环境福祉为目的，由政府等公共机构合理分配环境利益和环境风险的基本公共活动。

　　环保基本公共服务通常意义上主要包括环境政策、环境信息、环境治理与卫生、环境监管、环境应急、环境宣传和教育、环境财政七个方面的基本公共服务。第一，环境政策基本公共服务是指以环境保护、污染治理、生态维护等为关键词和主题词的公共政策、法律法规、政府规划以及标准的制定与实施。第二，环境治理与卫生基本公共服务是指各项环境保护、污染治理等基础设施的建设以及具体的环境污染防治的手段与措施。环境治理基本公共服务几乎等同于某种意义上的环保基本公共服务，可以看成狭义的环保基本公共服务的主要内容，在环保基本公共服务中占有绝对且重要的分量。它主要包括垃圾分类回收和处理、污水处理、土壤污染治理、大气污染治理等。第三，环境信息基本公共服务是公民环境基本权益之知情权的当然内容，要求政府向公民提供及时、准确且必要的相关环境信息。环境信息的获取与理解是公众参与的基本前提和必要条件，是环境治理决策科学化和民主化的保证条件。《环境信息公开办法（试行）》（2008 年）在"政府信息公开"一章的第 11 条对环保部门应当公开的范围作出了明确规定①。第四，环境监管基本公共服务是指社会各类经济活

---

　　① 《环境信息公开办法（试行）》第 11 条："环保部门应当在职责权限范围内向社会主动公开以下政府环境信息：（一）环境保护法律、法规、规章、标准和其他规范性文件；（二）环境保护规划；（三）环境质量状况；（四）环境统计和环境调查信息；（五）突发环境事件的应急预案、预报、发生和处置等情况；（六）主要污染物排放总量指标分配及落实情况，排污许可证发放情况，城市环境综合整治定量考核结果；（七）大、中城市固体废物的种类、产生量、处置状况等信息；（八）建设项目环境影响评价文件受理情况，受理的环境影响评价文件的审批结果和建设项目竣工环境保护验收结果，其他环境保护行政许可的项目、依据、条件、程序和结果；（九）排污费征收的项目、依据、标准和程序，排污者应当缴纳的排污费数额、实际征收数额以及减免缓情况；（十）环保行政事业性收费的项目、依据、标准和程序；（十一）经调查核实的公众对环境问题或者对企业污染环境的信访、投诉案件及其处理结果；（十二）环境行政处罚、行政复议、行政诉讼和实施行政强制措施的情况；（十三）污染物排放超过国家或者地方排放标准，或者污染物排放总量超过地方人民政府核定的排放总量控制指标的污染严重的企业名 （转下页）

动对环境所产生的影响应当处于监管之中，此为"监督"之意；同时，对于前述产生的环境污染和破坏等行为应当依法处理，此为"管理"之意。环境监管基本公共服务主要包括环境监测、环境影响评价、环境行政许可、环境行政审批、环境行政诉讼、环境行政复议、环境行政处罚和环境犯罪[1]等内容。第五，环境应急基本公共服务是指以预防环境（重大）突发事件、有效控制并及时妥善处理环境突发事件为目的的一种应急响应机制，主要包括环境突发事件预警机制以及环境突发事件的处置和事后的环境恢复、赔偿等方面的内容。第六，环境宣传与教育基本公共服务旨在提升公众的环境保护意识、丰富公众的环境保护知识，这是追求和促进城乡环保基本公共服务均等化而偏重农村环保基本公共服务供给的重要一环。第七，环境财政基本公共服务是指政府对于环境保护事业的各项资金支持。城乡二元结构的弊病之一指向政府资金向城市的倾斜与涌入，在环保基本公共服务均等化的构造下必然需要纠偏，使政府财政为农村环保基础设施建设、农村环境污染治理提供支撑。

（三）城乡环境保护基本公共服务均等化

以环境正义为奠基的环保基本公共服务均等化可以说与环境正义的产生有着同样悠久的历史和沿革。众所周知，环境正义起源于美国环境保护运动的特定发展，可追溯至 20 世纪 80 年代。既然环境正义强调享受清洁环境权利的同等并同时强调承担保护环境义务和分摊环境风险的对等，在面对城乡环境污染转移致使农村承受双重环境污染的不正义局面和现象时，环保基本公共服务均等化理应做出回应。城乡二元结构固化于中国经济和社会发展过程中，也是城乡间多数不正义、不公平现象产生的根源。

1. 环境保护基本公共服务均等化的沿革

公共服务均等化已经成为现代政府所追求的目标。19 世纪末至 20 世纪 70 年代末，自由资本主义的原始弊端逐渐显现。西方国家为了克服这

（接上页）单；（十四）发生重大、特大环境污染事故或者事件的企业名单，拒不执行已生效的环境行政处罚决定的企业名单；（十五）环境保护创建审批结果；（十六）环保部门的机构设置、工作职责及其联系方式等情况；（十七）法律、法规、规章规定应当公开的其他环境信息。环保部门应当根据前款规定的范围编制本部门的政府环境信息公开目录。"

① 王郁：《环保公共服务均等化的内涵及其评价》，《中国人口·资源与环境》2012 年第 8 期。

一弊端，同时为了发挥政府在公共市场中的作用以期借国有化的形式达到垄断地位，而建立起公共财政体制。这一体制的建立和完善，也带来了国家基本公共服务均等化或可称为均质化的转变和实现。"二战"后，经济迅速发展的各亚洲国家，如日本、韩国、新加坡，以欧美实现公共服务均等化为镜鉴，不再局限于公共财政，将公共服务均等化落实于基础教育、社会保障、公共卫生等其他多领域，且维持在较高的水平。20 世纪 80 年代以来，随着公共管理改革运动席卷全球，公共服务制度安排、制度改革不断深入，亚洲各国也一直在积极探索具有自身特色的公共服务均等化道路。

我国改革开放以来，努力强化政府公共服务能力，着力实现基本公共服务均等化。2005 年 10 月 11 日，党的十六届五中全会在《中共中央关于制定国民经济和社会发展第十一个五年规划的建议》中，首次提出"按照公共服务均等化原则，加大对欠发达地区的支持力度，加快革命老区、民族地区、边疆地区和贫困地区经济社会发展"。2006 年 10 月 8 日，党的十六届六中全会通过的《关于构建社会主义和谐社会若干重大问题的决定》提出"积极推进农村社区建设，健全新型社区管理和服务体制，把社区建设成为管理有序、服务完善、文明祥和的社会生活共同体"；"完善公共财政制度，逐步实现基本公共服务均等化"以及"把基础设施建设和社会事业发展的重点转向农村"。2007 年 10 月，党的十七大又再次强调，"围绕推进基本公共服务均等化和主体功能区建设，完善公共财政体系""重大项目布局要充分考虑支持中西部发展""缩小区域发展差距，必须注重实现基本公共服务均等化，引导生产要素跨区域合理流动"。2011 年，《国家环境保护"十二五"规划》首次提出"逐步实现环境保护基本公共服务均等化，维护人民群众环境权益，促进社会和谐稳定"。2013 年 11 月 9 日，十八届三中全会通过的《关于全面深化改革若干重大问题的决定》指出"统筹城乡基础设施建设和社区建设，推进城乡基本公共服务均等化"。2015 年 10 月 26 日，十八届五中全会进一步指出："推动城乡协调发展，健全城乡发展一体化体制机制，推动城镇公共服务向农村延伸，提高社会主义新农村建设水平。"欲实现环保基本公共服务均等化，在加强城乡和区域统筹发展的背景下，既应合理确定环保基本公共服务的范围、标准，建立健全环保公共服务体系，还应重点提高农村环保工作水平、加强环境监管基本公共服务体系建设。

2. 环境保护基本公共服务均等化的内涵

环保基本公共服务均等化，是指由政府作为供给方，通过采取政府直接生产和供给、政府购买服务等多元化方式和途径，来保障全体公民公平地获得大致均等的基本环境公共服务，最终实现全体公民大致均等地享受到有保障的环境质量。其一，外部均等化——区域均等。区域发展不均衡，经济社会发展差异显著，导致区域间的环保基本公共服务的能力建设参差不齐，因而限制了效果输出。公共服务能力是指在资源约束条件下，政府所具备的提供或生产优质公共服务产品的本领。这是均等化实现的必备条件和决定条件。所以，在区域协调发展理念的设计下，区域环保基本公共服务均等化的发展应当综合考虑地区固有的地理位置、自然条件、市场发育程度等多种因素，以及地区经济发展、公共服务成本等多种桎梏，对基础条件差、服务成本高的地区适当倾斜或偏重。其二，内部均等化——城乡均等。城市环境与农村环境统筹考虑方可成为一个完整的生态系统，实现物质流的闭合循环与平衡，所以环保基本公共服务的供给应当在城市与乡村之间寻找均衡，甚至应当着重加强农村环保基本公共服务的供给与建设。城乡环保基本公共服务属于城乡统筹一体化发展中不可或缺的内容，也是本书重点研究的内容。

3. 农村环保基本公共服务的特点

农村环保基本公共服务的提出以我国的国情与现状为基础，主要由于长期的二元结构导致城市与农村之间的环保基本公共服务供给存在巨大差异，因此农村环保基本公共服务有其自身的属性。农村环保基本公共服务作为基本公共服务的内容，除共性特征如社会保障性、公平公正性和普适普惠性之外，由于我国农村情况的特殊性以及我国农村经济和社会发展、改革的滞后性，还具有其自身特点。首先，农村环保基本公共服务供给分散。农村地广人稀，范围广大却分散，难以集中、规模供给。其次，农村环保基本公共服务地域标志鲜明。我国东部、中部、西部经济发展水平不同，呈递减的阶梯状。先天自然条件、生活方式及生产结构，市场化程度、农村居民组织化或社区化程度差异明显，加之生活习惯、文化习俗等差异，农村环保基本公共服务难以统一供应。也就是说，农村环保基本公共服务应当区别对待，根据农村地区的实际情况差异化、多样化供给，供给方式应具有灵活性，供给范围应当根据农村、农民的实际需求予以确定。最后，农村环保基本公共服务的政府依赖性。农村落后的经济发展、低下的投入回报率共同决定了农村环保基本公共服务需要政府主导才能实现。而农村经济社会的发展、投入回报率的提升多依赖于公共基础设施的建设，所以，落实农村环保基本公共服务不论从哪一环节都需要政府的支持和推动。需要指出的是，政府应当主要扮演主导和引导的角色，否则会造成政府的负累，环保基本公共服务的提供主体可以是相关的公共机构或组织，而政府可通过购买的方式发挥效能。

总之，促进环境保护基本公共服务均等化是倡导基本公共服务均等化在生态保护和环境治理领域的延续和完善。针对我国城乡发展和风险负担不平衡的特点，环保基本公共服务均等化集中指向城乡之间的均等化，旨在逐步缩小城乡间差距，改善乡村公共服务水平偏低的现状，促进城乡一体化。均等化与一体化密切关联，在一体化的方向引领和蓝图设计下，公共资源配置应当向乡村倾斜，引导城市公共服务资源向乡村延展，以资源的有效配置回应城乡的实际需求。也就是说，环保基本公共服务在中国城乡二元结构、户籍制度的限制下，必须要同区域协调发展、区域一体化进程同步发展，其关涉社会经济发展、人权保障、基础设施建设等多方面、全方位的问题。就生态环境领域而言，不再是借由污染转移导致城市享有多收益而承担少风险，而是力图实现风险与收益对等，城市与乡村均等，让城乡居民获得同等的幸福感。

二　均等化障碍：农村环保基本公共服务的弱势与失势

（一）环境政策基本公共服务的城乡失衡

首先，农村环境保护的法律规范方面。当下，我国已经基本形成以《宪法》为基础，《环境保护法》为核心，《大气污染防治法》《水污染防治法》《固体废物环境污染防治法》《噪声污染防治法》《放射性污染防治法》等法律为主要内容的环境保护法律体系。但是该法律体系对城市和农村的环境保护问题一并规范、一体化立法，与城乡二元格局存在某些矛盾，多数情况下农村环境问题得不到应有的重视。我国实际上并没有一部农村环境保护的专门性法律。农村环境污染问题广泛而具体、普遍而特殊，上述环境保护相关法律缺乏可操作性，无法回应农村环境保护的现实需求。《农业法》《农业技术推广法》过于原则化地规范了部分问题，同样难以适应农村环境保护的需要。质言之，长期缺乏环保基本公共服务供给的农村在环境保护方面历史欠账过多，必须通过对农村生活垃圾处理、农药化肥污染、水污染等农村特殊环境问题进行具体立法，衡平城乡间的环保差异。

其次，农村环保基本公共服务的法律规范方面。很明确的是，我国尚无一部完备的基本公共服务法，相关领域的基本公共服务问题由多部法律分而管之。举例而言，有关教育基本公共服务由《教育法》《义务教育法》等进行规范，有关就业基本公共服务则由《劳动合同法》《就业促进法》等予以规定，医疗卫生方面则由《传染病防治法》等进行规制。环保基本公共服务却很难找到一个法律文本将其纳入规范范畴。实践中，环保基本公共服务的规范体系是由各项政策构成的，而政策的稳定性、前瞻性和适用性是远不及法律的，因此环保基本公共服务需要一部立法来加以统筹。农村环保基本公共服务在缺乏相应的基本公共服务法和专门的环境保护立法的情况下，只能想方设法从当下的法律体系中找寻依据，无形中对其发展及农村环保工作的推进设置了重重阻碍。

（二）环境监管基本公共服务的城乡失衡

不可否认的是，我国农村环境监管体系是极不完善的，不管是政府内部监督还是政府管理。就农村环境保护的政府管理而言，绝大多数的乡镇均没有建立专门的生态环境机构，没有开展较为系统的环境质量监测监管工作。因此，事实上绝大多数农村的环境保护监测监管处于空白状态。同时，国务院机构改革之前的环保部门、农业部门、水利部门等在环境保护工作方面存在职能交叉，这些部门在农村环境保护工作中都有各自的工作定位、职责指向等，导致实际操作层面的分工不明确、职能交叉或者监管空白。另外，上文提到的农村环保基本公共服务具有的分散性特征，与农村环境污染存在不确定性和随机性的问题，共同使得农村环境监管成本与收益比畸高。由此看来，在环境管理机构的设置上，也存在城乡二元结构的固有差异。据2015年《中国环境年鉴》显示，我国环保系统机构总数有14694个，环境保护队伍215871人，乡镇环保机构有2968个，环境保护队伍有11998人。2015年《中国统计年鉴》数据表明，以2014年为统计数据时间节点的情况下，全国乡镇数量总计40381个，其中设有环保机构的仅为7%。如此看来，乡镇环保机构的配置，在数量上不足城市配置的1/9，差距非常明显。农村环保机构的不健全、环保专职人员的短缺，直接导致农村环保技术咨询、技术服务等基本公共服务难以开展。

不可忽视的是，农村环保监管基本公共服务中作为主要供给主体的政府行为往往也因为缺乏相应的约束机制而失范。政府基本公共服务供给缺乏监督机制，监督主体缺位、监督信息不公开不完善，导致政府在信息不完全对称的情况下提供农村环保基本公共服务，供给随意性较大，易出现越位、缺位的情况而无法得以有效监督。

（三）环境治理与卫生基本公共服务的城乡失衡

在环境治理基本公共服务方面，城乡二元分割、不对等的局面尤为明显，最为直观的表现是城乡间环保基础设施建设的巨大差异。垃圾回收站、污染处理厂等成套的环保设施系统已基本覆盖大大小小的城市，但是农村的环境整治比例仅有 1/10 左右，全国范围内还有 4 万多乡镇、约 60 万行政村没有任何环保基础设施。[①] 2015 年《中国环境年鉴》统计数据显示，截至 2014 年 12 月底，全国共有生活垃圾处理厂 2277 座，2014 年县级行政区 2854 个，其中重点城市生活垃圾处理厂 892 个，平均每 2.06 个左右的县乡镇级行政区才配套一个垃圾无害化处理厂，40381 个乡镇中绝大部分地区的垃圾污染治理仍处于空白。我国农村除面临着自身经济发展所产生的诸如面源污染和工矿污染等环境污染问题外，还需要消化工业化发展带来的城市向农村转移的污染。农村环境监管的疏漏使得大批污染严重的工业项目转移至农村。可以说，农村环境监管的缺失引致了污染转移的扩张，进一步加剧了农村环境治理的难度，远远超出了农村环境监管基本公共服务和环境治理基本公共服务的保障能力。

城乡环境卫生基本公共服务的失衡有如下表现：一是农村环境卫生基础设施不健全。2011 年 12 月，《国家环保“十二五”规划》提出“环境基本公共服务体系建设”有关环境卫生基本公共服务的工作要点，主要涉及农村垃圾回收体系的建设和农村污水处理系统的建设。根据上文国家统计数据对农村环保基础设施建设的计算，首先可明确的是农村垃圾回收和污水处理基础设施建设较为落后。基于此，《规划》就垃圾回收体系建设提出，“加强农村生活垃圾的收集、转运、处置设施建设”，“统筹建设城市和县城周边的村镇无害化处理设施和收运系统”，

[①] 范和生：《农村环境治理结构的变迁与城乡生态共同体的构建》，《内蒙古社会科学》（汉文版）2016 年第 4 期。

"交通不便的地区要探索就地处理模式，引导农村生活垃圾实现源头分类、就地减量、资源化利用"等建议；就污水处理系统建设提出，"鼓励乡镇和规模较大村庄建设集中式污水处理设施"，"将城市周边村镇的污水纳入城市污水收集管网统一处理"，"居住分散的村庄要推进分散式、低成本、易维护的污水处理设施建设"等建议。由此可见，农村环境卫生基础设施是十分匮乏的，这也从另一个侧面反映了财政投入的短缺。二是农村居民环保卫生意识淡薄。实际上，很多农民环境保护相关的知识储备极度缺乏，环境保护意识也因此较弱。在农民生产生活实践中，许多污染环境的行为在农民眼里都不以为然——污水随意排放、垃圾随手丢弃、农药化肥滥用等。在农村经济发展落后的情况下，农民更多关注的是收入的增长、效益的提升，而忽视了可能带来的生态破坏与环境污染的后果。意识的广度决定了行动的深度，农村环境卫生基本公共服务在农民意识形态培养方面是欠缺的。相较而言，发达国家的环保意识比较全面，对于农村环境卫生基本公共服务的重视起步也较早、程度也较高。诸如美国俄克拉荷马州、肯塔基州均对农村地区路边倾倒垃圾的行为予以专项立法规制。

（四）环境信息基本公共服务的城乡失衡

环境信息不仅是政府环境决策和基本公共服务科学、合理开展的基石，还是公众参与环境决策、环境治理、环境监管等农村环保基本公共服务的前提和条件。农村环境保护工作已经愈发受到重视，但是目前而言，环境信息基本公共服务尚不能满足农民环境保护的正常需求。

不论是法律法规还是环境保护行政管理实践，关注点集中并偏重于城市环境问题，起始点和落脚点都以城市为中心，农村环境信息、农民环境权益也因此被弱化处理。目前，我国关于信息公开的专门立法已经逐步展开，除2008年实施的《环境信息公开办法（试行）》和《政府信息公开条例》之外，其余有关环境信息公开的规范文本法律层级较低，难以对实践中的环境信息公开行为进行有力管理和制约。由此，在缺乏系统化、体系性的环境信息公开法律规范，尤其是缺失农村环境信息公开法律规范的前提下，规范化的环境信息公开、环境信息管理制度无从谈起。实际上，环境信息基本公共服务自身相当系统化，且在环保公共事业的推进上处于相当关键的地位。同时，农村环境财政供给不足恶化了农村环境信息基本公共服务的现实与未来发展。农村地区在经费短缺、监测手段落后、办公自动化缺失等多方面不利条件的限制下，环境信息公开经常面临着公开不全面、不准确、不及时的困境，这也是阻碍农村环保信息公开基本服务发展的关键原因。

此外，面向农民的便利、有效的环境信息查询、咨询服务也处于真空状态。首先，囿于农民的知识水平较低，在环境信息的获取和理解上存在先天不足，而实务中公共机构又不能提供相应的帮助，帮助农民了解、查询相关环境信息，理解、掌握相关环境污染后果、环境先进技术等。其次，农民获取环境信息的渠道向来单一，这也导致部分环境信息的故意不公开。乡镇政府在缺乏行政主动性的情况下，对于没有明确规定需要公开的环境信息，基于政企合谋或利益俘获，往往会为了政绩选择封闭处于灰色地带的环境信息。公众常常由于不能及时、有效地获知环境信息，对于自己生活的真实环境认知不清。在信息化的社会中，没有环境信息的来源和获取，也就意味着对于可能产生的环境风险无法进行预防性管控，同样不能对已然发生的环境污染进行识别和应对。

（五）环境应急基本公共服务的城乡失衡

现代社会所面临的诸多风险中最为突出的是与环境突发事件相关的环境污染、生态破坏、资源枯竭等环境风险。农村环境突发事件包括发生在农村范围内的，以及损害到农村地区两大类环境突发事件。它的瞬间突发性与后果严峻性完全符合环境风险事件的两大基本要素。农村环境突发事件爆发之后的污染后果、毒害后果直接危害农业农作物的正常生长，造成农业减产、无产，农地无用，除了直接的经济损失外，对于农作物生长环境的危害将长时间遗留，不仅对农民生产生活环境产生危害，而且危害到粮食等资源安全。因此，农村环境某种程度上是脆弱的，应当对农村环境突发事件加以防范，应急工作应当预先安排，环境应急基本公共服务应当对农村环境突发事件做出应有的回应。

按照我国环境突发事件的分类，并结合农村环境突发事件自身的特征，农村环境突发事件可以分为水污染环境突发事件、大气污染环境突发事件、固废污染环境突发事件、噪声污染环境突发事件、化学品污染环境突发事件。根据统计，水污染环境突发事件和大气污染环境突发事件，占据了农村环境突发事件的85%以上。我国环境突发事件风险管理起步较晚，目前环境突发和应急管理体系包括：国家总体应急预案、专项应急预案、部门应急预案、地方应急预案和企事业应急预案5个层次的应急预案体系，[①] 但既存的应急预案体系主要针对城市环境突发事件，很少涉及农村环境突发事件的风险管理。农村环境应急基本公共服务存在诸多问题，农村地区的特殊性和农村环境突发事件的特殊性难以体现，如缺乏合适的风险评价体系、缺少综合指挥协调部门、技术设备落后、信息上报途径不畅、环境知识欠缺、环境意识淡薄等。[②]

（六）环境宣传和教育基本公共服务的城乡失衡

农村环境宣传和教育基本公共服务与城市相较而言，也存在劣势，不及城市的环保宣传力度，存在一定程度上的"重城市、轻农村"的现象和趋势。

农村环境宣传和教育基本公共服务的现实问题有如下表现：一是宣传和教育的范围狭窄，难以普及农村地区；二是宣传和教育的内容局限，少有包含农村环保知识的宣传或教育活动。首先，宣传教育范围受限，这一项基本公共服务还未能延伸至广阔的农村地区，包括环境保护相关节日，如世界环境日所举办的技术推广、知识宣传、咨询等活动仅停留在城市地区，很少上山下乡关照存在现实需求的农村地区。另外，环境教育基本公共服务已经受到各界的重视，在最近修订的多数环境保护法律法规中，均提及环境教育与义务教育结合的规范化发展。但是，农村教育资源本身就与城市不可相提并论，农村学校很少也很难开展相关的环境宣传教育实践活动。其次，宣传和教育内容局限，目前媒体所开展的各类宣传除关于城市环境保护之外，多是关涉工业经济发展中环境保护问题，对于农村环境保护的宣传和推介偏少。总体看来，农村环境宣传和教育基本公共服务的供给与目前农村环境污染的严峻形势、环境保护的繁重任务相比较，存在较大的差距。

（七）环境财政基本公共服务的城乡失衡

国家和政府财政供给的城市性倾斜对于政府依赖性显著的农村环保基本公共服务的供给必然产生掣肘，面对有限的政府资金支持和滞怠的农村经济发展，农村环保基本公共服务难觅出路。当前，受环境保护得到政府和公众普遍关注的影响，公共财政在环保基本公共服务部分的投入有所提高。但是，根据 2015 年《中国环境年鉴》统计资料和数据显示，环保基

---

① 宋国君等：《论环境风险及其管理制度建设》，《环境污染与防治》2006 年第 2 期。

② 王庆霞：《中国农村环境突发事件现状及原因分析》，《环境污染与防治》2012 年第 3 期。

本公共服务的占比在2006—2014 年，平均仅为 1. 504％。在农村环保财政投入方面，总体占比可想而知更少，相当一部分只是临时性、应急式的问题导向投资。在二元分配体制和分税制的影响下，地方税制体系尚未完善，地方政府不管出于政绩还是投资收益率的考量，投向农村环保基本公共服务的资金比重都极低，农村环保基本公共服务的各项内容都缺乏有力的资金保障，更难以保证地方财政对农村环保基本公共服务的长效、持续投资，增长投资就更是奢望了。根据有关学者取样调查的研究发现，农村环保基础设施建设资金多半由农民自身投入。总之，相较于城市，农村环境财政基本公共服务投入明显不足，资金监管与使用效率等问题突出，城乡差异及失衡亟待弥合。

三　城乡环境保护基本公共服务均等化的实现路径

城乡统筹一体化经济发展、城乡环境风险治理以及城乡社区建设都离不开法律制度的构建，城乡环保基本公共服务均等化的实现也需要通过法律制度的建设引导加强农村环保基本公共服务建设。也即，应逐步推行城乡环保基本公共服务的均等化，在城乡经济互动、环保互动中对农村地区给予适当倾斜，秉承政府主导、农民参与的基本原则，构建和完善城乡环保基本公共服务法律体系、环保基本公共服务评价指标体系、农民基本公共服务需求表达机制、政府基本公共服务绩效评价制度以及财政转移支付制度等，促进城乡间环境风险的均等负担和公共治理。质言之，应当以城乡环境质量均等化为总体目标，充分发挥政府在均等化规划、政策制定、其他环保基本公共服务供给等方面的宏观性主导和推动作用，调动市场在要素集聚、技术改进、产业升级等方面的基础性和引领性作用，协调推进城乡环境基本公共服务均等化。

（一）以城乡统筹一体化为基础推进环境基本公共服务均等化

新型城镇化建设强调城乡统筹一体化发展，力求破除城乡二元结构的桎梏，这也恰恰为推进环保基本公共服务均等化提供了客观条件和制度沃土。在城乡统筹一体化的宏观背景下，首先应借助城镇化引导下的人口流动浪潮，采用集约的方式解决农村饮用水、垃圾回收处理和污水处理基本公共服务，缓解农村环境治理压力。其次，积极推进公共财政的供给改革，为城乡环保基本公共服务均等化的实施和推进提供良好的平台。最后，以环保基本公共服务均等化保障和指引新型城镇化建设，实现两者的良性互动和倒逼促进。

以日本为例，日本政府针对战后经济发展面临的窘境制订"综合开发计划"，并先后实施了6次综合国土开发计划完成了环保基本公共服务的合理配置。1962年，第一次全国综合开发计划以"防治城市的过度集中"和"消除地区差别"为主体和口号，将全国地区划分为三类地区，并且因地制宜，采取不同的方针和政策。1969年，第二次国土开发计划借由交通运动和现代化通信事业的发展，通盘连接所有城市，以解决工业过密而人口过稀，以及由此带来的区域、城乡间发展不平衡问题。此次综合开发计划要旨在于，"谋求人与自然界的长期和谐、永久性地保护自然，以解决公害环境问题"和"建设城乡一体化安全、舒适和文明的生活环境"。1977年，日本政府制订并实施了第三次全国综合开发计划，侧重点由原来的"工业开发优先"转向"重视人的生活"。大量资金涌入农村地区，推动农村基础设施建设，改善农村投资环境和农民生活条件，包括机场、铁路、高速公路、港口、公共福利设施、排水灌溉系统和通信系统等建设。更值得一提的是，此次开发计划中日本政府将农村教育划为重点，建立职业培训机构开展多种形式的专业职业培训。1987年，日本第四次综合开发计划通过，注重构建"多报分散型国土结构"和形成"交流网络构想"的开发模式，对促进国土均衡发展具有重要作用。1998年，日本第五次综合开发计划经国会通过，以2010—2015年五年为期，着重国土均衡发展。2008年，日本北海道第六次综合规划经日本议会正式通过，提出五个战略目标：世界发展中无缝亚洲的形成，可持续地区的形成，形成抗灾能力强、能灵活应对灾害的国土，美丽国土的管理与继承，以"新公众"为支柱的地区构建。最终建立"美丽安全"的国土，促进可持续发展成为新的目标。由此可见，环保基本公共服务需要借力于城乡社会的经济发展和公共服务推进，同整个社会的经济发展和公共服务公平分配并轨，才可以达到相应的成效。

在中国发展步入新常态，迈向全面建设小康社会的新时代，城乡统筹一体化发展依然被置于非常突出的位置。城乡统筹发展模式将从根本上改变原有的经济社会发展格局，人口流转的互动、产业转移的互动、城市变革的发展与农业集中的发展等都为环保基本公共服务均等化发展提供了新的发展机遇。以此为基础，我们应当打破城乡分治的二元结构，优化环保基本公共服务的总体布局：一方面继续推进城市环境风险治理和公共服务设施的基本建设；另一方面统筹考虑农村环境资源压力，从政策供给和财政供给上适度向农村倾斜，建构符合需求的农村水污染、大气污染、固废污染、噪声污染和化学品污染基本公共服务体系，力争实现农村环保基本公共服务供给体系与城市的衡平。

（二）建立完备的农村环境保护基本公共服务法律体系

农村环保基本公共服务的供给有赖于法律的强制性规范。从总体上说，以法制保障城乡环保基本公共服务均等化，需要从财政转移支付制度、环境监管制度、生态补偿法律机制、政府环境法律责任等方面完善立法规范和相关制度体系。

首先，以现有法律法规为基础，尝试制定环保基本公共服务均等化的专门规范——《城乡环境保护基本公共服务均等化条例》，形成农村环境保护基本公共服务均等化的法律规范体系。专门规范的基本框架内容应当涵盖：总则，对立法目的、立法原则、城乡环保基本公共服务内容、城乡环保基本公共服务运行体制与运行体系等问题做出统一规定；城乡环保基本公共服务提供主体，主要包括政府、企业等并明确其相应的职能和责任；城乡环保基本公共服务均等化建设具体措施；构建监督机制，主要包括监督机构的设立和运行机制、政府内部监督、社会监督并重的内外部监督制度；对于危害环保基本公共服务均等化的行为加以约束等。①

其次，建立健全相关农村环境保护基本公共服务法律制度规范。一是健全环境财政基本公共服务均等化制度规范。19 世纪末以来，西方发达国家不断完善法律规范体系，通过加大财政投入增强提供公共服务的职能。我国应借鉴其基本发展思路，切实落实相关法律规范，完善农村环保基本公共服务的财政转移支付规则，通过制度设计和规范保障均等化的实现。二是完善环保基本公共服务供给的环境监管制度规范。通过内外部监管制度的建立对环保基本公共服务供给者予以监督，同时积极建立绩效评价体系、公众利益表达机制等形成有效监督，保障均等化实现。三是完善政府环境法律责任规范。城乡环保基本公共服务的不平衡，主要原因在于

---

① 饶常林：《试论城乡社区基本公共服务均等化的法律构建》，《首都师范大学学报》（社会科学版）2016 年第 5 期。

城乡二元结构的消极影响，也与传统政府行政的思维惯性和运行模式有密切关联。为促进城乡环保基本公共服务的均等化，应当在城乡统筹的宏观背景下明确政府环境保护职责，强调政府环境风险治理与环境保护基本公共服务和基础设施建设的法律责任，从根本上扭转政府对环保基本公共服务均等化重视不够的局面。

（三）　设定科学的环境保护基本公共服务均等化指标体系

环保基本公共服务均等化追求城乡区域与城乡居民的服务衡平，使其能够平等享受良好的环境质量。环境质量反映了特定环境的总体状况或其构成要素对人群生存和繁衍以及社会经济发展的适宜程度。① 因此，科学的环保基本公共服务均等化指标体系的最基础指标应当是环境质量良好的指标。这一指标，首先必须符合公众健康安全的最低保障要求；其次应当是通过环保基本公共服务供给可实现或维护的；最后应当覆盖所有环境要素和整体生态系统。质言之，环境质量指标应当是环保基本公共服务供给体系的基础和前提，是环保基本公共服务均等化的内在要求。以环境质量指标为核心的环保基本公共服务均等化指标设计应当基于科学、客观、完整和有效的基本原则，形成一套相对统一、评价完整的指标体系。

环保基本公共服务均等化评价指标能够直观反映环保基本公共服务的质量，也是考量环保基本公共服务均等化与否的统一指标。而指标体系的建设首先要统一、清晰地确定环保基本公共服务的范围和标准，即环保基本公共服务的种类、标准、不同地区和城乡之间的变异系数等。关于该指标体系，有学者已经基于城乡环境基本公共服务的范围进行了初步构建（见表4-1）。② 笔者认为，这样的评价指标体系不应是一成不变的。随着我国经济社会的发展与生态文明建设的逐步推进，在先设立的评价指标极有可能无法适应当下环保基本公共服务均等化的要求。因此，应当从提高指标体系功能及设计要求、合理化建立指标体系层级结构及内容、增强指标体系评价方法的科学性等方面合理构建该指标体系。

---

① 叶文虎：《环境管理学》，中国高等教育出版社 2000 年版，第 41—42 页。
② 刘双柳等：《城乡基本公共服务均等化评估指标研究——以城乡环境服务领域为例》，《环境保护科学》2016 年第 5 期。

表 4-1 　　　　　　　　城乡环境基本公共服务均等化评估指标体系

所属领域	单项指标	城乡评估 单项指标	评估因子
安全的饮用水	水源地安全指标	城市集中饮用水水源地安全程度	饮用水水源地水质全分析监测是否每年进行一次； 饮用水水源地无排污口、违法建设项目、网箱养殖等情况； 发生饮用水水源地重大水环境污染事件的情况； 城市集中式饮用水水源地水质达标状况
		乡镇饮用水水源地安全程度	是否完成了水源地区划工作； 是否进行定期监测； 饮用水水源地无排污口、违法建设项目、网箱养殖等情况； 发生饮用水水源地重大水环境污染事件的情况
清洁的大气	大气监测点位密度	城市大气监测点位密度	城市大气监测点位/城市每万人口
		乡镇大气监测点位密度	乡镇大气监测点位/乡镇每万人口
城乡环境污染治理基础设施	生活污水处理水平	城市生活污水处理水平	城市生活污水处理量/城市污水产生量
		乡镇生活污水处理水平	乡镇生活污水处理量/乡镇污水产生量
	生活垃圾处理水平	城市生活垃圾处理水平	城市生活垃圾处理量/城市垃圾产生量
		乡镇生活垃圾处理水平	乡镇生活垃圾处理量/乡镇垃圾产生量

（四）构造全面的农村环境保护基本公共服务制度体系

1. 以环境信息公开为前提的需求表达机制

首先，建立农村环保信息公开常态机制。应当根据《环境信息公开办法（试行）》《政府信息公开条例》和《企业事业单位环境信息公开办法》的规定，推动地方政府向农民主动公开环保法律法规、环境质量指标、环境统计和调查信息、环境突发事件与应急管控情况、环境监管①等环境保护相关信息，督促乡镇企事业单位主动公开企事业资质信息、环境排污行为、环境治理措施等环境信息，使得农民对其所处的生活生产环境有所了解，提升农民环境保护意识。

其次，畅通、拓宽农民需求表达渠道。政府环保基本公共服务的供给需要以农民的实际需求为导向和限制，与传统的自上而下的政府基本公共服务供给产生矛盾，农民的实际需求与政府的想象供给严重脱节。因此，农民迫切需求的恰当表达成为农村环保基本公共服务供给的基础和关键问题。在环境信息公开常态机制的基础上，乡镇政府、村委会或社区应当广

---

① 卢洪友：《均等化进程中环境保护公共服务供给体系构建》，《环境保护》2013 年第 2 期。

开意见接收渠道，设立信箱、专线等方便、及时地接收农民日常对环保基本公共服务的各项意见。适时召开村民大会或村民代表大会，给予农民表达较为重大的环保基本公共服务需求的机会。在"互联网+"的背景下，创新乡镇政府的工作方式也应当成为主流议题，借助网络反映农民环保基本公共服务的需求尤为可取。当然，上述这些可选择的渠道应当根据农村的实际情况加以实施，并不要求统一化。

最后，建立农村与农民需求表达机制。环保基本公共服务均等化，尤其是农村环保基本公共服务的供给，究其根本目的是政府主动以积极的姿态采取有效的措施来满足农民对于生产和生活的良好环境需求。环保基本公共服务供给总量的明显短缺与供需结构失调相关。建立农村和农民需求表达机制需要肯定需求主体的地位，并充分尊重主体的话语权。将完善公众的需求表达机制纳入公共经济制度创新之中，探索建立政府对农村居民环境公共物品需求的敏感反应机制和组织化渠道，政府充分利用各种传统和现代的信息搜集渠道，及时、准确地获取农村及农民的需求信息。[①] 我国村庄众多，在实行村庄社区化[②]的模式下，可以选择由乡镇政府或社区以调查问卷的形式，获取农民基本公共服务需求，并发布统计报告。这样的表达机制需要规范法、法律化，从而保障农民的环境决策权、环境参与权等权益，并促进环保基本公共服务资源在城乡间均等配置。

2. 以市场机制为基础的供给机制

多中心治理最早由奥斯特罗姆提出，与政府"单中心治理"概念相对。在现代环境治理语境下，与协同共治存在颇为相似的要义，强调化解政府在公共服务供给中绝对的权力和责任，减轻政府的治理负累，转而通过政府、社会、公众等多主体参与，各主体发挥主体优势，以协商或自治的方式分摊社会治理义务和责任。多中心治理对于摒除环保基本公共服务供给总量不足、区域和城乡失衡的弊端有所裨益，并有利于提高政府环境决策的科学性和民主性。以之为基础，农村环保基本公共服务制度建设应当引入市场机制，构建政府、社会力量共同参与的供给机制。

---

① 解建立：《从供给侧改革破解农村环境公共物品供给缺失》，《武汉金融》2017 年第10 期。

② 高灵芝：《"多村一社区"的社区公共服务供给的非均衡问题——基于山东省的调查》，《山东社会科学》2012 年第 12 期。

首先，明确政府的主导作用。除了政府环境政策的引导外，还应当根据不同级别事权、财权的划分，着重农村环保基本公共服务供给能力建设，加大对农村环境治理的转移支付力度，落实均等化政绩考核，以提高政府对农村环保基本公共服务的供给动力与能力。以垃圾回收处理环境治理基本公共服务为例，农村环境污染问题多样，政府在引导资金建设农村环保基础设施时，应当根据农村和农民对于环境治理基本公共服务的层次需求，优先满足农民对于垃圾清运的基本需求。所以，对于农村和农民而言，政府的主导作用建立在回应和甄别农村和农民对于环保基本公共服务的实际需求之上；对于企业事业投资而言，政府的主导作用是政府尽全力发挥其公信力，设法让企业相信政府的监管是让其以最低的成本进行农村环保投资，倘若对环保投资力度不够将影响整个生态经济建设，亦将产生不利后果；对于政府而言，通过购买、特许经营、行政合同、政府参股等形式，创新政府投资机制，拓宽供给方式，将环保基本公共服务领域缘由政府承担的部分职能主动转由市场主体参与行使。

其次，发挥市场的基础力量。市场化是当下政府基本公共服务供给改革的重要方向。政府的单一供给模式已经捉襟见肘，导致供给总量不足、质量不优、价格畸高等。借助市场化机制，政府的环保基本公共服务供给内容可以向"提供"偏重，将"生产"环节交由非政府社会组织，将环保基本公共服务"外包"。以农村生活垃圾处理为例，我国东部沿海的农村普遍经济发展较快较好，可以考虑引入垃圾清运公司回收和处理农村的生产生活垃圾，而政府仅限于提供政策倾斜或税收优惠。再如农村环保基础设施的建设与运营、环境监测等环保基本公共服务的提供，可以交由非政府公共机构，并引入市场调节、发挥竞争优势，促使环保基本公共服务的生产供应者不断创新和发展，提升服务品质。

3. 以公众监督和绩效考核为内容的环境监管机制

一是构建多元一体的环保基本公共服务外部监管模式。市场竞争为环保基本公共服务供给提供了活力，破除了政府单一供给的尴尬垄断局面，但是市场存在的失灵隐患，同样也会给环保基本公共服务造成重击。对于市场应当存在有效的监督和制约机制，既要改革政府单方环保基本公共服务供给的模式，纳入非政府社会组织的力量，同时不可松懈对这些社会组织的监督，确保其所提供的基本公共服务符合均等化指标体系、产生实效。因此，在环保基本公共服务均等化建设中，应当始终强调社会全体成员的主体地位和角色定位，发挥其环保行动积极性，多渠道、多方式、多角度对环保基本公共服务开展全面而有效的监督，进而保证环保基本公共服务均等化发展，保障公民环境权益实现。健全农村环保监管机构，进一步科学、合理划分和明确机构职责，建立多部门联动环境治理机制以加强机构间协调，确保农村环保基本公共服务的有序供给。

二是构建绩效考核制为主体的环境内部监管机制。将基本公共服务均等化指标纳入政府部门年度目标责任制考核，对于环保基本公共服务的提供、环境污染的治理和环境保护的落实应当设立明确的目标。环境治理基本服务的领域包含但不限于水污染防治、大气污染防治、固废污染防治、噪声污染防治、农村垃圾和污水处理、农村面源污染等。可提供环保基本公共服务的范围和内容应设立明确的目标，并以目标的实现为基准，以环保基本公共服务的质量和数量以及公众的满意度为参考，对政府的政绩加以评价，强化政府绩效考核机制的作用。完善环保基本公共服务绩效管理，加强乡镇基层政府考核体系建设和落实，还应当确保信息公开化，吸引公众参与环保基本公共服务的考核和监督，为均等化建设提供助力。

4. 以转移支付为重点的财政支持机制

转移支付作为政府间一种非市场性质的二次分配手段，是基本公共服务均等化的必然选择，是通往环境正义的必然路径。由于环境资源的外部不经济性，农村环境资源的生态价值并没有在 GDP 和财政收入中得以体现。农村往往承担着更大的环境风险，却没有资金投入推进环境保护公共服务体系的建设。[①] 因此，应通过不同级别政府间的财政转移支付，调整城乡之间的财政收入差异水平，提高基层政府对于农村环保基本公共服务的供给能力，确保城乡居民享有同等质量的环境。

完善财政转移支付制度推进城乡环保基本公共服务均等化，首先需要强化制度的法制建设。以《预算法》中所规定的财政转移支付条款为指导，探索建立农村财政转移支付规则，为均等化实践提供基本的实践规则保障。其次，明确转移支付的目标，在环保基本公共服务均等化语境下，以推进城乡环保基本公共服务均等化、提供良好的环境质量、改善农民生产生活环境为首要目标。环保财政转移支付应当向农村地区倾斜，并逐步

---

① 涂富秀：《法治视野下失地农民利益表达的困境与突破》，《中南林业科技大学学报》（社会科学版）2016 年第 1 期。

形成量化的评价指标。最后，加强农村财政转移支付的监管，转移支付资金和用途公开、透明，接受公众监督应作为财政转移支付工作的一项重要原则予以贯彻。

第二节　企业主体：社会资本参与的法规范构造

社会资本的有序参与契合公私协力的基本理念，强调了企业在环境治理领域中的关键作用。社会资本参与的典型模型之一的 PPP 模式基于其利益共享、风险共担的优势，可以在城乡环境治理中发挥重要作用，在很大程度上，该制度也是公众参与原则落实的又一面向。国内学者较少涉及社会资本参与农村环境治理的论述，其中颇具影响力的是宋言奇在《社会资本与农村社区环境保护》一书曾论述两者关联性，论断社会资本是农村环境污染治理和环境保护的基石，既能够促使环境保护法规的遵守，又能解决环境权益冲突，甚至可以抵御城市污染向农村转嫁的外来环境风险。

一　社会资本参与之环保 PPP 模式

PPP（Public-Private Partnership）即公私合作模式，是国家为建设公共基础设施或提供服务，而适用于建设、融资和运营全流程的一种模式。该模式存在广义和狭义之分，广义 PPP 泛指所有政府公共部门和私营部门就提供公共产品或服务达成协议，针对公共基础设施（包括经济基础设施和社会基础设施）项目进行建造、融资的模式；狭义 PPP 主要是指基础设施的一种融资机制，包括 BOT、TOT 和 O&M 等诸多模式。[①] 目前，PPP 已成为行政部门提高其公共服务能力的重要方式，并在城乡环境风险治理中发挥着巨大作用，特别是在农村环境风险治理中，引入社会资本参与农村污水处理项目等环节治理，有效解决了资金缺乏、收益率低以及可持续发展等问题，PPP 模式在环境治理中挥着越来越关键的作用。[②]

[①] 曹珊：《政府和社会资本合作（PPP）项目法律实务》，法律出版社 2016 年版，第 4—18 页。

[②] 《海南日报》曾于 2017 年 1 月 27 日，报道了琼中黎族苗族自治县探索利用 PPP 模式对全县农村生活污水进行处理的实践。该实践表明，环保 PPP 模式在农村污染防治中基于其特性有着很大的发展空间。

鉴于域外 PPP 实践的复杂实际，至今全世界都尚未形成一个对 PPP 而言含义明确的概念。联合国开发计划署（UNDP）认为，PPP 是指政府机关、社会资本方进行合作，凭借这种合作方式，国家和社会资本都能达到比预期单独行动更有利的结果；欧盟认为，PPP 是公共部门和私人部门间的一种合作关系，其目的是提供传统上应由公共部门提供的公共物品和服务；加拿大则将 PPP 定义为公共部门与私人部门间的合作经营关系，基于各自优势，采用适宜的资源分配、风险分担和利益共享机制，以满足事先清晰界定的公共需求；美国则一般将其视为介于外包、私有化两种模式之间，具体体现为充分利用私人资源进行设计、建设、投资、经营和维护公共基础设施，以满足公共服务需要。从以上定义可见，联合国开发计划署重视成本效益分析，概念界定着眼过于宏观，无法明确 PPP 的具体操作；欧盟侧重于对提供对象的界定，着眼于公共服务和物品提供这一重点；加拿大在概念阐释中重视内在利益分配等基本原则，具体制度设计则需要相应的法律法规等规范性制度体系予以实现；美国的 PPP 明显排除了外包和私有化两种模式。①

国务院法制办于 2017 年 7 月公布的《基础设施和公共服务领域政府和社会资本合作条例（征求意见稿）》（以下简称《PPP 条例》）明文指出，"基础设施和公共服务领域政府和社会资本合作，是指政府采用竞争性方式选择社会资本方，双方订立协议明确各自的权利和义务，由社会资本方负责基础设施和公共服务项目的投资、建设、运营，并通过使用者付费、政府付费、政府提供补助等方式获得合理收益的活动"，"社会资本方，是指依法设立，具有投资、建设、运营能力的企业"。此处的社会资本应与乡村社会资本②相区别、界分。③

目前，我国理论界和实务界对 PPP 模式尚存在广狭义的争论，但就《PPP 条例（征求意见稿）》具体条文来看，似有摒除外包型的倾向。

---

① 王灏：《PPP 的定义和分类研究》，《都市快轨交通》2004 年第 5 期。

② 我国历史长久的中央集权制度以及"普天之下，莫非王土"的国家所有权制度，使得我国农村社会长期处于无完善的产权制度保护的境地之下，因此形成了中国农村对家庭和血缘关系非常重视和依赖的特有传统，即以家庭为核心有序外推的血缘、亲缘、地缘关系成为广大农村居民最可依赖的社会资本。

③ 文中表述均源于《基础设施和公共服务领域政府和社会资本合作条例（征求意见稿）》的表述。全文内容参见 http：//www.mofcom.gov.cn/article/b/g/201709/20170902653358.shtml。

PPP 模式在环境风险治理中有其特殊优势，基于其融资和交易模式众多，适应性强等特点，该模式能够很好地适应城乡环境治理中的不同需求。笔者对财政部 PPP 中心关于 PPP 的定义加以整合，认为 PPP 模式宜采用广义上的定义，即政府和社会资本在建造基础设施或提供公共服务中形成的合作关系。其运行模式主要由社会资本承担设计、建设、运营、维护基础设施的大部分工作，并通过"使用者付费"及必要的"政府付费"保证社会资本方的收益；而国家负责对其具体运营进行监管。环保 PPP 模式被广泛运用于城乡污染防治设施建设、生态修复等诸多项目之中，污染防治设施的建设需求极好地契合了 PPP 的在环境保护领域的运用空间。

著名公共管理学者 E. S. 萨瓦斯在《民营化与公私部门的伙伴关系》中表达了这样的观点：公共服务的民营化在很大趋向中体现了当代公共管理的发展趋势。[1] 在诸多的民营化手段中，[2] 私有化和 PPP 是颇为重要的两种思路。相较于私有化，PPP 具有"风险共担、利益共享"的原则而颇具优势，在具体制度设计上满足城乡环境风险协同共治的具体需求。[3] 考虑城乡环境治理的具体效果，笔者认为其应用主要集中在生态保护和污染治理两个领域。[4] 在仔细分析考察国家发展改革委两批选定的 56 个 PPP 项目典型案例，财政部公开的两批 232 个示范项目的基础之上，笔者对 PPP 涉及的领域进行了梳理（见表 4-2）。

表 4-2　　　　　　　　　　　PPP 模式涉及领域一览

交通	轨道交通、高速公路、普通公路、港口码头、铁路、桥梁、机场
环保	污水处理、垃圾焚烧、流域治理

---

① ［美］E. S. 萨瓦斯：《民营化与公私部门的伙伴关系》，周志忍等译，中国人民大学出版社 2002 版，第 116—140 页。

② 按照 E. S. 萨瓦斯在其著作中的主要观点，民营化是一个复杂前提下进行的复杂的新公共管理改造，单纯地进行私有化的方式并不可取，而包括多种不同的模式，比如外包、特许经营、拨款补助、志愿服务、自我服务和市场等。

③ ［德］恩斯特·哈绍·里特尔：《合作国家——对国家与经济关系的考察》，赵宏译，《华东政法大学学报》2016 年第 4 期。

④ 在对环境治理领域的分类上目前有所争论，笔者参照对比了全国 PPP 综合信息平台项目库、BHI 等相应数据库的分类标准，结合对生态环境保护的具体需求对环保 PPP 项目的类型进行了细分，并对项目库中发布的环保 PPP 项目做了整理。

续表

水利	水库、引水、水利枢纽
社会事业	文化体育、健康养老、医疗卫生、安居工程、公园、旅游、教育
市政	园林绿化、园区建设、综合管廊、供排水、供热、供气、供电
能源	新能源、水电、油气储运

结合环保产业的实际运行，笔者对环境治理采用广义解释，将该产业分为污染治理类和生态改善类两大类，呈现了在我国当前国情下环保 PPP 模式的具体适用。[①] 生态环境保护工作涉及水、大气、土壤、噪声等要素的综合治理，这在很大程度上需要多方协力，才能够实现城乡环境风险协同共治的基本目标。在城乡环境治理中，环保 PPP 模式的规范建构应基于公法和私法的良性互动，通过专门立法予以回应。笔者赞同广义环保 PPP 定义，认为其在包括垃圾处理、污水处理、海绵城市、景观绿化、流域治理、湿地保护、林业重大生态工程、林业保护设施建设、野生动植物保育等多个领域都有广泛应用，并将极大地促进城乡环境风险协同共治的发展。

环保 PPP 模式在城乡环境风险协同共治中进行推广使用，有着一定的理论基础，即朱迪·弗里曼提出的行政国家合作治理的基本理念。公众在行政过程中协商制定的权限大大提高了，通过包括 PPP 在内的大量民营化实践能够大大拓展公法规范的场域。[②] 在环保 PPP 模式的规范建构中，有必要寻求新思路以扩大私主体在公法执行中的潜能，PPP 模式在城乡环境问题治理中的应用，正是契约国家治理思路和"新公共行政法"理论在生态文明建设中的重要实践。

二　环保 PPP 项目城乡协同共治应用的涉法探讨

在城乡环境风险协同共治的具体实践中，环保 PPP 项目的良性运行依赖于体系完备、结构合理、规范科学的 PPP 法律框架体系；形成以宪法为指导，以 PPP 专门法为核心，以《公司法》《外商投资企业法》等

---

① 刘晓静：《中国环保产业定义与统计分类》，《统计研究》2007 年第 8 期。

② ［美］朱迪·弗里曼：《合作治理与新行政法》，毕洪海、陈标冲译，商务印书馆 2010 年版，第 491—652 页。

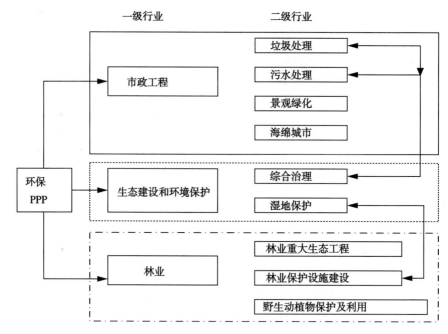

图 4-1　环保 PPP 的行业分类及涉及领域一览

为配套的完备的 PPP 法律体系。

（一）环保 PPP 项目法律关系阐释

第一，政府与社会资本方之间的法律关系。特定目的 SPV（项目公司）多是在 PPP 项目协议签订之后成立的，[1] 至今，对 PPP 项目协议的具体法律定位仍然存在争议，导致在包括城乡环境风险治理在内的领域内，PPP 模式的实施仍存在一定困难。[2] 若是政企双方并未设立项目公司运作 PPP 项目，则双方都应秉持契约自由精神，签订正式的 PPP 项目协议。[3] 如果政企双方先设立项目公司，进行城乡污染治理的，则政府方应与项目公司签订正式的 PPP 项目合作协议。该协议中通常对社会资本方与政府方就项目的退出、转让等问题进行明确的约定。实践中，政府方也会要求社会资本方履行提供担保、融资补足等责任，以保障项目正常运

---

① 需要注意，在外包型的 PPP 项目中，因其标的较小，适合直接委托给专业性第三方予以治理。因此，社会资本参与时，并未使用项目公司的方式隔离风险，而是直接以本公司的方式参与到环保 PPP 模式中去。

② 钱水苗：《论环境行政合同》，《法学评论》2004 年第 5 期。

③ 湛中乐：《PPP 协议中的公私法律关系及其制度抉择》，《法治研究》2007 年第 4 期。

转，但是对主合同的性质至今仍存在着民事合同说、行政合同说和混合合同说三种性质的争论。[1]

第二，社会资本方与项目公司的法律关系。[2] 在城乡环境风险治理中，项目公司股东（社会资本）本质上为公司所有人，其具体的权利义务在《公司法》中有所体现。社会资本方间签订了股东协议，在股东之间建立长期的、具有法律约束力的合作关系，而订立股东协议的主要目的就在于设立项目公司。项目公司股东没有专门限制，符合《公司法》的要求即可，包括项目建设方、原料供应商、运营商、融资方和引导性环保类基金等都可以成为项目公司股东。[3] 政府方作为出资人参股项目公司时，在公司治理和权益分配中，政府方作为股东的权利与其他股东是一致的，在享受股东权利的同时，也需履行股东义务，并按照项目合同约定承担相应的项目风险。

第三，政府方与项目公司的法律关系。政府方与项目公司（或竞标联合体）间签订的 PPP 项目合作协议在 PPP 合同体系中居于核心位置，也是相关合同签订和履行的基础条件，协议的具体条款会直接影响项目公司公司章程、间接融资中融资合同和与保险公司的保险合同等相关约定的条款设计。笔者认为，PPP 项目协议本质上是平等主体间签订的民事合同，而非行政契约，争议解决时应当适用民事诉讼法。若社会资本未能充分、适当履行合同义务，导致城乡环境风险扩大的，应当承担相应的法律责任。

第四，PPP 项目融资法律关系。从融资途径进行分类，存在股权融资和债权融资两种不同的法律关系，因此在融资过程中形成了包括银行贷款合同、担保保证合同、股东合作协议书和政府方介入协议等多个融资功能的契约文本组成的合同体系。其中，前期融资主要通过贷款实现，该合同一般包括陈述与保证、前提条件、偿还贷款、担保与保证、抵销、违约责任、适用法律与争议解决等条款。基于资金安全性的考量，项目公司常将财产或其他权益作为担保，抵押或者质押给融资方，或要求项目公司母公

---

[1]　湛中乐：《PPP 协议中的公私法律关系及其制度抉择》，《法治研究》2007 年第 4 期。

[2]　如果外包模式的环保 PPP（比较典型比如 O&M），则其多数情况不存在特定项目的 SPV，则相应的股东与公司存在的股东协议类的法律关系也不存在。

[3]　周兰萍：《PPP 项目基本法律关系浅析》，《建筑》2016 年第 18 期。

司提供担保，或由行政机关通过担保合同、直接接入协议或者 PPP 项目合作协议中的具体条款设计进行间接担保。PPP 项目融资方案关系到 PPP 项目实施的最终成败，在项目运作过程中应倡导多元化融资、引导融资方式创新、夯实融资保障措施。这些措施对于增强投资者信心、保护投资者权益乃至保证 PPP 项目的成功实施发挥着重要作用。

第五，PPP 项目具体实施过程中的法律关系。除了融资功能，项目公司还需具体负责 PPP 项目的建设、运营和移交等实务工作。为实现 PPP 项目合同体系设计运行，有效隔离各类风险，提升项目管理、运营效率的目的，环保 PPP 项目必须关注履约过程中大量的技术规范，其组成了 PPP 合同体系的关键部分，并影响着环保 PPP 项目的成败。

（二）环保 PPP 模式法律规制概览

我国目前的 PPP 模式规范体系中，政策发挥着非常重要的作用，[①] 而当前法律框架中涉及 PPP 模式调整的法律规范散见于《招标投标法》《政府采购法》《合同法》《建筑法》等法律法规之中，整体呈现碎片化的特点，不能很好地服务于 PPP 模式的发展。由于法律法规分布零散且缺乏系统性梳理、PPP 宏观性的法律制度缺乏，使得 PPP 项目的运行陷入困境，而环保 PPP 模式作为 PPP 项目的重要类型，也因为如此，在城乡污染治理中远未发挥出预期的作用。

PPP 项目适用法律呈现分散化、碎片化的特点，具体规则散见于不同领域的法律法规、规章、规范性文件（包括操作指南）和协议，这些制度共同构成现行 PPP 模式的规制框架。以项目筛选为例，就存在适用《招投标法》或《政府采购法》的争议。目前，我国绝大多数 PPP 项目仍然采用传统工程建筑的管理流程，主要适用《招标投标法》。而国际通行的 PPP 的物有所值（VFM）评估在我国工程管理法律法规中尚无法律依据，实际操作是以 PPP 指南为依据，事实上存在法律空白。项目开标后，政府与社会资本谈判的具体内容也并未明确规定，而作为政府提供公共物品的方式，其具有明显的"公法色彩"，没有程序上的规制颇为不妥。因此，构建 PPP 的一般规制规则至关重要，这也是我国当前 PPP 立法的主要任务。

我国当前 PPP 项目制度框架中，法律层面上对 PPP 项目的规范建构

---

① 李显冬、李彬彬：《试论我国 PPP 法律系统规范的构建》，《财政科学》2016 年第 1 期。

存在一定空白。综合考量 PPP 的功能、流程和财政资金规模等诸多因素，笔者认为在包括环保 PPP 在内的 PPP 项目管理中，应将 PPP 协议认定为具有行政因素的民事合同，同时适用《政府采购法》和《合同法》的基本规定。《政府采购法》具体规则设计与 PPP 模式的具体实践仍有所差距，因此域外经验和我国当前实践对具体制度构建大有裨益。欧盟《政府采购公共指令》、GATT 的《政府采购协议》等都可以为我国 PPP 模式乃至公共合同具体规则设计提供良好的参照。考虑到法律的系统性，为适应体系性解释的需要，PPP 立法必须要与上位法、同位法形成良好的沟通和协调，以避免出现法条相互之间的矛盾，因此，有必要协调 PPP 立法和《政府采购法》间的相互关系。在项目筛选中适用《政府采购法》可以有效地保障财政资金使用的公开透明，其中，物有所值（VFM）评估是非常重要的环节。绝大多数项目的具体适用中，都是基于公共利益的实现和公共义务的履行，因此该法的适用有利于保障 PPP 项目的目的实现；且从体系性的解释上来看，尚在征求意见的《PPP 条例》第 18 条规定 "按照政府采购有关法律规定"，就表明项目的本质应当属于政府公共采购，应当适用《公共采购法》。而其适用并未排斥《招投标法》适用，因此二者的适用应以《政府采购法》为主，必要时采用《招投标法》。除此之外的设计合同、融资合同、材料合同应当适用《合同法》的有关规定。

环保 PPP 模式，尤其是特许经营类环保 PPP 模式涉及项目建设和运营，但是在用地制度上，城镇的环保 PPP 项目和农村的环保 PPP 项目可能存在细微差别，需要结合项目实际具体适用《物权法》《城市房地产管理法》《土地法》的相应条款。特别是 BOT 项目，增量项目推进应当遵循市场规律，项目用地必须通过出让的方式取得土地使用权。但是，为简化流程，可以在 "招拍挂" 中相机选择合理方式进行调整。而对 TOT 项目，应当针对其特许期限的长短，选择通过补缴出让金并变更土地使用权取得方式，或通过租赁合同对项目涉及的基础设施进行租赁。

《政府和社会资本合作模式操作指南（试行）》及《PPP 项目合同指南（试行）》在推动 PPP 项目中发挥了突出作用。这两个指南对 PPP 项目的具体流程、PPP 合同的核心原则、合同管理等方面都做了宏观的制度设计和必要规制。此类指南是环保 PPP 规范建构的重要组成部分，在 PPP 项目识别、准备、采购、执行和移交过程中发挥着重要的作用，有力地推动了 PPP 项目在城乡环境治理中发挥其应有的作用。但是由于缺乏效力层级较高的法律法规，致使 PPP 制度的规范性、体系性有所欠缺，难以适应 PPP 模式的发展需求。需要《PPP 条例（征求意见稿）》生效前做必要的调整，梳理其与两指南的关系，在对条例进行修改的同时，对两指南亦需同步做出必要修订，以增强制度的体系性和解释力。

（三）农村环保 PPP 项目落地生根

2017 年，福建省通过管理办法的形式，努力在全省范围内推广 PPP 模式在农村生活污水处理和生活垃圾处理两个领域的运用。① 乡镇偏远地区污水、生活垃圾处理一直以来都是农村生态环境治理的难点，也是制约城乡环境风险共治的关键，该领域难以吸引社会资本进入，农村环境污染治理和风险应对也因此遭遇瓶颈。2016 年年底，农业部印发《农业资源与生态环境保护工程规划（2016—2020 年）》，表明了我国在农村污染治理中适度推广 PPP 模式的决心。

1. 基本原则

作为广义的公共采购行为，首先应秉持法治原则注重制度建设，为 PPP 模式提供坚实的法律支撑。法律制度是农村环境风险应对、污染治理领域与社会资本合作的坚实保障，应当明确生活垃圾处理、污水处理等领域 PPP 项目的运作模式和操作流程，为政企合作制度提供坚强的制度保障和操作指引。

其次，应坚持差异性原则。农村水污染处理具有很强的差异性，在运用 PPP 模式时，应当以存量项目的改造为主，坚持以物有所值评估，最大限度减少经费的浪费，但若充分论证后认为确有必要建设的增量项目，也要积极推进；结合具体项目实际，把握具体 PPP 项目的特点，注重使实用差异化的合作模式与推进策略；突出重点领域，有序推荐农村污染治理设施的建设和运营。但对于纳入国家污水处理重点项目的要差异化对待，对农村环保 PPP 项目给予更多的专项资金支持，同时要逐步推进，多方位推广运用 PPP 模式。

2. 法律关系的结构

农村环保 PPP 项目的法律结构通常如下：（1）法律文本主要涉及：

---

① 在偏远地区，通过 PPP 模式筹措资金以用于污水和垃圾处理，可以最大限度地减轻政府的资金压力，并为社会资本提供参与公共建设、获得收益的项目，以此形成最大限度的互利共赢。

项目投资人须知、项目股东协议、项目合同、项目服务协议、建筑承包合同、保险协议等。诸多协议中，投资人须知、特许经营协议、项目合同三者是实现 PPP 项目融资和管理的关键。（2）"投资人须知"一般记载项目基本信息。（3）"项目合同"是根据特许经营协议签订的民事合同，明确项目建设过程中双方的权利义务、风险负担与责任分配等一般条款。出于农村环境突发事件的应对，一般情况下项目合同需要附上应急预案，对城乡污染防治中可能出现的具体环境风险未雨绸缪。（4）"服务协议"涉及具体的农村污染处理事项的服务方式、服务费用以及支付等。

3. 法制规范的重点

首先，评价、监管制度与程序。结合农村生活垃圾处理、污水处理等领域的特性，建立和完善 PPP 项目的评价及监管制度，制度构建的着力点在于：第一，纳入公众参与，建立多元化、独立和可问责的监管体系。[1] 第二，建立数据库和监管平台，落实信息公开制度。第三，建立主体多元的综合评价体系，发挥第三方评价的作用。第四，形成结果反馈机制和项目实施后评价机制。

其次，风险管理制度。第一，明确农村环保 PPP 项目的补偿制度、补偿程序和标准，以应对政策风险。第二，完善专业队伍建设，开展管理培训，以应对日常管理风险。第三，引入社会资本，投保商业保险，以应对项目运营风险。

最后，保障机制。第一，探索建立农村环保 PPP 项目的投资回报机制。除优化财政补贴制度外，可以发展循环农业、生态旅游等相关配套项目。第二，加强财政专项支持力度，为农村环保 PPP 项目提供资金基础。调整思路，逐步从"补开发"向"补运营"、从"前补助"向"后奖励"转变。[2] 第三，培育融资和服务市场，贯彻"绿色信贷原则"为农村环保 PPP 项目提供收益质押担保融资；[3] 发展中介服务市场，引入第三方评估。

[1] 王守清、刘婷：《PPP 项目监管：国内外经验和政策建议》，《地方财政研究》2014 年第 9 期。

[2] 蓝虹、刘朝晖：《PPP 创新模式：PPP 环保产业基金》，《环境保护》2015 年第 2 期。

[3] 柯永建、王守清、陈炳泉：《私营资本参与基础设施 PPP 模式的政府激励措施》，《清华大学学报》（自然科学版）2009 年第 9 期。

三　专门立法下环保 PPP 项目的法律实施与完善

结合《PPP 条例（征求意见稿）》的体系框架和具体条文，笔者认为环保 PPP 模式的规制重点，应当主要聚焦在 PPP 的一般性、基础性问题，将碎片化的法律规定进行整合。同时，总结好当前我国 PPP 模式在城乡污染防治实践中的有益经验，通过准用性规则衔接好法律体系（见表 4-3）。条例的设计应充分吸收已有 PPP 指南、指引的有效规范，增强 VFM、特许期限等方面的可操作性，选择环保 PPP 模式的合理范式；而公共部门在 PPP 项目中如何实现有效监管①、救济途径②如何明确等也需在 PPP 一般性立法中有所涉及。毋庸置疑，PPP 模式一般立法能够为城乡环境治理中适用 PPP 模式提供基本的制度依据和参考。

表 4-3　　　　　　　《PPP 条例（征求意见稿）》规制重点汇总

	《PPP 条例（征求意见稿）》	与上位法、同位法的体系性衔接
适用领域	基础设施、公共服务两大领域（第 10 条）	具体制度应对应和协调好与《建筑法》《环境保护法》关系
实施主体	政府方、社会资本方	行政机关监管权和社会资本方基本权利的衡平，通过行政法分配权限和信赖利益实现
合作协议性质	民事合同	《PPP 条例》第 3 条、第 5 条可以推定其公益性，但其性质仍然存在较大争议，就其为行政合同抑或是民事合同尚未达成一致
付费机制	包括政府付费、用户收费、可行性缺口补助三种收益取得方式（第 25 条）等	涉及政府付费、可行性缺口补助的部分，应结合城乡污染防治的实际需求，与预算法律规范相协调
融资方式	质押、信贷、资产证券化③（第 31 条）	银行、证券等机构监管和激励制度应当有所回应
投诉处理机制	赋予利害关系人对项目的监督权（第 48 条）	《行政许可法》等有关规定虽无直接关系，但可参照适用
争议解决	协商不一致的提起民事诉讼或仲裁（第 49 条）	《民事诉讼法》《合同法》等相关法律法规及司法解释；存在争议

---

①　尹少成：《PPP 模式下公用事业政府监管的挑战及应对》，《行政法学研究》2017 年第 6 期。

②　朱锡贤、孙彪：《完善我国行政契约司法救济制度之构想》，《人民司法》2001 年第 7 期。

③　杜明鸣：《PPP 项目资产证券化基础资产法律问题研究——以"华夏幸福 ABS"为例》，《区域金融研究》2017 年第 6 期。

　　法律若欲形成一个完备成体系的制度体系，不同效力、不同层级的法律制度应协同作用，以期构成体系严密的法律框架对现实问题予以回应。在城乡环境风险治理中，环保 PPP 的规范建构体系，既要反映其与上位法之间的衔接和体系性解释问题，最大限度保证规范的适用性、有效性，同时也要充分检视《政府和社会资本合作模式操作指南（试行）》《PPP 项目合同指南（试行）》中的实践经验，同时充分吸收域外经验的必要成果。《PPP 条例（征求意见稿）》中 PPP 的一般性规定的空白和尚待细化之处是需要重点关注的。特别是外包形式的 PPP 模式尚需细化，需要对具体条文进行修改和调整（见表 4-4）。针对 PPP 一般法适用中的诸多问题（实现 PPP 法律和政策之间的良性互动和准确适用、政府既进行监管又参与合作的双重角色调和、PPP 项目模式的多样化选择等），《PPP 条例（征求意见稿）》应通过准用性规范的应用协调法律、条例、指南和指引间复杂的关系，为环保 PPP 模式构建起相对完备的法律框架，为实现城乡环境风险协同共治提供必要手段。关于多方主体联合参与项目、融资渠道拓展和 PPP 基金等问题，需要对《PPP 条例（征求意见稿）》进行必要的调整，以填补我国环保 PPP 模式的法律空白。其中，诸如 PPP 协议性质定位等问题，若采用行政契约的定位，需着手构建解决行政契约纠纷的双向性构造的诉讼结构，以克服社会资本方违约时政府方救济难的问题，则涉及诉讼制度的调整等诸多问题，且会对 PPP 项目的运行造成困扰，因此 PPP 协议宜定位为民事合同。

表 4-4　　　　　　　　《PPP 条例（征求意见稿）》调整意见

	条文	修改意见	理由
实施方式	《PPP 条例（征求意见稿）》第 2 条对概念界定	列举 PPP 模式的典型结果：O&M、BLT、BOT、TOT、BOO、DBFO 等	列举+概括的立法模式在保证其操作性的前提下，更能强化其有效性；回应 O&M、BLT 等模式的应用
合作协议性质	《PPP 条例（征求意见稿）》第 40 条的争议解决推定：协议性质为民事合同	民事合同的认定则在争议解决方式上和行政契约有比较大的差异	依据第 3 条、第 5 条可推定其公益性，但与争议解决的设计相矛盾，民事合同也可以公益目的实现为目标
合同条款法律实施	认定为民事合同，则应当适用《合同法》	基于行政契约的性质，可以增加其参照性条款，即规定 PPP 合作协议参照《合同法》	参照性条款是在大陆法系区分公法和私法前提下采用的既保证体系自治又有效尊重其性质定位的思路

续表

	条文	修改意见	理由
特许经营期限	一般10—30年	第16条在引用性法律准则条件下，应当对突破期限的条件做出一般性说明	回应外包型PPP项目（例如O&M）的特殊性，考虑不同行业和领域的特殊性，进行于不同的期限设计；回应《关于推行环境污染第三方治理的意见》
多元化争议解决条款	争议解决方式有协商、仲裁和诉讼三种	增加调解，构建和完善多元争端解决机制	调解可以有效地节约司法资源和当事人之间纠纷解决的成本

　　为实现城乡环境风险协同共治，建立和完善高质量的环境服务业是其中的关键，而PPP模式则是推动城乡环境风险协同共治的重要手段。为充分发挥PPP模式在环境污染治理和生态保护中的突出作用，同时防范PPP模式过度滥用，而异化为地方债务转向的工具，就必须要审慎甄别、整理并吸收目前国家发展改革委、财政部在生态环境治理中推行PPP模式的成功经验，从城乡环境风险的具体状况出发，对环保PPP项目的规范建构进行系统梳理，构建透明、公正、恪守契约精神的环保PPP模式法律框架。综合运用法律、政策、指引和合同等规制工具，推动环保PPP模式在城乡环境风险协同治理中的具体运用。

第三节　公众参与：环境行政正当法律程序规范

　　公众参与，既是人民当家作主的有效实现形式，又是城乡统筹一体化发展中社会协同治理的重要基础，是社会共治、善治的工具。统筹城乡一体化发展与城乡环境风险的协同共治，应当着重落实公众参与城乡规划编制、政策制定等事前参与，拓宽公众参与渠道与形式，进而提升农村居民的参与意识和参与能力，不断规范公众在城乡环境协同治理中与其他治理主体之间的协同行为，提升城乡环境风险协同共治主体间的运行绩效。《环境保护公众参与办法》（以下简称《办法》）已于2015年9月1日正式实施，《办法》主要对公众参与环境治理的各种程序性权利进行了规定，是对《环境保护法》中公众参与原则的贯彻和落实。在推动我国公众广泛参与环境立法、环境决策等活动的同时，《办法》实施的更大意义在于其体现的程序正义反映了我国新时期公众环境权益保障的新理念，为我国生态文明建设和城乡环境风险治理带来了生机与活力。

一　环境行政正当法律程序概述

（一）环境正义与正当程序

程序正义观念起源于英国的"自然正义"，发展于美国的"正当程序"。程序正义也被称作"看得见的正义"，是来源于英美法系国家的一种法律传统，它被认为具有独立于实体正义的自身价值。程序正义相对于实体正义而言，强调在追求实体结果过程中的正义，体现为通过平等适用程序性法律规范来实现各主体在追求实体结果过程中的各种权利。[1] 正当法律程序是环境行政风险评估合理性和正确性、决策民主性与科学性、环境执法合法性和可接受性的根本保证。程序，即法律程序，体现为复数以上的人按照一定的步骤、方式、顺序、手续和时限来做出决定的过程，以及在这一过程中当事人之间的相互关系。[2] 程序不仅仅是法律实施的过程，更是法律实施的目的；在相当大的程度上，程序公正更是决定了实体结果的正当性与合理性。[3] 环境风险治理依赖于正当法律程序的设置，必须重视正当程序并将其融入风险治理的各个环节，以公众参与和沟通协商的程序理性为环境风险规制决策提供支撑，从而促使行政机关的执政方式向"公开""参与""说理"及"制度化"迈进。[4]

（二）协同共治与程序规则

"治理理论"起源于20世纪90年代的西方，作为政府和市场失灵、调控不足的双重窘境的应对，其核心内容是合理配置资源的过程，即政府或国家（公权力主体）、非政府组织和公民（私权利主体）如何正当行使权力（权利）、合理承担公共责任，进而在众多不同利益共同发挥作用的领域建立一致或取得认可。治理一词的中国本土考察最早可追溯至司马迁"礼乐行政，综合为治"的治国理论，这样的"旧治理"[5] 与"统治"一

---

① 秦天宝：《程序正义：公众环境权益保障新理念——〈环境保护公众参与办法〉解读》，《环境保护》2015年第6期。

② 王锡锌：《行政程序法理念与制度研究》，中国民主法制出版社2007年版，第31页。

③ 周珂、史一舒：《环境行政决策程序建构中的公众参与》，《上海大学学报》（社会科学版）2016年第2期。

④ 叶俊荣：《环境行政的正当法律程序》，台北翰芦图书出版有限公司2001年版，第5页。

⑤ 余军华、袁文艺：《公共治理：概念与内涵》，《中国行政管理》2013年第12期。

词同义，是国家政治话语下指向政府及其行为的而非当下公共行政领域意在构建政府与社会之间的伙伴关系。因此，公共治理是区别于私人治理的公共事务管理的代名词，是有政府的治理，是一个持续性的包含协商式民主意涵、合作式治理模型的过程。当下，处于合作治理时代，公共治理应运成为不可回避且极为必要的选择。

公共治理需要程序规则，其不仅是对公权力主体治理能动的合法化装饰，而且是对私权力主体治理参与的正当化限制。公共治理与公共利益的辩证关系表明，公共利益为价值取向，而公共治理为实现手段。当然，环境公共治理是将环境治理的责任由国家行政向社会公众转化，责任承担向下沉淀的表现，并在管理环境公共事务的过程中实现环境公共利益。简言之，这是一种实现环境公共利益的重要机制。因此，协同共治旨在通过程序机制构造回应"由谁代表环境公共利益""如何确定环境公共利益"①和"如何保护环境公共利益"的程序化问题。

（三）公众参与与程序正当

在行政法领域，很多学者主张通过公众参与来克服现代行政所面临的合法性危机。我国台湾学者林依仁指出："往昔正当性模式是建立在正当性的基础上，如此则只要调整选举制度或强化国会对于行政的控制即足。私人或利害关系人的介入国家权力形式，反而被视为干扰，降低民主正当性的消极因素。现今则在确保行政权运作能最大限度符合公共福祉的前提下，容许私人参与而又能符合民主原则。"② 在中国社会转型发展过程中，社会主体总体价值取向的多元助长了利益的分化，社会结构在日益复杂的过程中愈益难以进行整合，为公众参与提供了新的发展契机。诚如哈贝马斯所言："一个高度复杂的社会的整合，是无法以系统家长主义的方式，也就是绕开公民公众的交往权力而实现的。"③质言之，正是社会转型过程中的社会结构复杂化、利益结构多元化以及公众交往权力的扩张促动了公众参与环境公共事务管理能力的增长。然而，我国环境风险治理领域普遍存在着公众参与不足、公众参与过度以及正当程序缺失的现象。公众参与

---

① 杜辉、郭珺：《我国建立环境私主体治理体系的意义与进路》，《环境保护》2015 年第22 期。

② 林依仁：《民主正当性成分与其程度》，《政大法学评论》2012 年总第 129 期。

③ ［德］哈贝马斯：《在事实与规范之间：关于法律和民主法治国的商谈理论》，童世骏译，生活·读书·新知三联书店 2014 年版，第 437 页。

不足在农村表现较为普遍，在现有社会结构体系下，大多数农村居民都无法通过正当程序参与环境决策与治理事项，无法有效维护自身的合法权益。但虽然缺乏正当程序的设置与保障，农村居民往往也会通过其他方式参与环境风险治理。例如，基于邻避风险的环境群体性事件在农村区域也存在一定的偶发性，而这肇始于农村居民生存、健康等切身环境权益的关切与维护。值得反思的是，以环境群体性事件为表现形式，采用"散步"等暴力或非暴力行为进行"抗争"的行为所呈现出的参与模式是被动的，是无正当程序保障的，甚至可以说是参与过度的。从某种意义上说，无论是公众参与不足还是参与过度，其本质和根源都是公众合法权益保障正当程序的缺失，公众利益表达和诉求反映的路径闭塞使其参与流于形式，无法对环境风险治理发挥实质性影响。

二　公众参与环境风险治理程序的障碍

公众参与是我国环境行政决策程序建构的基础和重点，是现代民主政治的一种具体表现。公众参与旨在通过公众平等参与的理性协商、对话过程而形成科学、公正的决策。环境决策中的公众参与，属于公众参与中的一个类别，既具有公众参与的一般性，也具有环境行政的特殊性。公众参与过程作为环境行政决策程序中的核心环节，对决策的正当性、合理性起着至关重要的作用。然而，现阶段我国环境行政决策程序中公众参与制度存在着诸多问题，主要表现在：决策初期，环境信息公开程度较低，公众参与主要体现在末端参与；决策中期，公众参与的有效方式单一，行政机关主导，缺少各方利益群体的论辩与质证环节；决策末期，公众参与的结果难以得到及时反馈，公众积极参与决策过程的信心以及政府的公信力被严重削弱。[1]

（一）事前参与：信息公开不顺畅

在环境决策初期，一直存在决策信息公开不全面、不明确、不及时，公开程度较低的现实。因此，环境信息公开制度是环境决策公众参与制度的先决条件，环境知情权是环境决策参与权的前提保障。环境信息公开是环境行政决策程序顺利、有效进行的基础和根本保证。环境信息公开、参与渠道通畅，公众才能了解其所参与的环境行政决策内容，才能进入其所

---

① 周珂、史一舒：《环境行政决策程序建构中的公众参与》，《上海大学学报》（社会科学版）2016年第2期。

参与的环境行政决策过程，才能影响其所参与环境行政决策结果。公众通过接受和理解环境信息，对身处的环境有所知晓，这是环境知情权的要求；通过程序性参与环境行政决策，以决策主体或参与者的身份行使话语权，这也是环境决策参与权的核心要旨。

以《政府信息公开条例》所设定的制度框架，我国政府信息公开有序展开。2007年，环境保护部（现生态环境部）制定了《环境信息公开办法（试行）》。2008年，《政府信息公开条例》《环境信息公开办法（试行）》两项法规同时实施。此外，2015年开始实施的《环境保护法》以及《企业事业单位环境信息公开办法》对环境信息公开的权利义务主体、公开内容、公开途径等做出了较为详细的规定（见表4-5）。

表 4-5　　　　　　　　　　　环境信息公开的规范内容

文件	权利主体	义务主体	公开内容
《环境保护法》	公民、法人、其他组织	环保部门等职责部门	环境质量与监测、突发环境事件、环境行政许可处罚、排污费的征收和使用情况等
		重点排污单位	主要污染物的名称、排放，防治污染设施的建设和运行
《环境信息公开办法（试行）》	公民、法人、其他组织	环保部门（强制公开）	环保规划、环境质量、环境统计和调查、突发环境事件、主要污染物指标分配及落实、固体废物、行政许可处罚、重大污染企业名单
		企业（自愿公开或强制公开）	自愿公开：企业方针，年度自愿消耗总量，环保投资技术，排放污染物种类、数量、浓度、去向，环保设施建设和废物处理
			强制公开（针对排放超标的企业）：企业状况、污染物排放、环保设施建设、环境污染事故应急预案
《企业事业单位环境信息公开办法》	公民、法人和其他组织	环境保护主管部门	重点排污单位名录
		重点排污单位	基础信息，包括单位名称、组织机构代码、法定代表人、生产地址、联系方式，以及生产经营和管理服务的主要内容、产品及规模；排污信息，包括主要污染物及特征污染物的名称、排放方式、排放口数量和分布情况、排放浓度和总量、超标情况，以及执行的污染物排放标准、核定的排放总量；防治污染设施的建设和运行情况；建设项目环境影响评价及其他环境保护行政许可情况；突发环境事件应急预案等

（二）事中参与：方式单一简单

公众参与环境风险协同共治的事中参与又称过程参与，主要体现在环境决策方面。但是，环境决策过程中，公众参与的方式固化，有效的参与方式呈现出单一化、简单化和隐蔽化的特点。由于环境风险治理的政府主导作用，且我国现行《环境保护法》《环境保护公众参与办法》也是延续政府主导参与的立法思路，在实践中公众参与实际上不可避免仍多由行政机关主导，缺少相关利益群体的论辩或质证环节。笼统的规定，缺乏针对性往往成为一纸空文。而且征求公众意见并不是环境决策的合法性基础，不是必经程序，这也导致环境行政机关多习惯于采取专家座谈会的方式"落实"公众参与程序性要求，而有意避免调查公众意见等繁杂的公众参与方式的选择。

实际上，公众参与环境决策的主要形式根据法律规定以及实践可总结为：以征求意见为主要内容，表现为决策调查、公开征集意见、听证会或利用现代通信手段；以协商讨论为主要内容，表现为座谈会、论证会等。在多数环境决策中，听证会或公开征集意见（主要指调查问卷的使用方式）较为广泛地使用，但两者都显得较为随意，问题针对性不足，往往流于形式。

（三）事后参与：缺乏反馈

环境行政决策做出后，公众就被"搁置"，对于参与结果不会当然获知、难以反馈，参与效果无法评价。这样的参与严重削弱了公众的积极性、参与信心，也危及政府的公信力、决策权威。我国《环境影响评价公众参与暂行办法》第12条和第13条对于公众参与环境影响评价决策做出了较为详细而具体的规定。但不难发现，公众参与的初始节点都被限于环评报告结果做出之后，意味着对于环境影响报告书的制作全过程，公众无法参与更无法获知讯息。除此之外，在环评结果公布之后公众对于相关环境所提的建议或意见，也仅以"建设单位或者其委托的环境影响评价机构可以通过适当方式，向提出意见的公众反馈意见处理情况"和"环境保护行政主管部门在做出审批或者重新审核决定后，应当在政府网站公告审批或者审核结果"概括规定。上述两款规定，看似对相关公众参与环评问题给予全面关照，实际上没有罚则，没有强制性执行效力，最终仅限于事后的公众参与，也多沦为装点决策的外衣，而不能对决策产生内部实质效用。我国《城乡规划法》第9条第2款规定："任何单位和个人都有权向城乡规划主管部门或者其他有关部门举报或者控告违反城乡规划的行为。"城乡规划是配置城乡空间资源、保障公共利益、维护社会公平的重要公共政策。① 城乡二元结构的长期存在对传统城乡规划的价值理念、制度体系和技术手段提出了新挑战，通过城乡规划引导城乡格局的转变与城乡经济的可持续发展更为频繁。但显然上述规定缺乏具体程序设置，无助于公众的实质参与，也无法取得预期效果。

众所周知，公众参与环境行政决策结果的及时、全面公开，能够加强公众的主人翁意识从而提升参与积极性，能够帮助政府决策从而提高决策的科学性、合理性，还能够在不断学习、反思中，提高公众参与和政府决策的水平。但作为我国环境行政决策公众参与制度建立的关键法律文本——《环境保护法》《环境影响评价公众参与暂行办法》，均未规定应当在什么时候、以什么方式向公众公开其所参与的环境行政决策的最终结果。既无从普遍化获知，更何谈针对性反馈！

三　公众参与城乡环境风险协同共治的程序性建构

城乡环境风险追根溯源与资源的不公平配置有关，环境行政的核心恰是资源的分配与运动，需要解决的是如何将有限的环境资源最有效、最永续地利用。为此，环境行政必须获得行政权的正当性基础。环境行政的正当法律程序基础源于环境行政决策过程中科学、合理和有效的公众参与，包括公众的实体性参与和程序性参与，公众参与不仅使得行政权得到正当性、公信力，更易使结果得到公众的接受和支持。换句话说，公众参与是城乡环境风险协同共治的正当性基础和条件。环境风险具有"科技关联性""高度复杂性"的根据属性，导致"孤立"的决策者无法仅仅依赖现有的科学技术手段去判断环境风险的发生概率。因此，公众的参与不仅使得决策者拥有"基础"，还使得决策者获得"力量"。不同主体的利益诉求在环境决策过程中得以体现，利益博弈和衡平也借助正当法律程序予以规范，从而使决策的科技性、复杂性得到弥补和解决。城乡环境风险协同共治的公众参与程序建构，应当以城乡环境风险评估的公众参与程序设置为基础，从规范环境风险决策的信息公开程序、完善环境风险决策过程的

---

① 牛锦红：《新媒体时代城乡规划"参与"与"治理"的法治化路径——以南京典型规划案例为考察对象》，《城市发展研究》2015年第8期。

细节程序和事后评估审查机制、拓宽公众参与渠道的具体程序并强化参与形式的组织化程度、建构环境风险治理的反馈程序机制等方面统筹确立。

（一）建构城乡环境风险评估的参与程序

以城乡环境风险认知为目的公众参与，旨在由环境风险规制者、利益相关者和普通公众等进行协商，各个参与主体依托正当法律程序就风险议题的议程和优先次序，以及风险评估和评价方法等进行初步协商，并确定和设计后续环境风险规制的总体框架。换言之，城乡环境风险的协同共治首先依赖于环境风险的评估与认知，涉及环境风险议题的确定、环境风险类型的界分以及环境风险的评价判断等，唯有建构明确具体的参与程序才能从根本上保持其科学性、合理性和规范性。

在城乡环境风险议题的确定阶段，由于环境风险具有"损害的大小"及"损害是否发生"的不确定性特征，笔者认为应当尽可能扩大公众参与的范围，专家、直接利益相关者、间接利益相关者以及一般公众都可以作为参与主体。参与的方式与具体程序应包括：参与主体和利益主体的选择方式与程序规范；环境风险信息的主动公开与协商；参与主体利益表达的渠道畅通，建立信息收集和信息反馈程序；设置网络论坛、听证会或公共论坛等特殊参与程序，扩大风险不确定性的认知群体。

在城乡环境风险的类型界分与评价判断阶段，可以区别不同类型的环境风险确定不同的参与主体和参与程序。第一，针对简单的线性风险，应由直接受影响的利益相关者作为参与主体，参与方式上确立基本意见陈述程序即可。第二，针对复杂性环境风险，应当确立以专家为主的参与主体，由多个领域的技术专家参与协商与评估；参与方式上可以综合确立专家听证会、专家委员会和专家共识会议等参与程序。第三，针对不确定性风险评估，应当确立由专家、利益相关者以及公众在内的多元主体作为风险评估的主体；参与方式上可以建构公众意见调查、利益相关者听证、公民咨询委员会、专家共识会议等参与程序。①

（二）规范环境风险决策的信息公开程序

公众参与城乡环境风险协同共治的核心意涵在于公众环境知情权的保障和参与环境风险决策的信息公开。本质上而言，信息公开为形成监督和

---

① 张恩典：《环境风险规制下的公众参与制度研究》，《河南财经政法大学学报》2018 年第 1 期。

参与型行政奠定了不可或缺的基础条件，为公众参与和监督政府行政行为提供了方式、手段和途径。目前，多个国际条约对环境信息公开作出了规定。1992 年《里约宣言》原则 10 提出，"环境问题最好是在全体有关市民参与下，在有关级别上加以处理。在国家一级，每一个人都应能适当地获得公共当局所持有的关于环境的资料，包括关于在其社区内的危险物质和活动的资料，并应有机会参与各项决策进程"。2001 年《奥胡斯公约》规定，公众享有信息获取、参与和诉诸法律等权利，同时限定了缔约国及其政府的职责和义务。公约不仅对应当公开的环境信息的范围和内容加以明确，还列明了不应当公开的内容；不仅规范了政府信息公开的义务，而且要求相关具体行业、企业承担环境信息公开的义务。由此可见，环境信息公开已经成为普遍共识，城乡环境风险协同共治也应从公众参与环境治理和环境知情权的享有等方面明确环境信息公开的原则、内容和实施路径，健全公众参与环境风险决策的程序。

具体而言，环境风险决策信息公开的程序设置应当既包含信息的公开与说明，又包括公众的接收与知情。一方面，政府和相关企事业单位应当以公开为基本原则，按照信息公开的内容、例外情形和救济机制等依法主动对环境信息予以公开；另一方面，公众对环境信息的接收与理解是参与的基础，只有在环境决策过程初期获取相关的环境信息，公众才会更有参与的意愿，也才可能更愿意接纳或提出可供环境决策参考的方案。因此，以保障公众环境知情权为基础，公众参与环境风险决策的信息公开应当从法律规范和公开方式上进行程序规范。首先，以现有法律规范为基础，通过专门立法的形式出台单项法，明确环境信息公开的具体事项；明确公众享有环境知情权的范围，即环保部门和企业有义务公开的环境信息；明确公众环境知情权的损害救济方式和程序。其次，创新环境信息公开的形式，既应包含现有的"网上定期公开""发布公告"等形式，也应探索电话交流沟通、上门拜访沟通、信函告知等各种不同方式向公众特别是利益相关者传达重要的环境信息。

（三）拓宽公众参与渠道的程序建构

公众参与城乡环境风险协同共治的作用彰显依赖于参与渠道的扩张和参与形式的不断拓展。我国《环境保护法》规定了公众依法享有参与环境保护的权利，但在参与渠道和途径上没有具体规范。《环境影响评价公众参与暂行办法》规定的公众参与方式有调查公众意见、咨询专家意见、座谈会、论证会、听证会等形式；《环境保护公众参与办法》规定的公众参与方式有征求意见、问卷调查，组织召开座谈会、专家论证会、听证会等方式。通过以上规定可以发现，我国关于公众参与渠道和方式的规定过于简单，使得实践中公众参与环境决策程序无法得以有效实施。因此，我们应当借鉴国外公众参与形式的有益探索和创新，拓宽我国公众参与的渠道和方式，使公众参与落到实处。

第一，公众调查员制度。1983 年，法国通过《公共调查民主化和环境保护法》建立公众调查员制度。该法规定，公众调查员由环境行政部门任命，依据环境部门确立的调查方案收集公众的意见或建议，整个过程由公众调查员主导。该法还详细规定了公众调查的事项，公众调查的启动期限、运作方式，确定了公众调查员的任命程序、享有的权利义务，甚至包括劳酬等。法国的公众调查员来自普通的公众群体，通过对公众调查员所设定的外在公平选任和内在综合修养双重标准，最终由政府部门形成候选人名单。我国与之类似的制度设计是调查公众意见和问卷调查，但显然我国的问卷调查还停留在简单的"填表再统计"的层面，而且调查人员来自公务员群体，直接决定了民众很难做出实质性建议，也无法完全代表民众的利益诉求。因此，我们应借鉴法国公众调查员制度，以我国调查公众意见和问卷调查方式为基础，建构"公众主导"的调查制度。首先，公众调查员应当来自普通民众，具备相当的环境知识、素养和能力。其次，收集意见的程序应当以公众（调查员）为主导，排除政府的不当干预。最后，调查公众意见和问卷调查不应当只是形式要件，而应当对环境行政决策产生实质影响，成为公众利益诉求表达、参与环境治理的有效制度工具。

第二，公共论辩制度。我国现有的政府主导的听证会、座谈会或论证会等公众参与环境行政决策的程序均存在需以客观事实和证据为基础的论辩环节，但多数情况下这种论辩流于形式。法国通过法律设立了中立的全国公众论辩委员会专门组织并支持公共论辩的有序进行，对于关涉环保问题的规划或建设项目，通过前置的公共论辩程序，广泛听取利益相关者的意见和建议，征求公众的意见，得到支持后方可决定项目的投产。正当程序的论辩性要求在行政决策过程中引入"论辩精神"，通过平等的商谈、论证、抗辩、交涉达成利益妥协，达到最大限度地达成共识的目标。质言之，公共论辩使得环境行政决策高度透明，公众对于环境决策充分掌握。

在此情形下，产生的矛盾对抗、利益冲突等甚微且可协商、可解决，完全避免了事后参与的不可控与绝对对立局面。我国在实践中引入法国公共论辩制度，可以先尝试将公众参与环境行政决策的起点提前，使得公众在决策前有机会对相关环保项目有所了解、提出意见。在公共论辩制度的具体安排上，应当对我国听证会等公众参与程序的启动、利益相关者的范围、论辩结构等进行优化，将记录在案的讨论和交流意见作为环境行政部门决策的主要依据。①

（四）建构环境风险治理的反馈程序机制

环境风险的不确定性、技术性和复杂性加剧了环境风险治理的难度，对政府环境行政提出了更高的要求，也使公众参与环境风险治理面临着重重障碍。环境信息公开要求政府及时、全面地向公众发布环境行政决策的结果，有利于增加行政公信力和政府权威性，更有利于决策的可接受性。事实上，如果公众仅仅只能参与环境行政决策的形成过程，而无法获知决策结果及参与决策结果的审查、评估和反馈，则必然会在某种程度上打击公众参与的主动性、积极性。因此，建立恰当的环境风险治理反馈程序机制应当成为公众参与城乡环境风险协同共治正当程序构建的重点之一。

第一，建立承诺回应制度。众所周知，公众尤其是农民对于政府的依赖性较大，多数情况下愿意相信政府且支持政府部门的相关决策。基于这种信赖，政府的承诺无疑会增加公众参与环境风险治理的信心和动力。承诺制度实质上是政府或相关企业对公众意见或建议高度重视、纳入考量并予以采用的姿态表达。与之相对应，回应制度是对公众意见或建议、利益相关者的诉求经过考量之后，做出肯定或否定回复并阐明理由的行为制度。承诺回应制度的建立能够增强公众参与环境风险治理的信心、主动性和影响力。一方面，有利于完善环境行政决策过程的合法性和合理性；另一方面，有利于提升环境行政决策结果的科学性和民主性，进一步推动其落实和执行。

第二，建立效果评价制度。无论是国家（政府）、商业（企业）还是个人，它们的环境决策都是在环境价值观指导下的价值"选择"，在"选

---

① 周珂、史一舒：《环境行政决策程序建构中的公众参与》，《上海大学学报》（社会科学版）2016 年第 2 期。

择"中，人们都遵循一定的伦理原则和价值取向。① 建立效果评价制度，有助于对环境行政决策的全过程予以及时总结、反思，延伸公众参与环境行政决策的过程与能力，促进环境行政决策的良性循环。笔者认为，环境行政决策的效果评价应着重于公正性和可持续性评价。首先，公正性是对公众参与民主代表性、程序透明性提出的要求。不同的环境行政决策应当吸纳不同的公众群体参与，所以，真正在某一环节、某个决策中发挥作用的公众应当被仔细甄选、审慎对待。程序透明性使得环境行政决策的全过程置于公众视野，公众能够通过环境信息适当、及时的公开获取相关的环境信息。值得注意的是，公众的信息处理能力是有限且有区别的，不当时机公布的不当内容极易造成公众对于环境行政决策内容的"误解"。因此，公正性要求参与的公众代表（们）应当是广泛而有区别的，公开的决策信息应当是全面而不易产生误解的，从而保证公众有效参与环境行政决策，避免环境风险的滋生。其次，持续性是公众全过程参与环境行政决策的要求。一方面，在决策前、决策中、决策后等各参与阶段，都应当引入公众参与机制，达成公众参与形式的全过程性、持续性；另一方面，对科学、合理、规范、有益的公众意见或建议，应当予以持续采纳和运用。

第三，建立责任追究制度。环境行政决策是一个主观博弈的过程，涉及决策者、参与者等多方主体。一般而言，政府及其主管部门拥有环境行政决策的最终决策权，公众参与主体则是意见或建议提供者，各方主体基于其对环境决策的影响而承担相应的法律责任。责任追究制度会对决策者隐瞒决策信息、恶意主导决策过程、随意做出决策结果等行为予以处罚，对参与主体滥用环境参与权、排挤边缘利益相关者、恶意影响决策结果等行为予以训诫。此外，基于上述不当行为所做出的环境行政决策应当视不同情况而被认定为无效或效力待定，并适时启动环境行政复决策程序。因此，建立责任追究制度，有助于遏制政府及其主管部门的独断决策，也有助于制止公众肆意参与、影响决策的行为，从而保障环境行政决策更有利于环境风险治理。

---

① 陈云春：《罗尔斯顿环境决策论及其启示》，《徐州师范大学学报》（哲学社会科学版）2012 年第 1 期。

第五章

城乡环境风险的救济路径扩张与衍更

回应国家战略和社会需求的现实观照及治理反思已经充分表明，城乡环境风险的协同共治有赖于以利益结构和环境正义为基础的共治模式框架建构，有赖于以政府主导和元治理为基础的制度体系重塑。质言之，基于这一面向的城乡环境风险回应主要依赖于政府行政运作体系的主动推进，同时辅以公众的有序参与和协同，实现生态文明、美丽中国、乡村振兴等国家战略宏观统筹的城乡环境风险有序共治。通过政府行政当然能够在一定程度上应对环境风险，但不容忽视的是，单纯依赖政府行政的运行模式易滋生政府主观能动性不足、政府行政能力不够、政府对乡村环境风险刻意忽视等诸多问题。因此，我们应积极探索救济路径的扩张与衍更，通过环境行政救济、环境私力救济、环境民事侵权救济、环境公益诉讼救济、生态环境损害赔偿救济、社会化救济等扩大公众，特别是村民等主体参与的路径，以环境行政和环境司法的综合性救济方式促进城乡环境风险的回应力度。亦即，一方面通过公众特别是村民以行政救济、社会化救济方式直接面向城乡环境风险的解决；另一方面以司法救济的手段反促政府依法公平合理行政回应城乡环境风险，反促企业改变污染可以向乡村转移的偏见，实现城乡环境风险的协同共治和有效应对。

第一节　城乡环境风险救济路径的宏观审视

中国城乡二元结构下的环境污染转移、农村环境问题失序等累积性或突发性环境风险仍处于不断扩张的态势。值得反思的是，在生态文明和美丽中国建设的宏观背景下，一方面我们疲于应对城市环境风险问题，不断给城市环境风险治理加码并取得了初步成效；另一方面乡村环境风险却愈演愈烈，究其实质是城市环境风险不断向乡村转移而已。近年来，媒体不断曝光的工业环境污染事件有很大比例发生在农村地区，其既给农村生态和环境带来了严重的破坏，也使村民深受其害。很多"工业污染并非一朝一夕形成，其中有的被当地村民长期举报、反映，有的甚至多次被相关环保部门调查处理，但依然明知故犯、侵害当地农民利益"①。城乡环境风险已然成为我们不得不共同面对和反思的新困局与新难题。当我们重新审视城市和乡村环境污染、生态破坏等环境风险的总体境况，直面因环境风险的累积和突发而引致的居民财产受损、健康受害乃至"癌症村"逐渐增多的冰冷数据时，寻求合理的、科学的、规范的、正当的、有效的城乡环境风险救济路径成为必然的选择。实际上，当今中国对环境风险的重视已经达到非常高的程度，环境立法、环境执法、环境司法也一直趋于进步和完善，城市居民和农村居民的环境权益维护并非都处于无法可依的样态。真正核心的问题在于，如何构建和健全城乡环境风险的多元救济路径，以法治理念促进合法权益的维护，以多元救济方式有效回应城乡环境风险，建设美丽乡村、美丽城市、美丽中国，实现生态文明建设的价值目标。

一　行政救济的城乡一体：执法的偏好与衡平

对于城乡环境风险的防控和回应而言，伴随着中国环境治理的发展大致经历了两个阶段：第一阶段是环境治理总体处于弱置地位，且让位于经济发展，行政执法偏向于经济发展而忽视环境保护；第二阶段是党和国家越来越关注环境保护，顶层设计的引导使得行政执法开始越来越向环境保护倾斜，但这种倾斜更多的是偏向发达地区或城市区域，乡村的环境执法仍处于相对弱势。2018 年 5 月，生态环境部启动实施"清废行动 2018"，通报了 6 起非法转移固体废物及危险废物案件的问责情况，其中：山西省临汾市三维集团在未经审批和未采取防渗措施的情况下，于 2017 年 8 月至 2018 年 4 月将 16.8 万立方米电石渣和粉煤灰交由村民运至洪洞县赵城镇新庄村非法倾倒，产生的废水直排汾河；2017 年 9 月以来，四川省成都市双流区金桥镇舟渡村周边村民在收取费用后，非法接收大量外来建筑

① 张璁：《论法：切实保障农民环境权益》，《人民日报》2018 年 4 月 25 日第 18 版。

垃圾、工业废物和生活垃圾，倾倒于舟渡村一处百亩大的区域，累计堆放量7300余吨。由此可见，虽然"史上最严"的新《环境保护法》已经实施3年有余，环境保护取得较大成效，但环境保护执法城乡不平衡和不协调的问题仍然存在。中国广大农村区域仍存在执法不严的环境污染转移问题，对农村地区造成了严重不良影响。三维集团和成都舟渡村的污染事件反映了环境污染转移已经成为当下环境保护的一大问题，也反映了"唯GDP"的政绩观仍有市场。企业的肆无忌惮，恰恰反映了地方政府的环保态度——追逐经济发展所带来的收益，默许或纵容企业将环境成本转嫁到"不会出现在大众视野的农村"或者说是"无关紧要的农村"。为改变这种境况，一方面要求政府机关严格执行法律规定，依法行政，改变行政偏好，提升城乡环境保护执法能力，保证企业的违法行为能够被及时发现并给予相应的处罚，特别是"无关紧要的农村"区域的环境风险问题也能得到及时回应，依法保护城乡居民、村民的环境权益；另一方面，不断扩大行政监察、行政复议、行政申诉以及行政诉讼等行政救济路径的适用范围，使其在城市以及广大乡村区域都能够有效实施，特别是提高广大农民的行政救济认知度，使其能够有思维、有路子、有劲头主动通过行政救济回应环境风险，维护合法环境权益，推进美丽乡村的建设。

二　私力救济的有序协调：公众参与的积极推进

城乡环境风险因其自身的固有特性，决定了救济方式上首先依赖于政府行政及其关联的行政救济路径。但仅靠这一路径显然不够，城乡环境风险特别是广大农村区域的新型环境风险治理还需依赖村民的私力救济。所谓私力救济的主要意旨是不依赖其他主体参与，而仅由当事主体依靠自身力量予以解决，其救济方式涵盖自卫行为和自助行为等自力救济路径。私力救济路径之下，一方面依赖民众独立参与到环境风险防治之中，民众可通过与污染企业协商等方式来维护自身的合法权益。但在前述的行政职权管理模式下，政企合谋往往导致民众无法通过协商实现利益的维护，此时另一种极端的自力救济方式产生——"民众通过自身的行为，来参与环境保护运动，以期实现环境保护的目的和获取环境污染赔偿"[1]。农村环境

---

[1] 郑少华：《环保自力救济：台湾民众参与环保运动的途径———台湾环境法制发展的透视》，《华侨大学学报》1994年第2期。

自力救济的出现，究其原因，主要在于政府对污染行为的庇护、环境执法不力、农民维权能力不足和环境公权力救济途径的不畅等。[1] 事实上，此种自力救济方式极易滋生诸多社会问题，给政府正常管理活动带来难题，使整个社会成本提高。另一方面，农村环境自力救济并不一定是纯理性的，也可能存在基于认知、私利等诸多缘由的不理性行为或牟利行为，更凸显了此种自力救济的问题所在。因此，在城乡环境风险治理和回应上，政府应当充分重视民众的环境诉求，严格执法保障其合法权益；农村环境自力救济应当建立在农村村民环境意识和法治意识提高的基础之上，适度提高村民的参与度和积极性，并优先以协商方式解决村民维权难题，在城乡一体化的整体背景下以私力救济的有序协调促进城乡环境风险的总体应对。

三　侵权救济的乡村引导：环境民事侵权诉讼的扩展

累积性或突发性城乡环境风险通常伴随着环境侵权的发生，但囿于民众环境意识匮乏、传统厌讼思维的影响以及环境侵权诉讼的独特特征导致民众特别是农村村民很少通过侵权救济的方式维护自身合法环境权益。因此，为有效应对城乡环境风险，应当加强侵权救济的乡村引导，鼓励民众依据《环境保护法》《侵权责任法》等通过环境民事侵权诉讼依法维护自身合法权益。但值得注意的是，财产性环境侵权和人身性环境侵权有其差异性，且在司法实践中也存在适用的区别。对于已经出现的"癌症村"等因现代工业污染所引致的人身性损害，现行环境侵权法的规定在举证责任及因果关系认定上尚存在诸多问题亟待解决，因此应该采取措施予以回应，以实现城乡环境风险的侵权救济。

通常而言，环境侵权诉讼遵循公平、正义和效率的基本价值取向，旨在实现环境受害人与污染者之间利益的协调。囿于环境侵权的复杂性、间接性、潜伏性以及当事人地位的不平等性等特征，一般民事侵权的因果关系认定规则对于环境侵权受害人而言能力难以企及。为更好地保护受害人的合法权益，有必要在诉讼中引入和适用因果关系推定原则。但在司法审判实践中，因果关系推定的适用仍存在诸多障碍：环境侵权诉讼双方当事

---

[1] 邓可祝：《农村环境自力救济及其出路》，《西北农林科技大学学报》（社会科学版）2014年第3期。

人证明责任的分配、证明标准的确定、因果关系推定方法的选择适用、法院裁量的把握等都是审判中的难点和重点，缺乏明确的法律规定，缺乏统一的实践认知，需要不断地调研、总结并予以规范。毋庸置疑，因果关系推定应当是建立在受害人就因果关系初步证明基础之上的推定，换言之，初步证明是因果关系推定的重要前提。事实上，《侵权责任法》的规定并不意味着完全免除受害人的证明责任，而仅仅是减轻了他的证明责任而已。这一规定实质上与德国环境责任中采取的"肇因适合"相似，受害人必须对肇因适合引发损害进行证明。① 也就是说，因果关系推定的适用免除了受害人对因果关系的证明责任，但并没有免除其对基础事实的证明责任。既然受害人对基础事实负有证明责任，那么其对该事实的证明就必然需要达到相应的证明标准，② 使法官对基础事实的存在获得心证，进而适用推定。

笔者认为，因果关系推定的适用主要分为三步：受害人初步证明→污染者反证→推定。具体而言，首先应由受害人举示初步证据证明基础事实的存在，然后由污染者予以反驳。经法官审查，如果污染者提交的证据达到了从自然科学上证明因果关系不存在的高证明标准，则污染者的反驳成功，其行为与损害后果之间不存在因果关系；如果经其反证不能达到确实地从自然科学上证明因果关系不存在的高证明标准，污染者反驳失败，则推定侵权行为与损害后果之间存在因果关系（见图5-1）。

（一）证明标准的定性选择与确证

目前，我国大量的环境侵权诉讼难以进入司法程序，而许多进入诉讼程序的案件却常常因为证据的原因，原告难以胜诉。证明标准不明确是造成原告在此类诉讼中难以胜诉的重要原因。2015年，《最高人民法院关于审理环境侵权责任纠纷案件适用法律若干问题的解释》规定，被侵权人请求赔偿的，应当提供证明以下事实的证据材料：污染者排放了污染物，被侵权人的损害，污染者排放的污染物或者其次生污染物与损害之间具有关

---

① 德国法适用的"肇因适合"实质上就是指污染者的侵权行为与损害结果之间具有因果关系存在的可能性。参见周翠《〈侵权责任法〉体系下的证明责任倒置与减轻规范：与德国法的比较》，《中外法学》2010年第5期。

② 当然，受害人的这一证明标准只需高于表见证明的证明度即可，它实质上是远远低于能够完全确信的尺度的。参见周翠《〈侵权责任法〉体系下的证明责任倒置与减轻规范：与德国法的比较》，《中外法学》2010年第5期。

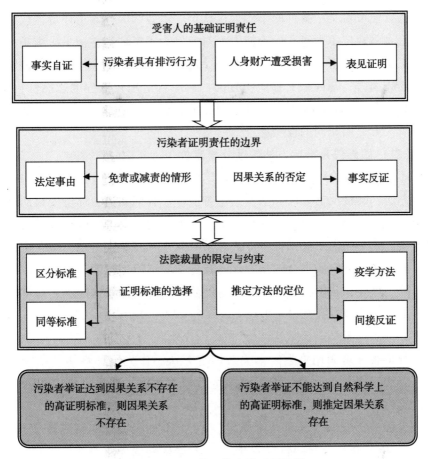

图 5-1　因果关系推定的适用逻辑

联性；污染者举证证明下列情形之一的，人民法院应当认定其污染行为与损害之间不存在因果关系：排放的污染物没有造成该损害可能的，排放的可造成该损害的污染物未到达该损害发生地的，该损害于排放污染物之前已发生的，其他可以认定污染行为与损害之间不存在因果关系的情形。然而，对于被侵权人而言，证明"污染者排放的污染物或者其次生污染物与损害之间具有关联性"却仍具有不确定性。由于环境侵权的极端特殊性，在确定原被告双方的证明标准时，需要引入"盖然性"这个概念。所谓盖然性规则，是指由于受到主观和客观上的条件限制，司法上要求法官就某一案件事实的认定，依据庭审活动对证据的调查、审查、判断之后形成相当程度上的内心确信的一种证明规则。① 当这种自由心证达到相当高度时，法官便可对某一案件的事实加以认定。笔者认为，鉴于环境侵权诉讼中诉讼主体地位不平等、诉讼能力不对等，为了实现利益衡平，维护社会公平正义，应该对不同的主体、不同的证明对象适用不同程度的证明标准。具体而言，在因果关系证明方面，对原告适用较低程度盖然性标准，对于被告则适用高度盖然性标准；而在损害事实、损害后果等方面的证明则应对双方适用相同的证明标准。

（二）　因果关系推定方法的区分与定位

环境侵权诉讼中适用因果关系推定的方法有多种，包括疫学因果关系推定方法、间接反证方法和事实推定方法等。我们知道，环境侵权纠纷案件纷繁复杂，环境侵权行为的种类、损害的原因、危害的表现形式更是多种多样，单一的因果关系推定方法容易导致审判实践中出现机械套用的情形。国外在审判实践中会根据案件的具体情况适用不同的因果关系推定方法。以之为鉴，我国在司法实践中也要注意区分案件特殊情况，有针对性地采用不同的因果关系推定方法。

第一，对于社会公众因工业生产、建筑施工、交通大气污染等引发的人身损害，可采用疫学因果关系推定方法。作为一种科学程度较高的证明方法，它要求针对某种疾病发生的相关原因，列出疫学上的若干因子，然后利用统计的方法，调查各因子与该疾病之间的关系。一般来说，这种推定方法要具备几个条件：（1）某种污染物向特定环境排放；（2）随着这种污染物的排放量增多，患这种病的人也越多；（3）此种污染含量较少的地方，得这种病的人也少；（4）上述统计结果同实验和医学的结论绝不矛盾。具备以上几个条件，则可推定污染行为与损害后果之间存在因果关系。事实上，我国法院在1980年"王娟诉青岛化工厂氯气污染"一案中，就已经采用了疫学因果关系推定方法来认定加害人的侵权行为与受害人人身损害之间存在因果关系。法院在审理中查明：（1）王娟在此次患病前从未患过过敏性支气管哮喘，并且其本人无此类疾病之家族史；（2）医学证明氯气中毒可致人患过敏性支气管哮喘疾病；（3）王娟患过敏性支气管哮喘疾病的时间正是青岛市化工厂发生氯气外溢污染事故以后。据此，法院认定王娟患病系化工厂氯气外溢污

---

① 罗玉珍、高委：《民事证明制度与理论》，法律出版社2002年版，第635页。

染事故所致。

第二，对于在涉及工农业生产所造成的污染而导致受害人的种植业、养殖业等财产权益的损害时，可采用间接反证法。我国《侵权责任法》第 66 条关于因果关系推定的规定实质上更倾向和接近于间接反证法。该学说源于德国民事证据法，最早为日本新潟水俣病判决所采用。审判实践中法院在适用第 66 条时，应主要从受害人对基础事实的证明、侵权人反证、因果关系推定的适用等方面进行认证，并改变传统侵权案件的认知思想。具体而言，针对被告在生产过程中产生了有害物质、被告将有害物质向外部排出、有害物质经环境媒介扩散、有害物质到达了受害人财产之上、受害人有财产上的损害发生这样一些事实，原告只需证明其中的部分事实，如证明被告将有害物质向外排出和受害人有财产上的损害这样两个事实；当污染者不能提供证明充分的反证证明因果关系不存在，即可推定污染事实存在，则污染者应当承担相应的法律责任。

第三，对于历时比较久远的环境侵权案件，由于污染潜伏期较长、致害原因复杂多样，导致污染危害范围广泛，行为与后果时空差异较大，而且证据多已灭失无法重新收集完整。可以采取优势证据推定方法和事实推定方法，并结合其他多种推定方式综合确定是否可以推定因果关系存在。对于具有较高盖然性且无法通过疫学或者间接反证击断因果链条的，即可推定因果关系存在，由污染者承担相应的法律责任。

四　环境公益救济与社会化救济的扩张适用

城乡环境风险的协同共治依赖多方主体的共同作用及共同推进。对于涉及民众私人切身利益的可通过私力救济和侵权救济的方式予以维护，而民众大抵也会在环境意识提高、明晰救济路径之后积极维护自身的合法环境权益。但是，对基于环境的公共物品属性而致的公地悲剧、集体行动的困境、搭便车等市场失灵的环境公共利益受损如何得到有效救济却仍存疑虑。目前，基于法律的规定，可由社会组织或检察机关依法提起环境公益诉讼，但从环境公益诉讼提起的数量以及各地的反应来看，其提起更多考虑案件的社会影响，而差异化的乡村环境公共利益受损却受关注较少，因之保护力度不够。因此，如何改变农村环境公共利益受损的"理性冷漠"和"公地悲剧"，推动社会组织和检察机关积极针对农村环境公益问题提起环境公益诉讼，从而促进农村环境风险的有效应对，成为值得思考的一大问题。对于此问题我们将在其后基于环境公益诉讼的制度设计和扩张，从环境公益诉讼的适格主体、可选择性提起等方面予以详细阐述。同时，对于环境公益的侵害，国家正在推进生态环境损害赔偿制度改革，也是一个重要的、创新的救济路径。此外，无论是私力救济、侵权救济还是环境公益救济方式，如果污染者在造成损失之后无力赔偿和补偿，那就意味着受害方无法及时获得有效的赔偿或补偿，城乡环境风险将处于持续扩张的状态，显然是极其不利的。可行之途是，加强城乡环境风险治理的社会化救济方式，将损害通过环境责任保险、公共补偿基金等予以填补。对于这一救济方式，笔者也将在其后详细展开，以衍更的救济路径回应城乡环境风险的治理需求。

第二节　环境公益诉讼救济：扩张与城乡普适

环境公益诉讼是一种特别诉讼，是现代社会中公民共同行为的有机组成部分。[①] 其以美国基于"私人检察官理论"的公民诉讼为代表，即"公民可以依法就企业违反法定环境保护义务、污染环境的行为或主管机关没有履行法定职责的行为提起诉讼"[②]。一般认为，环境公益诉讼分为环境民事公益诉讼和环境行政公益诉讼：对于企业单位的"损害社会公共利益或者具有损害社会公共利益重大风险的污染环境、破坏生态的行为"[③] 可由社会组织等主体提起环境民事公益诉讼；而对于可能涉及的环境行政部门不作为、滥用职权或失职等行为则可由适格主体提起环境行政公益诉讼。在城乡环境风险的回应与救济过程中，实质上更关注的是处于弱势地位的乡村和村民对于自己合法权益及乡村公共环境权益维护不利的回应，寻求通过社会组织或者检察机关依法提起环境公益诉讼，更有助于推动乡村环境问题的解决。因此，基于环境公益诉讼的威慑力强大、参与主体广泛以及监督力度普及等特征，应当着力推进环境公益诉讼的城乡协同，对

---

① 吕忠梅：《环境公益诉讼辨析》，《法商研究》2008 年第 6 期。

② 李艳芳：《美国的公民诉讼制度及其启示：关于建立我国公益诉讼制度的借鉴性思考》，《中国人民大学学报》2003 年第 2 期。

③ 《最高人民法院关于审理环境民事公益诉讼案件适用法律若干问题的解释》第 1 条。

于城市和乡村地区发生的符合条件的污染环境、破坏生态的行为都由适格主体积极提起环境公益诉讼，以形成震慑效应，迫使污染企业等主体改变恶意排放特别是向乡村区域随意排放污染物的行为，以环境公益诉讼的城乡普适来应对城乡环境风险。

一　环境公益诉讼的发展与实践

自 2012 年《民事诉讼法》修订、2014 年新《环境保护法》修订及 2017 年《民事诉讼法》《行政诉讼法》修订实施以来，我国关于环境公益诉讼的践行与推进逐步成为司法机关的一项重要工作。应当说，新《环境保护法》关于环境公益诉讼提起与受理的规定以及《最高人民法院关于审理环境民事公益诉讼案件适用法律若干问题的解释》对于推进我国环境公益诉讼的发展具有里程碑意义。

根据最高人民法院发布的《中国环境资源审判》白皮书：2002—2011 年，全国法院共受理环境资源刑事、民事、行政一审案件 118779 件，审结 116687 件；2012 年 1 月至 2016 年 6 月，全国法院共受理环境资源刑事、民事、行政一审案件 575777 件，审结 550138 件。其中，从 2014 年 1 月至 2016 年 6 月，全国法院共审结涉及污染大气、水、土壤等环境犯罪和破坏土地、矿产、森林、草原以及野生动植物等自然资源犯罪的一审刑事案件达 37216 件，生效判决人数 47087 人，审结涉及环境资源的权属、侵权和合同纠纷一审民事案件 195141 件，审结涉及环境资源类的一审行政案件 57738 件。自 2015 年 1 月《新环境保护法》施行至 2016 年 6 月，全国法院共受理社会组织提起的环境民事公益诉讼一审案件 93 件，自 2015 年 7 月全国人大常委会授权试点以来，共受理人民检察院提起的环境民事、行政公益诉讼案件 21 件。2016 年 7 月至 2017 年 6 月，各级人民法院共受理各类环境资源刑事案件 16373 件，审结 13895 件，给予刑事处罚 27384 人；各级人民法院共受理各类环境资源民事案件 187753 件，审结 151152 件；各级人民法院共受理社会组织提起的环境民事公益诉讼案件 57 件，审结 13 件；各试点地区人民法院共受理检察机关提起环境民事公益诉讼案件 71 件，审结 21 件；各试点地区人民法院共受理检察机关提起环境行政公益诉讼案件 720 件，审结 360 件。[①]

---

① 最高人民法院：《中国环境资源审判（2016—2017）》（白皮书），2017 年 7 月。

2017 年 3 月最高人民法院发布环境公益诉讼十大典型案例，① 这些案例涉及环境公益诉讼主体资格，饮用水源保护，污染大气、水等具有一定自净能力的环境介质的责任承担，以及环境行政公益诉讼案件审理等热点专业法律问题。总体而言，最高人民法院对我国环境公益诉讼的探索给予了充分肯定，通过典型案例的发布使环境公益诉讼案件的依法审理有示范案例可循，从而推动了环境司法能力和水平的提升。

二　环境公益诉讼的运行及问题剖析

我国近年来日益重视环境公益诉讼，并从立法和司法各个领域逐步完善和推进这一制度的贯彻。然而，尽管从法律层面上我国已经作了尽可能的变革与健全，但在实施和运行实践过程中环境公益诉讼仍存在诸多问题。其在设立之初并没有赋予公民作为原告提起环境公益诉讼的资格，致使村民等主体无法直接提起诉讼维护城市和乡村的环境公共利益，而只能依靠符合条件的社会组织发挥其主动性和积极性。但社会组织却又存在着专业素养欠缺、资金短缺、受制于政府部门等诸多缺陷，无法充分发挥其作为适格主体的能力。加之，环境公益诉讼案件仍存在取证难、举证难、鉴定难、花费大等常见难题，既可能导致社会组织因而产生畏难情绪而不主动提起环境公益诉讼，更有可能形成与企业的合谋，从而阻碍环境公益诉讼的提起。

（一）适格主体限定下环境公益诉讼的发展及困局

环境公益诉讼适格主体主要包括依据《民事诉讼法》第 55 条、新《环境保护法》第 58 条确立的符合条件的社会组织，以及依据《民事诉讼法》第 55 条、《行政诉讼法》第 25 条所确立的检察机关。根据现有规定，环境公益诉讼限定的是损害社会公共利益的行为，并不是个人所享有的私人利益，普通诉讼的主体被排除在外。而在社会组织的数量上，自 2015 年以来符合条件的环境保护公益社会组织增长迅速，其绝对数量看似不少但若分摊到各个省市，显然不足以对各个地区、不同状况下的环境

---

① 2017 年 3 月，最高人民法院发布的环境公益诉讼十大经典案例包括：中国生物多样性保护与绿色发展基金会诉宁夏瑞泰科技股份有限公司等腾格里沙漠污染系列民事公益诉讼案；重庆市绿色志愿者联合会诉湖北省恩施自治州建始磺厂坪矿业有限责任公司水库污染民事公益诉讼案；江苏省镇江市生态环境公益保护协会诉江苏优立光学眼镜公司固体废物污染民事公益诉讼案等。

损害行为与问题及时提起相应的公益诉讼。从这一层面上看，其平均值比起欧美等环境公益诉讼起步早的国家，确实还有很大的差距。[①] 除了总体数量上的不足，实际上有能力或有意愿提起诉讼的社会组织仅占适格社会组织的一部分。据统计，2015 年 1 月至 2017 年 6 月，全国法院共受理社会组织提起的环境公益诉讼案件 150 件，且仅有 25 家社会组织提起了环境民事公益诉讼。[②] 一方面是因为诉讼费用投入的高昂，少有组织能够负担周期长、验证过程烦琐复杂的环境案件；另一方面，不论是环境民事公益诉讼还是行政公益诉讼都或多或少会关涉到环保局甚至是当地政府，由社会组织质疑政府的权威甚至将政府相关机关作为共同被告，显然并不是一件容易的事情，这也变相地提高了提起环境公益诉讼的社会组织的门槛。检察机关作为适格主体提起环境公益诉讼在历经试点之后于 2017 年 6 月为法律所确认，案件数量大幅增加但绝对数量仍停留在较低层次。据统计，自 2015 年 7 月授权试点至 2016 年 6 月，各试点地区法院共受理人民检察院提起的环境民事、行政公益诉讼案件 21 件。[③] 2016 年 7 月至 2017 年 6 月，各试点地区法院共受理检察机关提起环境民事公益诉讼案件 71 件，受理环境行政公益诉讼案件 720 件。[④] 显然，在国家大力推进环境公益诉讼发展的情势下，案件数量并未达致原有的预期，环境公益诉讼仍有很大的发展空间。

（二）法院司法能动性的能力制衡与难题

环境公益诉讼的特殊性决定了诉讼双方实力对比的悬殊。环境民事公益诉讼起诉方往往要面对实力和资金雄厚的企业甚至是集团，而环境行政公益诉讼被诉方则是环境行政机关或是地方政府，在中国的行政运行体系下实力对比更为悬殊。我们知道，在环境公益诉讼案件中，社会组织在专业、资金和能力上还存在诸多不足，仍然处于劣势地位。在地位及利益格局失衡的情况下，法律应彰显对弱势主体及弱势利益的倾斜保护功能，体

① 王灿发、程多威：《新〈环境保护法〉下环境公益诉讼面临的困境和破解》，《法律适用》2014 年第 8 期。

② 最高人民法院：《中国环境资源审判（2016—2017）》（白皮书），2017 年 7 月。

③ 罗书臻：《最高人民法院发布〈中国环境资源审判〉白皮书》，http://www.court.gov.cn/zixun-xiangqing-24071.html。

④ 最高人民法院：《中国环境资源审判（2016—2017）》（白皮书），2017 年 7 月。

现"差别原则"，以实现失衡利益的矫正与衡平。①《最高人民法院关于审理环境民事公益诉讼案件适用法律若干问题的解释》第 14 条、第 15 条规定了法院可以调查必要的证据、委托鉴定人以及准许专家参与质证。然而，案件实际审理过程中，法院基于职权主义如何调取证据以及如何参与原被告双方的诉讼过程而又保持中立的角色却存在诸多难题。但对起诉的社会组织而言，专家的鉴定意见、环保部门的相关环境评测的结果报告等关键证据却并不易迅速、及时地取得。环境行政公益诉讼中，法院依职权将相关联的环境行政机关列为共同被告或是依法令其作为证人，应是法院司法能动性的积极体现。而现实中，司法机关大多不愿主动牵扯到行政机关，当然也存在部分法院法官环境保护相关知识储备并不完备的情形，无法做出全面和科学合理的判断。总体来看，法院积极发挥其司法能动性能有效促进案件证据收集及合理判断，并最终促进案件的解决。但在这种情形下也有隐忧，亦即司法权的行使应把握在何种限度之上，如何保证司法权不会对行政权造成过多的干预是司法能动性实施的一大关键因素。法院的能动应当控制在适度的范围内，不能突破既有的法院角色定位以及整个权力配置结构。②

三　环境公益诉讼的扩张发展与适用

由以上问题分析可以看出，中国环境公益诉讼的发展尚存诸多难题与困阻，而在现阶段构建符合国情和历史发展时期的环境公益诉讼制度显得至关重要。为了有效发挥环境公益诉讼在推进城乡环境风险回应中的作用，应积极完善和扩张我国的环境公益诉讼制度，对于城市和乡村地区"损害社会公共利益或者具有损害社会公共利益重大风险的污染环境、破坏生态的行为"都能够及时以环境公益诉讼的方式予以回应，实现和促进城乡环境风险回应的一体化。

（一）环境公益诉讼适格主体扩张与限定的衡平

虽然，国家宏观环境治理应当坚持行政优先的位序，但毋庸置疑的是，个案环境公益诉讼扩张对于环境公共利益的维护、污染企业的威

---

① 王灿发：《中国环境公益诉讼的主体及其争议》，《国家检察官学院学报》2010 年第 3 期。

② 吕忠梅：《环境司法理性不能止于"天价"赔偿：泰州环境公益诉讼案评析》，《中国法学》2016 年第 3 期。

慑、社会总体环境意识的觉醒具有重大的推进意义。因此，当下我们仍应积极推进环境公益诉讼的提起和发展。然而，以现行法律规范为基础的环境公益诉讼适格主体提起的诉讼显然无法达到预期——环境保护公益组织数量和能力不足、检察机关仍以环境行政公益诉讼为主，反而在一定程度上造成了公众对环境公益诉讼的困惑认知。加之，在实践中已然显现的某些社会组织基于私利而与污染企业的不当调解等问题的出现，需要我们反思现行规范的设置是否合理。笔者认为，基于社会现实与运行需求，环境公益诉讼适格主体应当既有限定又有扩张。所谓限定，是对公众作为适格主体的一种约束，倘若允许公众提起环境公益诉讼，一个隐忧是公众对于其发现的生态环境受损事件全部提起诉讼，按照现行立案登记制法院又应予受理，那么就极有可能导致滥诉和所有环境问题都需通过司法解决的窘境。

　　从另一层面而言，环境公益诉讼运行的数量不足与实践缺陷又要求我们扩张适格主体，既要鼓励社会组织积极提起环境公益诉讼，又要充分利用检察机关提起环境公益诉讼的适格主体地位，有效发挥司法权的作用。一方面，符合条件的社会组织应当不断提升环境公益诉讼能力。对于社会组织能力的改进，笔者认为可以通过内生性发展和外延性发展两个方面予以强化。所谓内生性发展，就是强化社会组织自身的综合能力，提起公益诉讼的诉讼能力、专业能力、资金能力、宣传能力以及与政府相关环境行政机关的沟通协调能力等方面都应逐步改善。社会组织的外延性发展，要求社会组织和媒体、权威专业机构以及环保部门建立稳固的联系。现代风险社会的特殊性要求社会组织应当重视媒体宣传以及与专业机构的合作能力，这既有利于帮助它们快速准确地收集证据，也有利于形成维护环境公益的良好氛围，"功利的手段是为了无私的结果"[1]。另一方面，应当逐渐探索和扩张检察机关提起环境公益诉讼的能力。根据《民事诉讼法》（2017）和《行政诉讼法》（2017）的相关规定，检察机关可以依法提起环境民事公益诉讼、环境行政公益诉讼或者支持起诉，检察机关应当积极探索和完善提起

---

[1]　［意］莫诺·卡佩莱蒂：《福利国家与接近正义》，刘俊祥译，法律出版社2006年版，第91页。

诉讼的方式、手段及规则，"消解双重身份的理论难题"①，形成一套良好的体系以完备我国当下的环境公益诉讼制度，更好地发挥司法权维护环境公益的功能。

（二）环境民事公益诉讼"可选择性提起"的限制

根据我国现行法律规定，环保社会组织和满足条件的检察机关可以提起环境民事公益诉讼，检察机关可以提起环境行政公益诉讼。而囿于社会组织自身运行的缺陷，我国环境民事公益诉讼的提起实质上具有一定的"可选择性"。也即，社会组织可以根据自身的意愿选择是否对发现的环境公益损害行为提起诉讼，而检察机关在"在没有规定的机关和组织或者规定的机关和组织不提起诉讼的情况下，可以向人民法院提起诉讼"，并非"应当"提起诉讼。这种"可选择性提起"一方面并不利于环境公益的维护，导致环境公益诉讼只能以点呈现而无法形成面的威慑和优势；另一方面，适格主体的特性甚至会形成社会组织"权力寻租"的空间，它们能够以提起环境民事公益诉讼与污染企业甚至环境行政机关、政府进行谈判，成为一种事实上的筹码，显然又形成另一种事实上的破坏公益行为。依据现行法律规定，明显缺乏对环境民事公益诉讼的"可选择性提起"的适度约束，并不利于维护环境公益的制度设置初衷。因此，应当对环境公益诉讼的"可选择性提起"予以限制，笔者认为可以从激励和制度完善两个层面进行改善。一方面，从主体层面建立原告激励制度。从制度层面上激励社会组织作为原告提起环境民事公益诉讼，既应创设诉讼费用的优惠，还应建立赔偿金的归属和对于起诉的团体的资金奖励机制。②给予社会组织一定的资金奖励能够有效缓解其提起公益诉讼的资金障碍，也可更大限度地调动其积极性。此外，既应依据现行法律规定赋予检察机关适格主体地位，同时又应使其超越支持起诉的地位，监督和督促社会组织积极提起环境民事公益诉讼，从而有效应对环境民事公益诉讼"可选择性提起"的弊端，保障司法权功效的发挥。另一方面，对于环境民事公益诉讼规则和审判制度应当积极进行改进，特别是对于社会组织与污染企业诉前调解、诉中调解的适用、证据调取等一系列规则予以创设和确立，约

---

① 张栋祥、柳砚涛：《检察机关参与行政公益诉讼的角色定位》，《山东社会科学》2017年第11期。

② 顾培东：《社会冲突与诉讼机制》，四川人民出版社1991年版，第54页。

束符合条件的社会组织的行为，才能更好地保障环境民事公益诉讼的良好运转。

（三）完善环境行政公益诉讼制度

与环境民事公益诉讼相对比，环境行政公益诉讼具有其特殊性。一方面，司法机关需要审查和判断行政机关可诉行为的合法性，确定行政机关的职责要求和范围，有利于填补管理缺陷与行政空白；另一方面，司法机关能够发挥合理监督的作用，监督和反促行政机关主动完成相应职责或矫正其行政行为。环境公益诉讼的发展和优化路径在于明确环境行政公益诉讼的主导地位，以环境行政公益诉讼监督和制约政府的行政行为，确保公民参与环境公益保护和监督的全过程。其关键在于明确环境损害或污染行为是否应当由行政机关予以处置或先行处置。笔者认为，我国可以借鉴美国公民诉讼，充分发挥公众和社会组织的监督作用，但提起诉讼前也设置告知程序并通过行政机关的行为阻却环境民事公益诉讼的发生。这样，可以有效协调环境行政和环境司法的关系，避免环境司法对环境行政的干预，而对于后进入司法程序的案件则主要以针对环境行政机关怠于履行职责或不履行职责的行为所提起的环境行政公益诉讼，由此可以更有效地维护环境公共利益。

第三节　变革的救济：生态环境损害赔偿制度的完善

我国的环境库兹涅茨曲线正处于上升趋势，这表明当前我国城乡环境风险治理中面临着较大调整。[①] 但长期以来，政府在城乡污染治理过程中所秉持的"重管制、轻协商""重处罚、轻治理"的工作思想长期存在，导致城乡污染事件中的污染者的赔偿积极性不高，往往以支付罚款的方式应付了事，或者采取拖延、拒绝支付罚金的方式抵制政府的行政决定。这样的治理思路导致了行政效率低下、社会风险增加的消极后果，最终不利于生态环境损害的解决。萨尔兹曼在《美国环境法》中曾经提出以规范性规定、

[①]　钟茂初、张学刚：《环境库兹涅茨曲线理论及研究的批评综论》，《中国人口·资源与环境》2010 年第 2 期。

产权、惩罚、支付、说服为主要手段的环境治理"工具箱"，① 这在我国城乡环境风险治理中仍然适用。尽管惩罚手段具有将污染的外部成本内部化的作用，但是其产生的理论基础是基于理性选择的社会行为范式，并不足以完全涵盖当今社会复杂多样的社会行为动机。而内部化外部性的一个关键问题就是估值定价，在惩罚的治理方式下，惩罚措施的单方行政行为将估价权收于控制之下，由于没有交易市场的存在，这样的定价方式使得城乡污染者对于相应的罚金难以接受；同时，缺乏社会参与的环境治理也使得政府的行政权威大打折扣。因此，城乡环境风险问题的协同治理，有赖于行政治理模式的改革，而在城乡不同场域下，沟通的形式、内容和程序也有细微的差别。城乡环境风险协同共治目标实现需要通过社会的公共参与完善城乡居民的环境参与程序，在沟通协商、汇集民智的基础上，减少传统行政管理方式在城乡生态环境保护方面的机械性和对抗性；又需要通过社会监督、多元参与的方式树立政府的权威，使城乡环境风险解决机制长效运行。

在城乡环境污染治理过程中，受害者倾向于损害发生后，将损失诉诸司法途径加以解决，而司法解决机制存在其制度上所固有的局限性，往往无法及时弥补生态环境业已遭受的损害。一方面，传统的侵权之诉具有法理上的局限性，侵权法理论认为，民事侵权责任的承担以受害人遭受人身、财产的损害为前提，即"无损害，无责任"原则，然而环境侵权具有潜伏性、长期性的特点，环境侵权行为的损害结果难以通过一般方式发现。因此，若等损害结果发生再提起民事侵权之诉则为时已晚，容易造成损害结果的扩大，增加社会的风险。另一方面，诉讼的解决机制具有制度上的局限性。《民事诉讼法》第 149 条规定："人民法院适用普通程序审理的案件，应当在立案之日起六个月内审结。有特殊情况需要延长的，由本院院长批准，可以延长六个月。"一审程序较长的审限给环境治理增加了不确定性，增加了诉讼时间成本。另外，在我国大部分环境污染案件往往通过司法程序加以解决，这无疑为有限的司法资源增加了负担，不利于环境污染案件的妥善解决。由此看来，为突破传统行政管制手段的单一性和司法解决机制的局限性所带来的弊端，探索解决城乡环境污染问题的新

---

① ［美］詹姆斯·萨尔兹曼、巴顿·汤普森：《美国环境法》，徐卓然、胡慕云译，北京大学出版社 2016 年版，第 37 页。

路径，化解环境风险就成为完善城乡环境风险协同治理模式的重要课题。笔者认为，生态环境损害赔偿制度应当是新时代城乡环境风险协同共治的长效治理手段，它能够通过损害赔偿的提起遏制环境风险的扩张，衡平城乡环境风险配置的不正义。

一 生态环境损害赔偿制度的发展与理论阐释

2015 年 12 月，中共中央办公厅、国务院办公厅印发并实施《生态环境损害赔偿制度改革试点方案》，此后中央全面深化改革领导小组第二十七次会议审议通过的《关于在部分省份开展生态环境损害赔偿制度改革试点的报告》（2016 年 8 月 30 日）同意在吉林、江苏、山东、湖南、重庆、贵州、云南 7 省市开展生态环境损害赔偿制度改革试点。在总结各地区改革试点实践经验基础上，为进一步在全国范围内加快构建生态环境损害赔偿制度，中共中央办公厅、国务院办公厅印发《生态环境损害赔偿制度改革方案》（以下简称《改革方案》），自 2018 年 1 月 1 日起，在全国试行生态环境损害赔偿制度。生态环境损害赔偿制度作为一种探索性的制度构造，涵盖了磋商与诉讼两项重要内容，目前理论争议仍然颇大，其在呈现环境风险协同共治中的实际效果上还有待大量实践案例的验证。目前理论界主流的争议焦点集中在对其性质认定上，主要存在两种不同观点：一种观点认为生态环境损害赔偿是行政机关基于自然资源国家所有权，以所有权人的身份与污染者就损害事实、修复方案等进行的私法性质的协商行为和提起诉讼请求的行为；另一种观点认为生态环境损害赔偿是行政机关基于行政管理权对污染者污染环境的行为进行行政管制。[①] 生态环境损害赔偿制度的完善建立需要良好的理论基础，理论建构的有效性也会影响城乡环境风险治理的具体效果。

（一）协商行政理论：赔偿磋商制度的新视野

伴随着社会运作模式不断转化和社会问题的日益复杂，传统的以行政手段为主的生态环境管理模式发生着变革，在城乡环境风险的治理中，规制者逐渐突破罚款、行政拘留等单一的强制性措施，而采用更为多元化的手段以期实现环境的良性共治。以行政制裁为主的行政管理模式，不可避

---

① 郭海蓝、陈德敏：《省级政府提起生态环境损害赔偿诉讼的制度困境与规范路径》，《中国人口·资源与环境》2018 年第 3 期。

免地存在手段僵化、单一的弊端，使得对城乡生态环境治理难以达致预期理想的修复目标，与此同时，制度上的结构性缺失又带来责任承担者缺位的不利后果。正如日本著名法学家棚濑孝雄所述："无论审判如何完美地实现正义，如果付出的代价过于昂贵，则人们往往只能放弃通过审判来实现正义的希望。"① 在城乡环境风险协同共治中，有必要寻求最佳的路径切实维护生态环境平衡。在现代公共行政管理中，行政并不仅是行政行为和行政强制执行，而是使用各种各样的手段来实现其目的。② 协商行政作为一种现代化创新的行政管理方式，将私法机制引入行政管理的过程中，强调对行政过程以及行政相对人的关注，并强调运用协商、契约等来克服传统行政活动的流弊。③ 因此，协商行政的理论引入对生态环境损害赔偿制度特别是磋商的性质论证极具意义，其越过公法和私法理论间看似不可逾越的鸿沟，或许能为其性质的探讨打开新的思路。

作为理论学说的协商行政也被阐发为行政协商或者合作治理，在产生于资本主义国家传统的管制式行政调控手段难以处理日益复杂化的社会问题的大背景下，其在诸多领域的规制中发挥了重要作用。19 世纪末至 20世纪初，随着经济垄断、环境破坏、贫富差距等诸多社会问题日益显化，传统的行政管制手段在回应社会问题中存在愈发无力，规制国的理念逐步兴起。④ 为了应对包括城乡环境风险治理在内的诸多社会问题，现代行政法学将关切的视角由"行政"转向治理，朱迪·弗里曼教授主张建构合作治理的规范模式："必须认真对付私人权力，正当化政府权力的运用，推动行政法这门学科的发展。"⑤ 在美国，协商行政有其诞生和成长的独特社会土壤。首先，诸如生态环境、社会福利等公共领域问题的不断突出催生了政府与社会主体的合作；其次，契约与自我规制为协商行政提供了

① ［日］棚濑孝雄：《纠纷的解决与审判制度》，王亚新译，中国政法大学出版社 1994 年版，第 266 页。

② 黄锡生、韩英夫：《生态损害赔偿磋商制度的解释论分析》，《政法论丛》2017 年第 1 期。

③ 胡敏洁：《合作治理与现代行政法的新方向——读〈合作治理与新行政法〉》，《行政法学研究》2012 年第 2 期。

④ 於方、刘倩、牛坤玉：《浅议生态环境损害赔偿的理论基础与实施保障》，《中国环境管理》2016 年第 1 期。

⑤ ［美］朱迪·弗里曼：《合作治理与新行政法》，毕洪海、陈标冲译，商务印书馆 2010 年版，第 315 页。

重要的手段支持。总的来看，协商行政以公私合作的形式来解决日益复杂的社会问题并为公共管制事业重新定位，这种新的治理模式改变了传统行政法学的对抗式关系，描绘了一幅合作与协商的政治图景。

合作行政的理念对我国城乡环境的协同共治而言颇有理论和实践价值。党的十九大报告指出，发展社会主义民主政治，应当发挥社会主义协商民主的重要作用，要推动协商民主广泛、多层、制度化发展，加强政府协商，形成完整的制度程序和参与实践。在社会问题日益复杂化的今天，协商行政不仅仅是一项仅限于学理研究的"舶来品"，其已经成为我国当下权力核心所关注的政治考量。生态环境损害赔偿磋商机制就是以协商合作为手段，以保护城乡生态环境为目标愿景，将私法手段引入行政管理过程，进而实现行政机关与公民的良好互动的制度设计。生态环境损害赔偿制度应以政府及其部门作为主体开展并重视公民与行政主体间的交往对话，凸显行政过程的公民参与性。① 质言之，城乡场域的生态损害赔偿制度运行中，应以公共利益为中心，坚持行政机关在赔偿磋商程序中的主导地位，以协商合作的手段拓宽行政机关的调控途径，鼓励和支持更为灵活的行动模式和更为多元化的主体参与城乡环境风险治理。

（二）司法权与行政权关系理论：磋商与诉讼的衔接

生态损害赔偿磋商制度的核心框架可阐释为：行政机关与污染者通过合作协商的方式对生态环境公共利益本身所遭受的损害进行救济。作为环境争议解决的重要制度，该制度克服了单纯私法解释论的局限性和传统行政管制手段失灵的尴尬情境，为城乡环境风险共治提供了新的手段和途径。② 日本学者盐野宏曾指出："实体法上区别公法和私法是没有多大意义的"，若通过磋商无法防止生态环境损害继续扩大，则负有责任的主体有必要及时提起诉讼，保障生态环境利益不受损害。

在生态损害赔偿制度的构造中，政府作为索赔人的理论基础在于，生态环境不为国家垄断所有而为全民共有，政府接受全民委托对其进行管理和保护，当生态环境受到损害时，政府有义务为保护公共环境利益不受损害进行索赔。这种"公共信托"理论转变了将自然资源视为国家垄断财

---

① 王金南等：《加快建立生态环境损害赔偿制度体系》，《环境保护》2016年第2期。

② 彭丽娟：《论环境纠纷非诉讼解决机制生态化》，《吉首大学学报》（社会科学版）2016年第5期。

产的思维模式，① 并据此为政府进行磋商和诉讼提供了理论依据。随着行政权不断扩张，其职权从单纯的"守夜人"到促进经济社会发展，再到促进经济社会发展与保护社会公共利益兼重。另外，公众的行政参与程度加强，行政民主化是大势所趋。磋商制度前置的设计，可以在最大限度上实现对生态环境的保护，但是司法的谦抑性并非全然不发挥作用，在生态损害赔偿制度的构建中，磋商和诉讼都应当把握各自的职责分工，协同发挥作用。

就磋商阶段而言，如果将赔偿协议定性为民事性质的协议，则有将赔偿协议脱离其产生制度之语境进行考察的意味，经由行政性质的赔偿磋商程序产生的赔偿协议也应当与赔偿磋商制度的行政性质相协调。首先，从双方主体的性质进行考察，赔偿协议的制定主体是处于不平等地位的行政机关与行政相对人，其制定过程应当属于行政规范所调整的范畴；其次，从赔偿协议的内容进行考察，赔偿协议的内容旨在修复受损的生态环境，保障社会公众利益，同民法合同中调整的私权利属于截然相对的两种利益。因此，赔偿协议在性质上应当归于行政契约的范畴，采用行政法律规范对其加以规制。赔偿义务人对行政合同的救济，也应当通过行政争议规制的路径加以解决，其一是根据《行政复议法》的规定申请行政复议，其二是根据《行政诉讼法》的规定提起行政诉讼。

就诉讼阶段而言，一者应当协调其与磋商程序的协调性。生态损害赔偿诉讼是前置磋商程序未发挥相应功能后的替代性措施，制度功能仍在防止城乡环境风险所造成的实害化结果进一步扩大化；应当梳理生态损害赔偿诉讼和环境公益诉讼之间的关系，二者虽是基于不同的请求权基础而产生的不同诉讼制度，但本质目的是具有内在一致性的，在具体实践中也极易出现二者竞合的情况，相应诉讼规则应当予以明确，这在《改革方案》中也有所论述。

生态损害赔偿制度应以行政权为主导，坚持磋商前置的基本原则，对无法及时达成磋商协议或者所达成协议未及时履行的，再行提起诉讼，以努力发挥其在城乡环境风险治理中的相应作用。制度设计应当明晰：首先，应当把握行政赋权与行政控权的尺度，在法律的框架内赋予行政机关在赔偿磋商制度内的具体权限，对行政机关可以进行磋商的内容做明确规

---

① 王金南等：《加快建立生态环境损害赔偿制度体系》，《环境保护》2016 年第 2 期。

定，既保证行政机关依法行政，又给予行政机关一定的灵活性。其次，司法权和行政权的关系有必要进行系统性梳理。在生态环境损害赔偿的制度架构中，司法权和行政权应该有具体的分工协作，二者共同实现城乡生态环境良法善治的具体目标。也就是说，既要防止司法权侵入和超越行政权，阻碍磋商程序的进行，又要防止在生态环境损害赔偿的磋商程序中，久拖不决，造成损害的扩大。

二　生态环境损害赔偿制度的问题解构

作为城乡环境风险救济的重要路径，生态环境损害赔偿制度目前尚处于初步探索之中，顶层设计和基本思路虽有所明确，但是由于样本不足，具体的制度架构尚有待完善。其主要存在如下问题：

（一）生态环境损害赔偿与环境公益诉讼的衔接互动不足

任何制度都需要各制度相互配合才能发挥其最大价值。生态环境损害赔偿诉讼与环境公益诉讼虽然是基于不同的请求权基础而产生的不同诉讼制度，但是二者的本质目的是具有内在一致性的，因此协调二者之间的关系显得尤为重要。[①] 以重庆市政府诉重庆藏金阁物业管理有限公司、重庆首旭环保科技有限公司偷排电镀废水污染长江诉讼案为例，重庆两江志愿服务发展中心提起环境公益诉讼后，政府又提起生态环境损害赔偿诉讼，主审法院采用了直接合并审理的方式。虽然二者在环境保护目的上具有内在一致性，但根据之后出台的《改革方案》及其法理依据，二者并非同一性质的诉讼，那么直接进行合并审理虽确实是一种创新性探索，但却仍值得商榷。针对同一生态环境损害事实，政府提起的生态环境损害赔偿诉讼与社会组织、检察机关提起环境公益诉讼该如何协调？是否具有先后顺序？这些问题在《改革方案》中并没有进行任何具体规定，只是作了相关指示，即由最高人民法院通过全国具体的试行情况以制定指导意见的方式对二者之间的衔接等问题予以具体规定。据此，如何处理二者之间的衔接问题，对生态环境损害赔偿制度的功能发挥有着很大的影响。只有二者密切协作、有机配合，才可能真正实现生态环境利益的保护，促进生态文明建设与发展。

---

① 贺震：《构建生态环境损害赔偿磋商与诉讼衔接机制》，《中国生态文明》2017 年第 1 期。

（二）　生态环境损害鉴定评估制度不完善

生态环境损害鉴定评估是一项综合性、系统性很强的工作，评估中涉及各方面的内容，对技术比较依赖，如果没有合理科学的法律体系来做参考依据，则难以提升生态环境损害鉴定的准确度，也不能有效提升生态环境损害鉴定的水平。但是，当前我国相关法律规范并不完善，具体制度设计存在不足。损害的确立、因果关系的认定都依赖于损害的鉴定评估技术，目前生态环境损害的计算标准还是依据于《环境损害鉴定评估推荐方法（第二版）》。但由于存在环境损害赔偿评估法律法规不完善，缺乏先进的技术手段做支撑等问题，使得环境评估程序难以有效进行。简而言之，有以下几个问题：第一，我国司法中关于鉴定评估解释未与相关的鉴定技术进行有效衔接，其中很多专业性内容的界定和规范不明确，无法与该方面的鉴定技术形成一个系统的体系。第二，《环境损害鉴定评估推荐方法（第二版）》的方法体系范围较窄，尚未涵盖实际的工作内容，其中部分内容需要完善和调整。第三，没有对关键技术进行深入的研究。环境损害鉴定所涉及的内容较多，并且在鉴定的时候需要对不同的污染物成分以及对环境的影响情况等进行分析和确认，但是我国当前还没有针对这些关键技术进行统一的规定，没有出台相应的技术导则，使得关键技术无法得到有效的法律支撑。第四，当前随着社会环境的不断变化，对环境造成污染的物质种类也在不断增多，鉴定标准也需要随着环境的变化而不断改变，但是我国现有的鉴定标准并没有及时完善和调整。

（三）　资金管理及赔偿措施不明确

生态环境损害赔偿案件最终的执行效果，依赖于对资金的科学管理，而资金的合理配置和使用对城乡环境风险协同共治具有重要的影响。首先，目前赔偿资金去处仍没有解决，资金管理并没有形成统一有效的管理办法，只是部分省市经过试点制定了本地资金的管理方式。如山东和贵州分别以财政专户、第三方基金机构管理的模式予以管理资金。但目前也只限于个别省市的推行，其是否可在全国推行有待进一步检验考察。其次，财政专户资金使用程序复杂，审批流程比较长缺乏明确标准，使得资金使用效率不高的问题也普遍存在。最后，在试点案例中发现，生态环境损害赔偿案件的审判结果往往只规定具体的赔偿金额，而该资金如何用，具体的修复措施应当如何履行等都未得到解决，以至于可能判决书虽然生效，但是具体执行措施却无法快速达成，错过生态环境最佳修复期。

三　生态环境损害赔偿制度法治化进路

建立程序合法、运行高效的生态环境损害赔偿磋商制度将极大地推动我国城乡环境风险治理的法律实践，实现制度建构的生态目标和社会目标。笔者将在协商共治、多元参与的理论基调下，尝试通过科学性、体系性的制度运行模式来推动"谁污染，谁治理"目标的实现，探索城乡环境风险协同共治的有效路径。

(一) 赔偿磋商制度前置程序的法治化

目前改革方案已经授予全国省级、市地级政府及其指定的部门或机构作为赔偿权利人，开展磋商或提起生态损害赔偿诉讼。笔者认为，为有效协调生态环境损害赔偿磋商和诉讼的关系，应进一步推进磋商前置程序的法治化。

1. 磋商制度的调查程序

磋商制度调查程序是指在《改革方案》规定的三种生态环境损害事实发生后，为防止城乡生态环境损害扩大，由行政机关对生态环境损害的客观状况进行实地勘验、检查的程序。在调查程序中，应当以行政机关为主导，坚持公平公正、权责统一的原则。在具体实施中需要把握两个关键问题：一是调查主体的确定问题。以行政权为主导的赔偿磋商制度应当发挥行政机关的主体地位，生态环境主管部门处理城乡生态环境问题需要具备很强的技术专业性和手段的综合性，这是调查结果科学性的重要保证。行政机关在调查过程中应当坚持诚实信用的原则，对调查结果的真实性负责。二是参与原则的适用问题。赔偿磋商制度强调协商行政的精神，在调查过程中可以邀请相关社会组织和专家学者参与其中，对调查过程提出专业性意见，同时也可以对行政机关的调查过程进行监督。

2. 磋商制度的证据收集

磋商制度的证据收集是指在行政机关对生态环境损害事实的调查过程中，行政机关对涉及损害事实的客观材料进行勘验、收集的程序。证据不但是损害事实认定的重要基础，也是适用法律的重要前提。证据收集程序应当关注几个关键点：首先，证据的收集程序应当遵循合法性原则，行政机关应当指派两名以上工作人员对有关证据进行收集以及扣押、封存、采样等；其次，由于生态环境破坏具有隐蔽性和广泛性，对生态环境损害事实的证据收集应当扩大收集范围和并延长期限，以保证对生态环境的实质损害评估充分；最后，对于因生态环境破坏而遭受私权利损失的第三方提供的证据，在符合正当程序的前提下，可以用赔偿磋商制度中对生态环境损害的事实进行认定。①

（二）生态环境损害赔偿与环境公益诉讼的有效衔接

同一生态环境损害行为中，由于侵害客体和责任主体的差异，政府和社会组织、检察机关等主体可能基于不同的请求权基础提起针对生态环境本身损害的生态环境损害赔偿诉讼或者环境公益诉讼，出于规范和完善生态环境损害赔偿诉讼制度，协调二者关系的客观需要，有必要对于上述两者的关系协调问题进行必要阐释。生态损害赔偿诉讼的诉讼标的为财产所有权侵权损害赔偿法律关系。这在诉讼请求上与环境民事公益诉讼有着一定重合，即二者均主要以要求责任人承担生态环境修复责任或直接支付赔偿费用为其主要诉讼请求。从赔偿费用的使用上看，基本用途也是用于生态环境修复或替代修复等。据此，二者之中任一诉讼的诉讼请求得到满足后，另一诉讼所本欲达到的实体效果也将得到满足，故处理二者关系协调问题的原则应当定位为不能使责任人同时承担两种诉讼的诉讼请求内容，否则将导致责任人承担有失公平的过重负担，有违法律的平等保护原则。

协调二者关系的关键在于起诉顺位的设置。在起诉顺位的设置上，由于两种诉讼具有其独立的请求权基础，故现阶段暂不宜设置先后顺位。目前较为合理的做法是在有关法律或司法解释中规定只要符合法定条件的主体均可提起生态环境损害赔偿诉讼或环境公益诉讼，在一方起诉后另一方跟进起诉或两方同时以各自的请求权基础分别起诉的，由于二者符合最高人民法院关于适用《中华人民共和国民事诉讼法司法》的解释第221条合并审理的条件，此时对其进行合并审理是可行的。对于判决诉讼利益的归属，按现阶段环境公益诉讼胜诉赔偿金的管理情况来看，基本都进入了当地政府或法院建立的基金或专账用于生态环境修复或替代修复，与资金管理模式趋同，故可以考虑在有关法律或司法解释中明确环境公益诉讼取得的赔偿金一并进入各省级环境保护主管部门设立的生态环境损害赔偿与替代修复资金专用账户。如此，人民法院在合并审理做出判决并撰写裁判文书时便可一并要求将责任人的赔偿资金支付到生态环境损害赔偿与替代

---

① 杜健勋、王永祥，《我国环境民事公益诉讼中证据收集制度研究——以证据收集方法为视角》，《西部法学评论》2016年第5期。

修复资金专用账户。

（三）　生态环境损害鉴定评估制度的法治化

《改革方案》中提到了生态环境损害赔偿作为环境污染发生后的纠纷解决制度，同时强调"生态环境损害发生后，赔偿权利人组织开展生态环境损害调查、鉴定评估、修复方案编制等工作，主动与赔偿义务人磋商"。但是，《改革方案》中并未对鉴定的具体程序作明确规定，笔者认为，鉴定评估的意见可以在诉讼中免于质证，以节约诉讼成本。《改革方案》规定，有关工作部门在工作中发现生态环境损害行为或者接到相关生态环境损害报告、通报后，经调查发现生态环境损害修复符合采取生态环境损害赔偿范围的，应当及时查明并告知赔偿义务人，同时委托具有生态环境损害鉴定评估资质的机构进行评估并出具生态环境损害鉴定评估报告，鉴定评估制度构建应当关注以下四个关键点。

一是鉴定主体资质确定。《改革方案》对鉴定主体的确定提出相应要求，选择的鉴定机构应当满足相关专业资质。《改革方案》规定，为磋商提供鉴定意见的鉴定评估机构应当符合国家有关要求；为诉讼提供鉴定意见的鉴定评估机构应当遵守司法行政机关等的相关规定规范。

二是鉴定程序的规范。《改革方案》对鉴定程序提出了更为规范化的要求，鉴定评估的流程应当遵循相关行业规范，在法律的框架下实现鉴定结论客观性和科学性的统一，为生态环境损害赔偿过程提供专业化的信息指导。

三是鉴定机构告知程序。在鉴定机构的选择上，行政机关应当将相关鉴定机构的确定告知赔偿义务人，并听取赔偿义务人的相关意见。这一制度设计是赔偿磋商制度公众参与原则的具体体现，是规避公众质疑、提高政府公信力的良好途径。

四是评估鉴定报告在生态损害赔偿诉讼中的证明力。根据《最高人民法院关于民事诉讼证据的若干规定》的有关规定，并结合评估鉴定报告在磋商程序中具体作用，笔者认为，若当事人对报告没有根本性的、足以推翻报告结论的意见时，为节约司法成本，该报告应当免于质证。

质言之，我们应当注重专门法和技术标准在损害鉴定评估中的作用，在制定生态环境损害赔偿相关法律规范时，应当专门对生态环境损害评估程序予以规范，为具体实施评估程序提供法律依据。损害的具体评估需要依靠先进的科学技术，因此应根据我国基本国情建立适合的环境损害评估技术手段，完善准入监督机制，充分发挥第三方独立机构的优势开展生态环境损害鉴定评估。同时，赔偿权利人应当委托具有权威资质的鉴定评估机构进行鉴定评估，司法机关应当加强与行业协会的沟通、协调，推动评估行业的建设，为评估机构及专业人员参与生态环境损害赔偿诉讼、评估实务创造条件。

（四）资金管理制度的法治化

资金妥善管理是保证生态修复执行的重要前提，若适用于为实现城乡环境风险协同共治的具体诉求，则必须保障赔偿资金运用的法治化。《改革方案》第四部分对加强生态环境损害赔偿资金管理进行了规定，一般情况下经磋商或诉讼确定赔偿义务人的，赔偿义务人应当根据磋商或判决要求，组织开展生态环境损害的修复。这种情况，不涉及资金管理，且在实务工作中该情况也是较为少见的。而涉及资金管理的，依据《改革方案》主要有三种模式。

1. 代履行模式

赔偿义务人无能力开展修复工作的，可以委托具备修复能力的社会第三方机构进行修复。修复资金由赔偿义务人向委托的社会第三方机构支付。赔偿义务人自行修复或委托修复的，赔偿权利人前期开展生态环境损害调查、鉴定评估、修复效果后评估等费用由赔偿义务人承担。

2. 财政拨款模式

赔偿义务人造成的生态环境损害无法修复的，其赔偿资金作为政府非税收入，全额上缴同级国库，纳入预算管理。赔偿权利人及其指定的部门或机构根据磋商或判决要求，结合本区域生态环境损害情况开展替代修复。在具体实施上，各地区的实践存在一定差异。例如，山东省在《生态环境损害赔偿资金管理办法》中规定，通过人民法院生效判决、调解确定的生态损害赔偿资金，由人民法院负责执行，生态环境损害赔偿资金具体通过"山东省非税收入征收与财政票据管理系统"上缴，省财政厅负责确定执行单位生态损害赔偿资金执行编码。修复单位和修复项目确定后，由项目修复单位向项目实施地财政、环保部门提出资金申请，并将相关资料逐级上报省级财政厅、省环保厅，由省环保厅审核后报省财政厅。而重庆则采取由重庆市财政局批准，在重庆市环境保护局设立生态环境损害赔偿与替代修复资金专用账户的方式对赔偿资金进行管理，专款用于受损生态环境的修复或替代修复。

3. 基金运作模式

将生态损害赔偿资金纳入统一的环境修复基金中进行管理，是赔偿资金管理的一种重要设想。虽然目前缺乏具体实践，但这一思路设计可以实现救济的社会化。同时，也可克服财政拨款制度可能造成的资金无法足额用于修复的尴尬境地。

总而言之，生态环境损害赔偿制度的建立是为了回应我国日趋严峻的生态环境保护形势，制度初衷契合当前加强生态文明建设的诉求，能够为城乡环境风险协同共治提供制度支持。生态环境损害赔偿制度的构建有利于实现对生态环境本身的救济，但诉讼制度毕竟是生态环境损害救济的最后一道防线。为实现城乡环境风险治理的良法善治，生态环境损害赔偿制度必须要注重和其他纠纷解决机制形成制度合力，为实现美丽中国的美好愿景提供制度支撑。

第四节　社会化救济：环境污染责任保险制度的推进

环境污染责任保险的社会化救济方式有利于分摊和合理转嫁环境风险，保证生态保护和污染治理的连续性和有效性。环境风险涵盖了"损害是否发生"及"损害的大小"的不确定性两种情形，因此多数环境风险应当是可预见的，或者多数都是存在现实的危险表现形式。环境污染责任保险类属责任保险，以企业发生环境污染风险事故对第三者造成的人身伤害或者财产损失依法应承担的赔偿责任为标的的财产保险险种。由于城乡二元结构所导致的城市与农村的资源配置不均衡、农村居民囿于信息等资源获取的阻碍和欠缺而对于环境风险的感知偏弱，风险发生多集中在农村地区，承担风险者也多为农村居民。由此，环境污染风险在农村地区的发生概率远大于城市地区，加之农村居民在财产受到损失之后的救济手段和恢复能力的考量，建立和落实环境污染责任保险的社会化救济方式，通过保险功能的发挥和管理的实施，使环境污染风险责任社会化，将有助于减轻城乡资源配置不均等导致的风险负担不平衡的弊病。

一　我国环境污染责任保险制度的探索实践

环境污染责任保险制度是保险制度在环境污染防治领域的一种应用，

即当环境污染对人身、财产以及公共环境造成损害时，通过保险的赔付对发生的损害进行填补。但是环境污染不同于其他的损害事件，如何防范以及填补环境污染的损失成为亟待解决的焦点。环境污染责任保险可以分为强制性环境污染责任保险、自愿性环境污染责任保险、强制性与自愿性相结合的混合型环境污染责任保险三种。自 20 世纪 90 年代初开始，我国就开展了环境污染责任保险的试点工作。大连率先进行了试点工作，其后，沈阳、长春、吉林等地方也开展了相关试点工作。这一时期的试点主要采取自愿模式，以自愿投保为原则。由于缺乏有效的监管机制和制度保障以及保费相对较高、赔付率低等因素，愿意投保的企业数量较少，试点工作荆棘载途。以作为试点的首个城市大连为例，其赔付率仅 5.7%，而沈阳市更是达到了赔付率为零的境地。① 总体来看，我国当时的经济社会环境显然尚无法适应自愿性环境污染责任保险的实施。

2006 年，《关于保险业改革发展的若干意见》指向了环境污染责任保险的重新试点。2007 年，《关于环境污染责任保险工作的指导意见》提出，开展环境污染责任保险政策试点工作，提倡在全国各地建立环境污染责任保险政策，鼓励购买环境污染责任保险，为环境污染责任保险政策的出台进行经验累积。而随着环境意识的觉醒，公众开始推崇绿色发展和消费模式，这也为环境污染责任保险营造了有利的社会环境。国家积极推动环境污染责任保险的尝试，标志着国家层面对环境污染责任保险的引导与控制。2013 年，《关于开展环境污染强制责任保险试点工作的指导意见》面世，该意见对环境污染责任保险的试点工作的内容作了强制性的要求：对于重金属企业和石油化工等环境污染发生可能性高、环境污染发生损害后果严重的重工业公司必须购买环境污染责任保险，如果符合条件的企业不购买环境污染责任保险，环保主管部门将会受到相应的惩罚。这样的规定从政策上对环境污染责任保险进行了强制性规范，标志着我国的强制性环境污染责任保险模式在重金属企业和石油化工等环境风险较大的领域率先展开。当然，其亦表明环境污染责任保险的顺利实施需要公权力的主动介入，环保主管部门作为监督主体对环境污染责任保险的实施具有监督责任，并需要承担监督不力的惩罚后果。然而，2014 年修订的《环境保护法》并没有确认环境污染强制责任保险，仅仅规定"国家鼓励投保环境

---

① 别涛、王彬：《环境污染责任保险制度的中国构想》，《环境经济》2006 年第 11 期。

污染责任保险"。显然，这基本上预示着环境污染责任保险重新回归了自愿性的方式，政府无法依据法律强制企业投保，强制性环境污染责任保险有陷入停滞的风险。

正是在这一背景下，2016 年 8 月，七部委联合发布的《关于构建绿色金融体系的指导意见》再一次重申在环境高风险领域建立环境污染强制责任保险制度。这为环境污染责任保险制度的发展和完善带来了转机，越来越多的企业开始主动投保。截至 2016 年，已经有接近 1.5 万家企业参与保险，保费也达到了 2.84 亿元。与保费对应的是，环境污染风险保障金已逾 260 亿元，这大大提高了投保企业的风险抵御能力。除了投保额的增加，我国的保险产品也达到 20 余个，比初期增加了 400%。质言之，在国家主管部门的引导和政策指引下，我国的环境污染责任保险制度得以迅速发展。与之相应，地方环境污染责任保险的实践也得到普遍推广。2018年年初，贵州省在全省范围内开展环境污染责任保险，并制定了相应的鼓励措施。环保主管部门对于环境环境污染保险给予资金上的支持，对参保企业给予一定的政策倾斜，建立环境污染责任保险的评估体系。2018 年 1月 25 日，深圳市全市开展环境污染责任保险的试行工作，制作了投保企业名录，对企业的投保予以严格规定。2018 年 4 月 13 日，江西赣江新区《赣江新区环境污染责任保险试点工作方案》发布，政府将给予首批试点的企业 90% 的保费补贴。由此可见，无论是国家层面的法律法规还是地方的实践推进，我国环境污染责任保险制度都在探索中逐渐往前迈进。

二　环境污染责任保险的城乡适用及模式选择

随着科学技术和我国经济水平的高度发展，当前农业与工业的联系日益紧密，第一产业所带来的环境污染的程度也与日俱增。与此同时，城市污染向农村转移也是农村环境恶化的另一主要原因。而农村环境治理缺乏相应配套的环境治理措施及制度保障，有关部门对于农村环境污染的重视程度也远不及城市，且农民自身对于从事生产活动所带来的环境污染问题的认识程度也有待提高。环境行为意向与环境行为之间存在着较强的相关性，即环境行为意向越强烈的城乡居民，越有可能实施更多的环境行为。这说明在我国社会经济以及人民生活水平不断提高的社会背景下，人们不再仅仅着眼于物质生活质量的提高，也更加关注其生存环境的质量。当城乡居民意识到自己的日常生活和行为方式与环境保护之间有着密切的联系时，其保护环境的主动意识就会呈上升趋势，更加注重环境保护及城乡环境问题，进而在日常生活中更加倾向于环保的生活方式及行为。同时，由于我国正处于建设中国特色生态文明的探索期，与之相关的环境治理及城乡环境协同共治制度及基础设施都尚未成熟完善，而环境行为的实施一般都需要实施者付出额外的成本，因此还需克服社会整体环境行为缺失所导致的不便之处。故环境责任保险制度的适用，可以有效减少城乡居民对于实施环境保护行为的顾虑，对于事前预防环境污染事件及事后环境侵权救济都有一定的促进作用。对于农村地区而言，建立农村环境责任保险制度，通过乡镇企业或部分农民本身缴纳一定的保费，再由政府提供一定的生产补贴，能够在环境污染导致投保人身体健康受到侵害或农作物等遭受财产性权益损害时，以及时获得赔付保护权利人的环境权益和经济利益。另一层面上而言，这也能够进一步提高政府对于农村环境治理的效率，从制度层面增加城乡环境治理手段的多样性。因此，政府部门应当加大农村地区的环保投入，实现城乡环境协同共治管理一体化，如设立农村环境责任保险专项资金项目，将农村环保与城市环保同等对待。基层群众自治组织应加强农村环境责任保险的相关政策内容的宣传，使农村居民了解环境保护的重要性，促进农村环境责任保险的有效落实。

在环境污染责任保险的模式选择上，由于《环境保护法》等的相关规定过于零散且倾向于自愿性，因此急需从法律规范上予以回应。2017年6月，《环境污染强制责任保险管理办法（征求意见稿）》面向社会征求意见。这意味着，国家对于强制性责任保险的推进实际上一直持积极态度，我国环境污染强制责任保险已经向制度层面迈进。质言之，我国环境污染责任保险制度应该坚持强制性与自愿性相结合的模式：一方面，通过法律的修订与规范办法的出台，细化环境污染强制性责任保险适用的规定，对有重大环境污染风险的行业实施严格的强制性投保机制；另一方面，对于一般性环境污染责任保险则根据经济社会发展的总体情况依然采取鼓励的方式，以自愿性环境污染责任保险的并行推进保障我国环境污染责任保险制度的发展。具体而言，应当就环境污染责任保险的投保强制程度、索赔制度、执法部门、监督主体予以明确和完善，同时鼓励地方制定符合自身特点的地方性法规，使环境污染责任保险更具操作性。

总体来说，我国应当确立以强制投保为主、以自愿投保为辅的混合型环境污染责任险制度。究其原因，单纯依赖强制性责任保险会破坏整个市场活力，造成环境污染责任保险的供需紊乱。因此，应该在一定程度上允许投保企业自主发展业务吸引投保企业，鼓励企业自主选择适合自身的环境污染责任保险产品，通过市场调节的方式引导环境污染责任保险的良性运转。值得注意的是，对于强制性与自愿性环境污染责任保险的划分，成为这一制度发展的一大重要问题。2018 年 1 月 26 日，《深圳市环境污染强制责任保险试点工作方案》对环境污染责任保险的强制与自愿做了区分，一定程度上可以作为两者区分的重要借鉴。试点工作方案规定，企业具有下列情形之一的，纳入环境污染强制责任保险试点范围：从事环境高风险经营活动的，包括从事基础化学原料制造、合成材料制造、化学药品原料药制造的，收集、贮存、利用、处置危险废物或年产生危险废物量1000 吨以上的，经营液体化工码头、油气码头的；生产经营活动中涉及高环境风险物质的，包括生产、储存、使用或释放"突发环境事件环境风险物质及临界量清单"所列物质并且最大存在量达到或者超过临界量，生产"环境保护综合名录"所列高环境风险产品的；生产活动中排放重金属污染物的，包括从事电镀、印制电路制造、铅蓄电池极板制造、组装等排放重金属污染物的；污水处理厂、垃圾填埋场、垃圾焚烧发电厂等提供环境公共服务的；纳入固定污染源排污许可重点管理的；近三年发生过较大及以上级别突发环境事件的；国家或省规定应当投保环境污染强制责任保险的其他情形。在具体实施上，由市环保部门根据所列情形制定并发布环境污染强制责任保险试点企业名录，名录内企业应当按要求参加环境污染强制责任保险，鼓励和支持未列入名录的具有环境风险的企业参照环境污染强制责任保险模式参加环境污染责任保险。

就广大农村推行环境污染责任保险而言，应当突出强制性和政策性的并重，采取环境污染强制责任保险的模式。农村环保基础设施、环保管理制度的欠缺，导致整个区域范围内往往陷入环境污染事故频发、环境突发事件异常的窘境。因此，自愿性环境污染责任模式下，会使得保险公司对农村地区避而远之，承保意愿弱。为了保证农村环境污染责任保险的顺利实施，只能选择强制责任险。第一，投保、承保主体特定且法定。环境行政部门应当根据农村环境污染治理的实际需求，通过政策发布或规章制定的方式，"逼迫"一定规模的乡镇企业向"指定"的保险公司投保农村环境污染责任保险。这就要求事先确立统一的全国性、强制性的农村环境污染责任保险制度，同时辅以地方政府的因地制宜，使得地方污染企业能足够重视和有效执行。第二，险种法定且特定。特定投保主体如果对风险的高低判断存在误差，往往会导致风险与险种的不匹配，保险市场的逆向选择将会引致低风险企业的退出，增加了保险公司的运营风险。目前农村环境污染责任保险应当着眼于工业转移污染带来的损害赔偿难题。第三，保险性质为政策性。农村环境污染责任保险不应当也不得采用商业险的模式，只能是由政府主导的政策性保险。这是由环境污染治理的外部不经济性和公益性决定的。政策性的另一个要求是，地方政府对于农村环境污染强制责任险的政策和资金支持必不可少。因此，应当建立健全激励机制，由基层政府给予适当的政策优惠和税收补贴，提高保险公司的承保动力和乡镇企业的投保意愿，促进保险的实施。①

三　环境污染责任保险制度的评估与索赔机制完善

环境污染责任保险的试行与推广面临两大难题，一是评估机制不健全，二是索赔机制不畅。环境污染具有其特殊性，因果关系不确定又涉及公共利益，再加上基于特性的累积性和突发性都增加了环境污染损害评估的难度，也在一定程度上导致了实际保费与合理保险的出入很大。同时，环境污染的渐进性致使损害后果的形成可能需要很长的时间，如何赔付以及赔付程度的不确定性导致企业担心无法得到全面的赔付而使索赔机制流于形式。因此，这两个问题的解决对于环境污染责任保险的发展具有至关重要的作用。

首先，就评估机制而言，对于环境污染责任保险的评估应该覆盖保险的全过程。事前评估应该根据企业的生产地点，评估企业可能的污染范围和当地生态修复的难易程度，根据企业的生产状况、规模大小，以及企业的环保意识，评估企业污染的严重程度；事中评估应根据企业污染对人身财产、社会环境造成影响的严重程度，重新恢复生态的难易程度确定赔付额；同时，还应建立事后评估，因为环境污染的损害不一定当时显现，有可能在日积月累后造成危害，因此应该对未来可能出现的危害进行分析以确定保费。同时，应建立科学的评估量化机制，将评估报告转换为量化数据，制定科学的转换标准，通过数据的分析确定合理的保费。此外，还应

---

① 张燕、侯娟：《农村环境责任保险制度实施之动因及策略》，《中国人口·资源与环境》2013 年第 7 期。

建立专门的评估机构，我国现有的环境污染损害评估机构偏少，而且整体运作缺乏活力。作为保险市场参与的中立一方，评估机构应该公正客观，并且应该具有权威性。当前，可以尝试将科研单位引入实际评估之中，高校、医院、研究所等具有更好的科学设备，拥有很好的条件去分析污染事故的原因与损害，使得评估具有更高的科学依据性。

其次，就索赔机制而言，一方面应当延长环境污染责任保险的索赔期间。环境污染损害具有一定的潜伏性和滞后性，因此如何协调保险期间与索赔期间的关系成为企业是否选择投保的一大核心问题。而我国目前主要是在合同规定的有效期间内由保险公司对于环境污染的发生承担保险赔偿责任，但是环境污染发生时间的不确定导致这一有效期间不足以使得环境污染的赔偿需求得到满足。因此，可行之策是建立合同终止后的固定责任期间。在这一期间内，只要企业能够证明环境污染损害的发生与其在投保期间的污染行为有关，并列出该行为危害程度的足够证据，那么保险公司依旧应当对该行为产生的损害结果进行保险赔偿。换言之，在投保期间很可能没有任何环境污染事故的发生，但只要有足够的证据证明今后的环境污染事故与先前的行为有关联，那么保险公司就应该承担与该行为造成的污染损失相当的赔偿责任。另一方面，应当增加环境污染受害人对于环境污染责任保险赔偿的请求权。目前，我国保险法没有直接赋予第三人对于保险的请求权，第三人只有在投保人怠于行使赔偿请求权的时候，才能向保险公司申请理赔。环境污染不同于其他事故，其所造成的损害需要及时恢复，避免造成更大的环境污染。因此，可以尝试增加第三人的赔偿请求权，当第三人的权益或者公共利益遭受破坏的时候，得以直接向保险公司行使赔偿请求权，保障其所受侵害得到合理的补偿。

四　规范环境污染责任保险的市场与环境

首先，保险公司需要加大对环境污染责任保险的投资力度，设计更符合市场的环境污染责任保险产品。对于保险公司而言，其应该认识到环境污染的特殊性，特别是环境污染损害具有突发性或破坏性，在事前评估中有时甚至无法量化，因此应当注重环境污染责任保险赔偿的资金积累。同时，保险公司还应该建立环境污染责任保险理赔专项准备金。广东省的试点中，保险公司将保费的1/10作为专项资金，在遇到符合该专项资金的适用情况时，就可以动用这笔资金进行相关赔偿。此外，可以推行环境污染责任保险的共同承保，通过多家保险公司的联合承保，降低单一保险公司的赔付风险，实现共同承保，共担风险。

其次，企业应秉承生态文明的基本理念，将环境责任的承担确立为企业的基本文化，在追逐利润的同时兼顾环境的保护。环境污染责任保险的推行，实质上是以社会化救济方式保障环境污染发生后单一企业的责任能力不足问题，但企业应该从自身出发严格遵守法律法规，尽量减少污染物的排放。环境污染责任保险市场的良性运转需要所有企业的努力，唯有企业污染防控意识的提高，才会从总体上降低企业污染的可能性，进而降低环境污染责任保险的保费，使得企业拥有更多的资金进入再生产，形成良性的市场循环。

最后，农村环境污染强制责任保险的生存环境和发展沃土应当是乡镇政府、保险公司和金融机构三方合作建构的。正规或非正规金融机构向乡镇企业提供贷款时，考察的内容可以包含保险公司的环境事故出险或环境影响的评价报告。根据相关报告，金融机构可以在决定出贷时有较为有力的参考。这样借助市场的手段引导农村环境污染责任保险的发展，为农村环境保护、污染治理构筑起防线。此外，乡镇政府可以通过环境信息公开制度，对乡镇企业的参保情况、环境风险防范情况、污染事故或突发事件的发生概率进行汇总予以通报，并定期更新。如此，企业投保情况一目了然，有助于金融机构评判相关企业的信贷资历；同时，企业投保情况也将作为政府政策倾斜和补贴优惠的依据。换言之，环境污染责任保险的推行既能为企业信誉提供有效支撑，也在一定程度上促使企业享受相关优惠而降低生产成本，从市场和环境上保障企业的有序发展，也能反促环境污染责任保险本身在规范的市场与环境中得到更好的发展。

参考文献

一 译著

［美］埃莉诺·奥斯特罗姆：《公共事务的治理之道》，余逊达译，上海译文出版社 2012 年版。

［英］安东尼·奥格斯：《规制：法律形式与经济学理论》，骆梅英译，中国政法大学出版社 2008 年版。

［英］安东尼·吉登斯：《第三条道路：社会民主主义的复兴》，郑戈译，北京大学出版社 2000 年版。

［美］E. S. 萨瓦斯：《民营化与公私部门的伙伴关系》，周志忍等译，中国人民大学出版社 2002 版。

［美］弗朗西斯·福山：《大分裂：人类本性与社会秩序的重建》，刘榜离等译，中国社会科学出版社 2008 年版。

［英］哈耶克：《个人主义与经济秩序》，邓正来译，复旦大学出版社 2012 年版。

［美］凯斯·R. 孙斯坦：《风险与理性：安全、法律及环境》，师帅译，中国政法大学出版社 2005 年版。

［英］拉尔夫·达仁道夫：《现代社会冲突：自由政治随感》，林荣远译，中国社会科学出版社 2000 年版。

［美］理查德·拉撒路斯、奥利弗·哈克：《环境法故事》，曹明德等译，中国人民大学出版社 2013 年版。

［美］理查德·斯图尔特：《美国行政法的重构》，沈岿译，商务印书馆 2011 年版。

［德］罗伯特·阿列克西：《法理性商谈——法哲学研究》，朱光、雷磊译，中国法制出版社 2011 年版。

［美］罗伯特·E. 帕克等：《城市：有关城市环境中人类行为研究的建议》，杭苏红译，商务印书馆 2016 年版。

［法］孟德斯鸠：《论法的精神》（上），张雁深译，商务印书馆 1959 年版。

［意］莫诺·卡佩莱蒂：《福利国家与接近正义》，刘俊祥译，法律出版社 2006 年版。

［英］齐格蒙特·鲍曼：《被围困的社会》，郇建立译，江苏人民出版社 2005 年版。

［美］史蒂芬·布雷耶：《打破恶性循环：政府如何有效规制风险》，宋华琳译，法律出版社 2009 年版。

［美］维托·坦茨：《政府与市场：变革中的政府职能》，王宇等译，商务印书馆 2014 年版。

［德］乌尔里希·贝克：《风险社会》，何博闻译，译林出版社 2008 年版。

［德］乌尔里希·贝克、［英］安东尼·吉登斯等：《自反性现代化：现代社会秩序中的政治、传统与美学》，赵文书译，商务印书馆 2001 年版。

［德］乌尔里希·贝克、约翰内斯·威尔姆斯：《自由与资本主义：与著名社会学家乌尔里希·贝克对话》，路国林译，浙江人民出版社 2001 年版。

［美］约翰·D. 多纳休、理查德·J. 泽克豪泽：《合作：激变时代的合作治理》，徐维译，中国政法大学出版社 2015 年版。

［美］詹姆斯·麦甘恩、理查德·萨巴蒂尼：《全球智库：政府网络与治理》，韩雪、王小文译，上海交通大学出版社 2015 年版。

［美］詹姆斯·萨尔兹曼、巴顿·汤普森：《美国环境法》，徐卓然、胡慕云译，北京大学出版社 2016 年版。

［英］珍妮·斯蒂尔：《风险与法律理论》，韩永强译，中国政法大学出版社 2012 年版。

［美］朱迪·弗里曼：《合作治理与新行政法》，毕洪海、陈标冲译，商务印书馆 2010 年版。

二 著作

毕军等：《区域环境风险分析和管理》，中国环境科学出版社 2006 年版。

曹锦清：《黄河边的中国》，上海文艺出版社 2001 年版。

曹珊：《政府和社会资本合作（PPP）项目法律实务》，法律出版社 2016 年版。

陈天祥：《基层治理中的国家与社会：角色、动力与行为》，中山大学出版社 2015 年版。

程燎原、王人博：《权利及其救济》，山东人民出版社 2004 年版。

董正爱：《生态秩序法的规范基础与法治构造》，法律出版社 2015 年版。

范俊玉：《区域生态治理中的政府与政治》，广东人民出版社 2011 年版。

费孝通：《乡土中国·生育制度》，北京大学出版社 2009 年版。

顾培东：《社会冲突与诉讼机制》，四川人民出版社 1991 年版。

何增科、包雅均：《公民社会与治理》，社会科学文献出版社 2011 年版。

贺雪峰：《乡村治理的社会基础：转型期乡村社会性质研究》，中国社会科学出版社 2003 年版。

胡荣：《社会资本与地方治理》，社会科学文献出版社 2009 年版。

赖先进：《论政府跨部门协同治理》，北京大学出版社 2015 年版。

李昌麒：《中国农村法治发展研究》，人民出版社 2006 年版。

李培林：《社会改革与社会治理》，社会科学文献出版社 2014 年版。

廖福霖：《生态文明建设理论与实践》，中国林业出版社 2001 年版。

林尚立：《协商民主：中国的创造与实践》，重庆出版社 2014 年版。

罗玉珍、高委：《民事证明制度与理论》，法律出版社 2002 年版。

潘家华：《中国的环境治理与生态建设》，中国社会科学出版社 2015 年版。

沈岿：《风险规制与行政法新发展》，法律出版社 2013 年版。

孙立平：《失衡：断裂社会的运作逻辑》，社会科学文献出版社 2004 年版。

王金南：《中国环境政策》，中国环境科学出版社 2010 年版。

王名等：《社会组织与社会治理》，社会科学文献出版社 2014 年版。

王绍光：《国家治理》，中国人民大学出版社 2014 年版。

辛年丰：《环境风险的公私协力：国家任务变迁的观点》，台北元照出版有限公司 2014 年版。

徐向华、孙潮、刘志欣：《特大城市环境风险防范与应急管理法律研究》，法律出版社 2011 年版。

许海清：《国家治理体系和治理能力现代化》，中共中央党校出版社 2013 年版。

杨宏山：《合作治理与社会服务管理创新：“朝阳模式”》，中国经济出版社 2012 年版。

杨启乐：《当代中国生态文明建设中政府生态环境治理研究》，中国政法大学出版社 2015 年版。

俞可平：《敬畏民意——中国的民主治理与政治改革》，中央编译出版社 2012 年版。

俞可平：《论国家治理现代化》，社会科学文献出版社 2014 年版。

俞可平：《治理与善治》，社会科学文献出版社 2000 年版。

曾建平：《环境正义：发展中国家环境伦理问题探究》，山东人民出版社 2007 年版。

张厚安：《中国农村基层政权》，四川人民出版社 1992 年版。

张康之：《合作的社会及其治理》，上海人民出版社 2014 年版。

张文显：《良法善治：民主法治与国家治理》，法律出版社 2015 年版。

周桂田：《风险社会典范转移》，台北远流出版事业股份有限公司 2014 年版。

三　论文

阿依古丽·穆罕默德艾力、潘磊：《论司法权的性质及其现实意义》，《甘肃科技纵横》2012 年第 2 期。

蔡守秋：《环境正义与环境安全》，《河海大学学报》2005 年第 6 期。

蔡守秋：《论政府防治环境风险的法律机制》，《公民与法》2011 年第 10 期。

陈兵：《法治视阈下我国农村环境治理论纲》，《甘肃社会科学》2017年第2期。

陈志勤：《村落环境治理的传统机制缺失——来自美丽乡村建设的思考》，《民间文化论坛》2017年第6期。

邓可祝：《农村环境自力救济及其出路》，《西北农林科技大学学报》（社会科学版）2014年第3期。

邓小云：《城乡污染转移的法治困境与出路》，《中州学刊》2014年第2期。

董正爱、王璐璐：《迈向回应型环境风险法律规制的变革路径——环境治理多元规范体系的法治重构》，《社会科学研究》2015年第4期。

杜健勋：《邻避运动中的法权配置与风险治理研究》，《法制与社会发展》2014年第4期。

杜健勋、王永祥，《我国环境民事公益诉讼中证据收集制度研究——以证据收集方法为视角》，《西部法学评论》2016年第5期。

杜明鸣：《PPP项目资产证券化基础资产法律问题研究——以"华夏幸福ABS"为例》，《区域金融研究》2017年第6期。

范和生：《农村环境治理结构的变迁与城乡生态共同体的构建》，《内蒙古社会科学》（汉文版）2016年第4期。

高灵芝：《"多村一社区"的社区公共服务供给的非均衡问题——基于山东省的调查》，《山东社会科学》2012年第12期。

高秦伟：《私人主体的行政法义务》，《中国法学》2011年第1期。

郭海蓝、陈德敏：《省级政府提起生态环境损害赔偿诉讼的制度困境与规范路径》，《中国人口·资源与环境》2018年第3期。

何艳玲：《"邻避冲突"及其解决：基于一次城市集体抗争的分析》，《公共管理研究》2006年第4期。

贺震：《构建生态环境损害赔偿磋商与诉讼衔接机制》，《中国生态文明》2017年第1期。

洪大用、龚文娟：《环境公正研究的理论与方法述评》，《中国人民大学学报》2008年第6期。

洪大用等：《公众环境风险认知与环保倾向的国际比较及其理论启示》，《社会科学研究》2013年第6期。

胡敏洁：《合作治理与现代行政法的新方向——读〈合作治理与新行

政法〉》，《行政法学研究》2012 年第 2 期。

黄炜虹等：《农户环境意识对环境友好行为的影响——社区环境的调节效应研究》，《中国农业大学学报》2016 年第 11 期。

黄锡生、韩英夫：《生态损害赔偿磋商制度的解释论分析》，《政法论丛》2017 年第 1 期。

黄锡生、何雪梅：《中国环境资源法律实施的障碍及对策》，《重庆大学学报》（社会科学版）2007 年第 5 期。

黄锡生、王江：《中国环境执法的障碍与破解》，《重庆大学学报》（社会科学版）2009 年第 1 期。

贾生华、陈宏辉：《利益相关者的界定方法述评》，《外国经济与管理》2002 年第 5 期。

解建立：《从供给侧改革破解农村环境公共物品供给缺失》，《武汉金融》2017 年第 10 期。

柯永建、王守清、陈炳泉：《私营资本参与基础设施 PPP 模式的政府激励措施》，《清华大学学报》（自然科学版）2009 年第 9 期。

蓝虹、刘朝晖：《PPP 创新模式：PPP 环保产业基金》，《环境保护》2015 年第 2 期。

李斌、张晓冬：《政企合谋视角下中国环境污染转移的理论与实证研究》，《中央财经大学学报》2018 年第 5 期。

李显冬、李彬彬：《试论我国 PPP 法律系统规范的构建》，《财政科学》2016 年第 1 期。

李雪娇、何爱平：《城乡污染转移的利益悖论及对策研究》，《中国人口·资源与环境》2016 年第 8 期。

李艳芳：《美国的公民诉讼制度及其启示：关于建立我国公益诉讼制度的借鉴性思考》，《中国人民大学学报》2003 年第 2 期。

林恩伟、谢军：《检察机关提起公益诉讼的适格路径》，《知与行》2016 年第 5 期。

林群慧：《农村小康之痛——饮用水安全问题》，《环境经济》2005 年第 9 期。

刘超：《环境风险行政规制的断裂与统合》，《法学评论》2013 年第 3 期。

刘逢、王锐兰、楚俊：《中国民间环保组织的生存现状及发展》，《云南社会科学》2006 年第 1 期。

刘启川：《行政权的法治模式及其当代图景》，《中国行政管理》2016 年第 2 期。

刘森林、尹永江：《我国公众环境意识的代际差异及其影响因素》，《北京工业大学学报》（社会科学版）2018 年第 3 期。

刘双柳：《城乡基本公共服务均等化评估指标研究——以城乡环境服务领域为例》，《环境保护科学》2016 年第 5 期。

刘晓静：《中国环保产业定义与统计分类》，《统计研究》2007 年第 8 期。

卢洪友：《均等化进程中环境保护公共服务供给体系构建》，《环境保护》2013 年第 2 期。

卢静等：《中国环境风险现状及发展趋势分析》，《环境科学与管理》2012 年第 1 期。

陆平辉：《利益冲突的法律控制》，《法制与社会发展》2003 年第 2 期。

吕忠梅：《环境公益诉讼辨析》，《法商研究》2008 年第 6 期。

吕忠梅：《环境司法理性不能止于"天价"赔偿：泰州环境公益诉讼案评析》，《中国法学》2016 年第 3 期。

吕忠梅：《美丽乡村建设视域下的环境法思考》，《华中农业大学学报》（社会科学版）2014 年第 2 期。

罗丽：《我国环境公益诉讼制度的建构问题与解决对策》，《中国法学》2017 年第 3 期。

罗万纯：《中国农村生活环境公共服务供给效果及其影响因素——基于农户视角》，《中国农村经济》2014 年第 11 期。

马国勇、陈红：《基于利益相关者理论的生态补偿机制研究》，《生态经济》2014 年第 4 期。

门中敬、余湘青：《行政软权力：行政权重塑的另一个侧面》，《中国行政管理》2009 年第 2 期。

聂伟：《环境认知、环境责任感与城乡居民的低碳减排行为》，《科技管理研究》2016 年第 15 期。

宁善威：《农村环境问题的法律治理》，《农家参谋》2017 年第 19 期。

牛锦红：《新媒体时代城乡规划"参与"与"治理"的法治化路

径——以南京典型规划案例为考察对象》，《城市发展研究》2015 年第
8 期。

　　裴敬伟：《试论环境风险的自主规制——以实现风险最小化为目标》，
《中国地质大学学报》（社会科学版）2015 年第 3 期。

　　彭丽娟：《论环境纠纷非诉讼解决机制生态化》，《吉首大学学报》
（社会科学版）2016 年第 5 期。

　　钱水苗：《论环境行政合同》，《法学评论》2004 年第 5 期。

　　秦鹏、黄学彬：《消费者主权质疑：一种环境伦理下的人文思考》，
《社会科学研究》2006 年第 1 期。

　　秦天宝：《程序正义：公众环境权益保障新理念——〈环境保护公众
参与办法〉解读》，《环境保护》2015 年第 6 期。

　　阙春萍、周毕芬：《农业人口转移背景下乡村精英流失的影响及对
策》，《广西社会科学》2018 年第 3 期。

　　饶常林：《试论城乡社区基本公共服务均等化的法律构建》，《首都师
范大学学报》（社会科学版）2016 年第 5 期。

　　沈费伟、刘祖云：《农村环境善治的逻辑重塑——基于利益相关者理
论的分析》，《中国人口·资源与环境》2016 年第 5 期。

　　宋国君等：《论环境风险及其管理制度建设》，《环境污染与防治》
2006 年第 2 期。

　　宋华琳：《制度能力与司法节制——论对技术标准的司法审查》，《当
代法学》2008 年第 1 期。

　　宋言奇、申珍珍：《我国传统农村社区环境治理机制分析》，《学术探
索》2017 年第 12 期。

　　唐仕娟、王斌：《城乡污染转移博弈分析》，《统计与管理》2017 年第
6 期。

　　涂富秀：《法治视野下失地农民利益表达的困境与突破》，《中南林业
科技大学学报》（社会科学版）2016 年第 1 期。

　　王灿发：《中国环境公益诉讼的主体及其争议》，《国家检察官学院学
报》2010 年第 3 期。

　　王灿发、程多威：《新〈环境保护法〉下环境公益诉讼面临的困境和
破解》，《法律适用》2014 年第 8 期。

　　王灏：《PPP 的定义和分类研究》，《都市快轨交通》2004 年第 5 期。

王华兵、陈德敏：《共性与个性：中国资源安全执法的展开》，《重庆社会科学》2006 年第 9 期。

王金南等：《加快建立生态环境损害赔偿制度体系》，《环境保护》2016 年第 2 期。

王明远：《论我国环境公益诉讼的发展方向：基于行政权与司法权关系理论的分析》，《中国法学》2016 年第 1 期。

王庆霞：《中国农村环境突发事件现状及原因分析》，《环境污染与防治》2012 年第 3 期。

王守清、刘婷：《PPP 项目监管：国内外经验和政策建议》，《地方财政研究》2014 年第 9 期。

王印红、李萌竹：《地方政府生态环境治理注意力研究——基于 30 个省市政府工作报告（2006—2015）文本分析》，《中国人口·资源与环境》2017 年第 2 期。

王郁：《环保公共服务均等化的内涵及其评价》，《中国人口·资源与环境》2012 年第 8 期。

魏炜、朱武祥、林桂平：《基于利益相关者交易结构的商业模式理论》，《管理世界》2012 年第 12 期。

吴俊：《环境民事公益诉讼的程序构造》，《华东政法大学学报》2015 年第 6 期。

郄建荣：《农村污染占全国"半壁江山"仅 8% 建制村获治理》，《统计与管理》2014 年第 10 期。

肖萍：《论我国农村环境污染的治理及立法完善》，《江西社会科学》2011 年第 6 期。

谢东明、林翰文：《排放权交易运行机制下我国企业排放成本的优化战略管理研究——基于企业目标和社会环保目标的实现》，《会计研究》2012 年第 6 期。

鄢德奎：《环境监测服务社会化的政策文本研究》，《经济与管理研究》2017 年第 6 期。

鄢德奎、陈德敏：《〈环境保护法〉按日计罚制度适用问题研究——基于立法与执法视角》，《北京理工大学学报》（社会科学版）2016 年第 6 期。

鄢德奎、陈德敏：《中国自然资源的租值耗散难题及其规制研究》，

《河北学刊》2017 年第 2 期。

尹少成：《PPP 模式下公用事业政府监管的挑战及应对》，《行政法学研究》2017 年第 6 期。

於方、刘倩、牛坤玉：《浅议生态环境损害赔偿的理论基础与实施保障》，《中国环境管理》2016 年第 1 期。

湛中乐：《PPP 协议中的公私法律关系及其制度抉择》，《法治研究》2007 年第 4 期。

张栋祥、柳砚涛：《检察机关参与行政公益诉讼的角色定位》，《山东社会科学》2017 年第 11 期。

张福德：《环境治理的社会规范路径》，《中国人口·资源与环境》2016 年第 11 期。

张国磊等：《农村环境治理的策略变迁：从政府动员到政社互动》，《农村经济》2017 年第 8 期。

张弘：《论行政权的谦抑性及行政法的相应对待》，《政法论丛》2017 年第 3 期。

张乐、童星：《"邻避"冲突管理中的决策困境及其解决思路》，《中国行政管理》2014 年第 4 期。

张木明、陈雄锋：《广东省农村居民环境意识调查分析——基于广东省 7 市 28 个村 280 份调查问卷的分析》，《广东农业科学》2012 年第 12 期。

张文明：《"多元共治"环境治理体系内涵与路径探析》，《行政管理改革》2017 年第 2 期。

张燕、侯娟：《农村环境责任保险制度实施之动因及策略》，《中国人口·资源与环境》2013 年第 7 期。

赵永行：《论行政权与司法权的关系》，《现代法学》1997 年第 5 期。

郑石明、雷翔、易洪涛：《排污费征收政策执行力影响因素的实证分析——基于政策执行综合模型视角》，《公共行政评论》2015 年第 1 期。

钟茂初、张学刚：《环境库兹涅茨曲线理论及研究的批评综论》，《中国人口·资源与环境》2010 年第 2 期。

周翠：《〈侵权责任法〉体系下的证明责任倒置与减轻规范：与德国法的比较》，《中外法学》2010 年第 5 期。

周桂田：《新兴风险治理典范之刍议》，《政治与社会哲学评论》2007

年第 22 期。

周珂、史一舒：《环境行政决策程序建构中的公众参与》，《上海大学学报》（社会科学版）2016 年第 2 期。

周兰萍：《PPP 项目基本法律关系浅析》，《建筑》2016 年第 18 期。

朱锡贤、孙彪：《完善我国行政契约司法救济制度之构想》，《人民司法》2001 年第 7 期。

卓贤：《大城市转型发展的误区规避：经济下滑与产业断层》，《改革》2013 年第 6 期。

后　　记

呈现在诸位面前的这本小书，是我的第二本专著。新作的出版面世，于我而言，有习作时清苦彷徨的感慨，有以书筑梦的喜悦，同时亦夹杂着对自己浅拙笔墨和青涩成果的惶恐。但在以学术为业的砥砺前行中，仍希冀这一简短著作能引起读者的共鸣，给予批评与指正。

对于"城乡环境风险协同共治法律研究"这一主题的思考，其实源于两个契机：一个是，2012年以来我参与了恩师陈德敏先生承担的重庆市社科规划重点项目"重庆城乡统筹一体化进程中环境保护法制完善系统研究"，对于城乡环境问题予以了持续跟踪和关注，其中我所承担的部分研究也形成了本书的研究基础；另一个是，2014年我有幸承担了国家社会科学基金项目"环境风险规制的法律限度与秩序重构研究"，开始系统化地对环境风险规制问题予以审视和反思，本书关于城乡环境风险的法律研究实质是对其中相关问题的延伸。同时，在参与重庆地方立法咨询等相关工作中，我也逐渐认识到中国环境风险问题不仅仅及于城市，农村的环境风险亦愈演愈烈，且对农村居民的隐性侵害日益显现，城乡环境风险治理与环境正义的衡平无疑成为一个亟待解决的重大命题。

改革开放以来，我国传统发展与现代转型的耦合衍生了工业化、现代化、城镇化的逻辑发展进路，也形塑了工业、现代乃至风险的中国式多元社会运行轨迹。传统城乡分治二元结构的运行，扭曲了城乡间的环境分配正义，使得农村既有经济落后的固有劣势，也有环境污染与问题不断累积的风险，更有乡村振兴视域下经济增长新需求与环境风险继续扩张复杂交织而无法有效应对的窘境。更有甚者，城乡分治二元结构下我国农村环境问题失序、环境污染转移等累积性或突发性环境风险仍处于不断扩张的态势。毋庸置疑，乡村振兴战略的提出凸显了国家对农村的关注与重视，既强调经济增长、生活富足，更强调美丽宜居、环境保护和城乡融合，对农村环境风险的治理提出了新的要求，为城乡环境风险治理的"权力—权利"体系重构和制度变革提供了政策规范契机。本书的研究思路在于，基于城乡环境风险治理既有体制机制和制度规范的检视与反思，寻求从城乡分治向协同共治演进的新模式和法律范式，通过理念衍更、利益协同和制度规范形塑城乡环境风险协同共治的多元治理结构和差序治理规范。

本书是中央高校基本科研业务费项目"环境治理的多元共治制度体系研究"（NO. 2017CDJSK08XK04）的阶段性成果，在多元共治制度体系的宏观框架下审视城乡环境风险协同共治的法律问题与制度规范。应该说，本书的研究内容离不开对国家政策法律实施及治理实践的梳理，也离不开对学界前辈同仁既有相关研究的借鉴整合，同时还依赖于大量的实地调查与分析，这是一项繁杂的工作。感谢鄢德奎博士、周娴博士不辞辛苦协助完成了全书的统稿工作，我的硕士研究生谢忠洲、惠剑岭、钱晓丽、王也浩、董晴晴协助进行了部分实地调查和资料收集工作，胡泽弘、袁明、郭琦、谭浩、钱诚诚协助进行了书稿的校订工作。在成果出版之际，对各位的无私帮助和辛勤付出，一并表示真挚谢意。

中国社会科学出版社责任编辑梁剑琴博士为本书付梓给予了鼎力支持，正是她的独到建议、耐心鼓励和辛苦编辑才使得本书得以顺利出版。

惭愧的是，近年来由于生活琐碎的种种原因，我于学术研究的成果产出有所懈怠。在经历困苦忧虑、焦躁不安时，我的恩师陈德敏先生及师母、师长秦鹏教授以及诸位师友不断给予我关照与鼓励，铭感于心！承载着你们的关爱和期望，我将继续积极进取，不断前行。本书完稿修正之时，正值我的宝贝女儿呱呱坠地，初见的喜悦覆盖了所有烦扰，愿以此书伴你星辰大海；我的爱人承受了分娩之痛以及抚育幼儿的辛劳，我的老父老母也正式迈入了"漂族老人"的行列，你们辛苦构筑的港湾让我无后顾之忧，谨以此书献给你们。

当然，囿于自身学术水平和实践认知的局限，我深知自己才疏学浅，书中所作的探索尝试以及观点陋见仍存在诸多不足，难免挂一漏万，有待于以后继续拓展和深化。真诚地期盼学界同仁与读者给予批评指正，万分感激！

董正爱

2018 年 10 月于重庆